Die Montzenroute
Eine Bahnstrecke, die viel zu erzählen hat

Die Bahnlinie von Aachen-West nach Tongeren, auch als Teilstrecke der Montzenroute bekannt, ist ein herausragendes Beispiel deutscher Ingenieurskunst, belgischer Kompromissbereitschaft und bilateraler Planung. Heute ist sie der wichtigste Träger für Schienengüterverkehr von Belgien nach Deutschland. Geplant als Schnellzugtrasse, gebaut als Kriegsbahn hat die Montzenroute eine bewegte Geschichte hinter sich, die mit ihrer derzeitigen Elektrifizierung weiter geschrieben wird.

Thomas Barthels, Herausgeber und Initiator des Buches „Die Montzenroute" schreibt mit seinem Autorenteam weiter Eisenbahngeschichte. Nach seinem ersten Buch „Der Eiserne Rhein" (das Grenz-Echo berichtete) hat sich der Mönchengladbacher Verleger nun sprichwörtlich auf die Spuren der Montzenroute begeben und monatelang in Aachen und Ostbelgien recherchiert, fotografiert sowie alte Pläne und Dokumente studiert. Ihm zur Seite stand ein mit fundiertem Wissen ausgestattetes, mehrsprachiges Autorenteam. Der Clou an seinem jüngsten Buch ist die Mehrsprachigkeit.

Thomas Barthels hat keine Mühe gescheut, auch Orts- und Stationsnamen peinlich genau und richtig auf Niederländisch, Deutsch und Französisch wiederzugeben, auch wenn dies eine verflixte Arbeit war. Geschichte und Gegenwart sowie der Betrieb sind genauestens beschrieben und kartographiert. Das bedeutet: „Wir mussten alle Stations- und Ortnamen wie sie zur jeweiligen Zeit galten, in der jeweils offiziellen Sprache nennen. In der aktuellen Darstellung des Betriebs haben wir den offiziellen Namen genommen, und in den Übersetzungen – falls vorhanden – den in der jeweils anderen Sprache geläufigen", erklärt Barthels.

Spannend ist nicht nur die Tatsache, dass Orte teilweise ihre Bezeichnungen bis zu vier Mal änderten. Vor allem die Entstehungsgeschichte, der Bau und der Betrieb der Montzenroute haben es in sich. Was Wanderer heute als ruhige Hügellandschaft wahrnehmen, war vor dem Ersten Weltkrieg ein Landstrich, der von Bahnlinien nur so durchzogen war. Sie alle hatten den Nachteil, kurven- und steigungsreich zu sein. Deswegen gab es schon ab 1863 erste Pläne, neben den bestehenden Strecken Aachen-Welkenraedt-Verviers-Lüttich und Aachen-Bleyberg-Welkenraedt eine geradlinige Schnellzugrasse nach Brüssel anzulegen.

Kontroverse mit Lüttich

Die Meinungen hierüber gingen auseinander. Vor allem in der aufstrebenden Industriemetropole Lüttich erkannte man die Gefahr, durch den Bahnbau einer weiter nördlich gelegenen Bahnlinie ins Hintertreffen zu geraten. Lüttich war seit 1843 über den so genannten Ersten Eisernen Rhein mit Löwen und Brüssel und gen Osten über Verviers mit Aachen und Köln verbunden. Diese Trasse verläuft bis heute durch das enge Tal der Weser. Abhilfe konnte nur durch eine nördliche Alternative einige Kilometer südlich der niederländischen Grenze verschaffen – dessen waren sich der Planer bewusst.

Treibende Kraft des Projektes war der preußische Chef des Feldeisenbahnwesens, General

Wilhelm Groener, der im Jahre 1914 Nägel mit Köpfen machte und einen bis dato beispiellosen Bau in der Eisenbahngeschichte anschob: die Kriegsbahn Aachen-Tongeren. Sie musste geradlinig sein, durfte kaum Steigungen haben und – ganz wichtig: sie durfte nicht über neutrales niederländisches Territorium verlaufen. Die Bahnstrecke sollte von Aachen nach Tongeren über Gemmenich, Montzen und Visé fast der Luftlinie folgen, und ihr Bau sollte schnellstmöglich beginnen.Wohlgemerkt: Wilhelm Groener orientierte sich an Planungen, die es längst vor Ausbruch des Krieges gab.

Plötzlicher Baubeginn

Der Krieg war nicht der Grund, sondern der Anlass für den Beginn der Bauarbeiten. Im Moment des Baubeginns zählte allerdings nur die schnelle Fertigstellung für den deutschen Truppentransport gen Westen. Groener jedoch dachte strategisch langfristiger. Denn auch die Belgier sollten einen Nutzen von der neuen Strecke haben, die sogar für den Schnellzugverkehr tauglich sein sollte. Damit dachte der General schon an die Zeit nach dem Krieg, dessen Ende sich länger als gedacht hinauszögerte.

Von vornherein war klar, dass die 44,5 Kilometer lange Neubaustrecke nicht ohne Kunstbauwerke auskommen konnte, um teils beträchtliche Höhenunterschiede ohne große Steigungen bewältigen zu können. Thomas Barthels ist hiervon besonders fasziniert und widmete in seinem reich illustriertem Buch ein ganzes Kapitel dem Bau und der Geschichte des Viaduktes von Moresnet: „Es war eine technische und organisatorische Meisterleistung, diesen über 1.100 Meter langen Koloss aus Stahl und Beton so zu konstruieren, dass er auch noch gemäß Vorgabe harmonisch in das Landschaftsbild passte. Für jeden Eisenbahnliebhaber ist dieses kürzlich grundlegend renovierte Bauwerk ein absoluter Blickfang.“

Auch die anderen Bauwerke wie die drei langen Tunnel und die Viadukte westlich von Montzen erfasste das Team von Thomas Barthels mit erkennbarer Leidenschaft für Details. Neben der ausführlichen Beschreibung der Bau- und Planungsgeschichte mit ihren vielen historischen Bildern darf ein Blick auf die aktuelle Lage entlang dieses für Deutschland und Belgien so wichtigen Schienenstranges nicht fehlen. Die Macher des Buches haben für diesen Zweck Unterstützung aus der ganzen Region bekommen: „Es ist schier unglaublich, wo wir überall offene Türen eingerannt haben. Die Montzenroute schlägt so viele Eisenbahnfreunde in ihren Bann, dass es an Bildmaterial aus den letzten 20 bis 30 Jahren nicht mangelte“, sagt der Verleger, der selbst auch fleißig den Auslöser betätigt hat.

Gewaltige Maschinen und beeindruckende Momente

Beeindruckend ist das Fotokollektiv, das Thomas Barthels von den verschiedenen Lokomotiven, die auf der Montzenroute und ihren Teilabschnitten fahren, zusammengestellt hat. Im Blickpunkt hier stehen allen voran die schweren Diesellokomotiven, die die Züge auf dem noch nicht elektrifizierten Abschnitt vom Gemmenicher Tunnel nach Montzen schleppen. Gewaltig kommt vor allem die so genannte „Ludmilla“, die Baureihe 241.8 daher. Diese sechsachsige Diesellok der Deutschen Bahn AG ist ursprünglich eine Lokomotive der DDR-Reichsbahn und stammt aus russischer Produktion.

Häufig sind auch belgische Dieselloks und solche privater Bahngesellschaften über den Dächern von Moresnet zu sehen. „Die speziell für den belgischen Linksverkehr umgerüstete Baureihe 225 der Deutschen Bahn AG ist ebenfalls ein häufiger Gast im Rangierbahnhof Montzen. Die aus Aachen kommenden Züge werden von dort aus mit elektrischer Traktion nach Zeebrügge oder Antwerpen gezogen, und die Dieselloks treten dann – entweder leer oder mit einem gerade angekommenen Zug im Schlepp – den Rückweg nach Aachen-West an", erzählt Thomas Barthels von seiner Führerstandsmitfahrt, von der im Buch eine Reportage zu lesen ist.

Damit ist eigentlich die perfekte Überleitung hergestellt wie es um die Zukunft des Betriebes auf der Montzenroute bestellt ist. Zu diesem Thema konnte mit dem Niederländer Dr. John Schoonbrood, der an der RWTH Aachen promovierte, ein echter Verkehrsexperte mit ins Boot geholt werden. Er zeichnet sowohl die technische als auch die wirtschaftliche Entwicklung der Montzenroute voraus und hinterfragt das Konkurrenzverhältnis zu anderen Bahnstrecken, etwa dem Eisernen Rhein und der Betuwelijn.

Infokästen:

Technische Meisterleistungen

Um eine schnellstmögliche Fertigstellung der Montzenroute zu gewährleisten, bedienten sich die Erbauer für die damalige Zeit moderner technischer Hilfsmittel. Herausragendes Beispiel für den Fortschritt im Bahnbau waren die so genannten Gleisvorstreckmaschinen. Mit diesem Wortungetüm war es möglich, vormontierte Gleisjoche von einem Wagen aus zu verlegen. Durch den Einsatz dieser Maschinen war das Aufschrauben der Gleise vor Ort auf die Schwellen überflüssig. Viele Arbeitschritte konnten in Montagezelten entlang der Strecke vorbereitet werden.

Der Bautechnische Höhepunkt der Montzenroute ist gut 1.100 Meter lang und überspannt mit seinen Stahlfachwerkträgern das Tal der Göhl bei Moresnet. Dieses Dorf ist auch der Namensgeber für das Göhltalviadukt. Es wurde von verschiedenen Baufirmen gleichzeitig gebaut, schließlich gab es keine Zeit zu verlieren. Im zweiten Weltkrieg wurde der Viadukt zerstört, danach mit einigen Jahren Verzögerung wieder instand gesetzt und in den Jahren 2003 und 2004 renoviert. Der Zahn der Zeit hatte einen sicheren Betrieb unmöglich gemacht, und infolgedessen musste die Höchstgeschwindigkeit auf 20 km/h begrenzt werden. Die Bauarbeiten werden im Buch „Die Montzenroute" beschrieben und bildlich dargestellt.

Buchdaten

ISBN:	3-9810183-1-1
Titel:	Die Montzenroute
Untertitel:	Eisenbahnen zwischen Antwerpen, Lüttich, Aachen und Köln
	Spoorwegen tussen Antwerpen, Luik, Aken en Keulen
	Chemins de Fer entre Anvers, Liège, Aix-la-Chapelle et Cologne.

Aufbau:	Komplett dreisprachig Deutsch, Niederländisch und Französisch
Inhalt:	Insgesamt 248 Seiten im Format 30 x 24 cm (klassisches Bildbandformat)
	Insgesamt 350 Abbildungen: davon
	Zeichnungen/Karten schwarzweiß: 23
	Zeichnungen/Karten farbig: 15
	Fotos schwarzweiß: 98
	Fotos farbig: 214
	Die Schwarzweiß-Fotos sind mit Drucklack veredelt.
Verarbeitung:	Fester Kartoneinband (Hardcover), klassisch gebunden, Umschlagprägung, farbiger, kaschierter Schutzumschlag, Klarsicht-Kunststoffschuber
Gewicht:	1.800 Gramm
Preis:	55,00 Euro gebundener Buchhandelspreis Deutschland
	Erhältlich ab sofort

Die Montzenroute

Eisenbahnen zwischen Antwerpen, Lüttich, Aachen und Köln
Spoorwegen tussen Antwerpen, Luik, Aken en Keulen
Chemins de Fer entre Anvers, Liège, Aix-la-Chapelle et Cologne

Barthels

Die Deutschen haben uns mit dieser Bahn ein prächtiges Geschenk gemacht,
das für die Verbindung Antwerpens mit seinem Hinterland riesig ins Gewicht fällt.

François Olyff in | dans ‚La Nation Belge', 1919

Thomas Barthels · Armin Möller · Klaus Barthels

Die Montzenroute

Eisenbahnen zwischen Antwerpen, Lüttich, Aachen und Köln
Spoorwegen tussen Antwerpen, Luik, Aken en Keulen
Chemins de Fer entre Anvers, Liège, Aix-la-Chapelle et Cologne

Barthels

Die Montzenroute

Autoren | Auteurs | Auteurs:
Thomas Barthels, Armin Möller, Klaus Barthels

Mit Beiträgen von | Met tekstbijdragen van | Avec des contributions de:
Hugo De Bot, Dr. John Schoonbrood

Niederländische Übersetzung | Nederlandse vertaling | Traduction néerlandaise:
Armin Möller, Dr. John Schoonbrood

Französische Übersetzung | Franse vertaling | Traduction française:
Christophe Martin

Verlag | Uitgeverij | Editeur:
Thomas Barthels Druck-Agentur GmbH
41068 Mönchengladbach
Hamerweg 208, Deutschland

Telefon | Telefoon | Téléphone:
0049-(0)2161-955009
Telefax | Telefax | Télécopie:
0049-(0)2161-955006
E-Mail:
kontakt@barthels.de
Internet:
http://www.barthels.de

ISBN: 3-9810183-1-1

Gesamtgestaltung | Vormgeving | Composition:
Thomas Barthels

Herstellung | Productie | Fabrication:
Druckerei Fritz Altgott oHG, Mönchengladbach und Buchbinderei Schaumann GmbH, Darmstadt

1. Auflage | 1. Oplage | Première édition 2006
© Thomas Barthels Druck-Agentur GmbH Mönchengladbach
Alle Rechte vorbehalten | Alle rechten voorbehouden | Tous droits réservés.

Bibliografische Information der Deutschen Bibliothek: Die Deutsche Bibliothek verzeichnet diese Publikation in der Deutschen Nationalbibliografie; detaillierte bibliografische Daten im Internet unter http://dnb.ddb.de.

Inhalt

Inhoud

Table des matières

Die Montzenroute
De Montzenroute | La route de Montzen

D · Im belgischen Lier, an dieser Gleisverzweigung, werden die Weichen gestellt. Links geht es über den Eisernen Rhein nach Herentals und weiter über Neerpelt und Roermond nach Mönchengladbach. Rechts geht es über die Montzenroute nach Aarschot und weiter über Hasselt und Montzen nach Aachen-West. Zwei für Belgien höchst wichtige Eisenbahnverbindungen. Für dieses Buch biegen wir hier rechts ab. (Foto: Thomas Barthels, 2006)

NL · In het Belgische Lier, vlakbij de spoorvertakking, worden de wissels gezet. Links takt de IJzeren Rijn richting Herentals af, rechts maakt de Montzenroute een grote bocht richting Aarschot. Eindbestemming van de IJzeren Rijn is Mönchengladbach, die van de Montzenroute Aken-West. Twee voor België uitermate belangrijke spoorverbindingen. In dit boek nemen we deze keer de boog naar rechts. (Foto: Thomas Barthels, 2006)

F · Manœuvre d'aiguillage à Lierre en Belgique, à une bifurcation. A gauche, la voie continue via le Rhin de Fer en direction de Herentals et, au-delà, vers Mönchengladbach via Neerpelt et Roermond. A droite, elle continue vers Aerschot via la Route de Montzen et, au-delà, vers Aix-la-Chapelle Ouest via Hasselt et Montzen. Deux liaisons ferroviaires extrêmement importantes pour la Belgique. Pour ce livre nous prenons à droite. (Photo : Thomas Barthels, 2006)

D · Die Montzenroute ist eine Eisenbahnverbindung mit einer besonderen Geschichte und einer besonderen Bedeutung für Belgien und Deutschland. Sie ist heute die bedeutendste Eisenbahnverbindung von den belgischen Seehäfen Zeebrugge, Ostende, Gent und Antwerpen nach Deutschland. Und in dem Maße, wie der weltweite Containertransport per Schiff zunimmt, gewinnt die Montzenroute an Bedeutung für Europas Wirtschaft.

Kernstück der Montzenroute ist der Abschnitt von Aachen-West (Deutschland) über Montzen, Visé und Glons bis Tongeren (Belgien). Diesem Streckenabschnitt widmen wir uns in diesem Buch ganz besonders.

Es waren deutsche Militärs, die zu Beginn des Ersten Weltkrieges 1914 vor großen logistischen Problemen standen. Unmengen an Panzern und Kanonen sowie komplette Kompanien mussten aus dem Deutschen Reich durch Belgien an die Front in Richtung Frankreich transportiert werden. Ob dies der einzige Grund für den Bahnbau war, darf bezweifelt werden. Dennoch beschloss der deutsche Chef des Feldeisenbahnwesens, Wilhelm Groener, kurz nach Kriegsausbruch, diese bis heute leistungsfähige Eisenbahnstrecke zu bauen.

Den Deutschen schien damals kein Projekt zu groß. Während einige Hundert Kilometer weiter südwestlich der Krieg tobte, bauten nahe der Heimat zwischen Gemmenich und Tongeren im besetzten Belgien namhafte deutsche Bauunternehmen und Feldeisenbahner eine neue, rund 40 Kilometer lange zweigleisige Eisenbahnstrecke. Der Bau war für alle Beteiligten eine Herausforderung. Zahlreiche Kunstbauwerke wie Tunnel, Bahndämme und Brücken mussten schnellstens gebaut werden.

Und heute? In Belgien sind die Seehäfen von Antwerpen und Zeebrugge wichtige Wirtschaftsfaktoren. Antwerpen ist einer der führenden Containerhäfen in Europa. Vieles, was dort an Land geht, kommt aus Übersee und muss in Richtung Deutschland oder weiter nach Süden transportiert werden.

NL · De Montzenroute is een spoorlijn met een bijzondere geschiedenis en met een speciale betekenis voor België en Duitsland. Thans is het de belangrijkste spoorverbinding tussen de Belgische zeehavens Zeebrugge, Gent, Antwerpen en Duitsland. Indien het internationale scheepscontainertransport blijft toenemen zal dit ook directe gevolgen hebben voor de Montzenroute en haar betekenis voor de Europese economie.

De meeste aandacht gaat uit naar het gedeelte tussen Aken-West (Duitsland) via Montzen, Wezet en Glaaien tot Tongeren (België). Hierover zullen we het in ons boek zeer uitgebreid hebben.

Het waren de Duitse militairen die vanaf het begin van de Eerste Wereldoorlog in 1914 voor grote logistieke problemen stonden. Enorme hoeveelheden tanks, kanonnen en zelfs complete legerbataillons dienden naar het front richting Frankrijk te worden gebracht. Of dit de enige reden voor het aanleggen van deze lijn was is twijfelachtig. Duidelijk is dat de directeur van het Duitse "Feldeisenbahnwesen" (oorlogsspoorwegen), Wilhelm Groener, kort na het losbarsten van de oorlog het bevel gaf om deze spoorlijn met haar grote capaciteit aan te leggen.

Voor de Duitsers was toen geen project te groot. Terwijl een paar honderd kilometer verder ten zuiden oorlog werd gevoerd waren in het bezette België nabij de Duitse "Heimat" tussen Gemmenich en Tongeren gerenommeerde Duitse aannemers bezig met de aanleg van een nieuwe, 40 kilometer lange spoorweg. De dubbelsporige lijn was voor alle betrokkenen een serieuze uitdaging. De vele kunstbouwwerken zoals tunnels, spoorwegbermen en bruggen moesten zo snel mogelijk klaar zijn.

En tegenwoordig? Voor België zijn de zeehavens van Antwerpen en Zeebrugge belangrijke economische factoren. Antwerpen is een van de toonaangevende containerhavens van Europa. Een groot deel van de goederen die er aan land worden gebracht, zijn bestemd voor Duitsland.

F · La liaison ferroviaire de la route de Montzen revêt une signification historique toute particulière pour la Belgique et pour l'Allemagne. Elle est aujourd'hui la liaison principale entre les ports maritimes belges de Zeebrugge, Ostende, Gand et Anvers et l'Allemagne. Avec l'essor du transport maritime des containers à l'échelle mondiale, la route de Montzen prend une importance considérable dans l'économie de l'Europe.

La pièce essentielle de la route de Montzen est le tronçon allant d'Aix-la-Chapelle Ouest (Allemagne) à Tongres (Belgique) en passant par Montzen, Visé et Glons. Ce tronçon fait l'objet d'une étude toute particulière dans ce livre.

En 1914, au début de la première guerre mondiale, les militaires allemands furent confrontés à d'importants problèmes logistiques. Il leur fallait assurer le transport, à travers la Belgique, de quantités énormes de chars et de canons, mais aussi de compagnies entières jusqu'au front en France. Est-ce là l'unique raison expliquant la construction de cette voie ? Il est permis d'en douter. Toutefois, le chef allemand du réseau ferré de campagne, Wilhelm Groener, décida au tout début des hostilités de faire construire cette voie ferrée qui est toujours fortement exploitée de nos jours.

Les Allemands à l'époque ne semblaient reculer devant aucun projet, si ambitieux fût-il. Tandis qu'à quelques centaines de kilomètres au sud-ouest la guerre faisait rage, des entreprises allemandes de renom ainsi que des agents du réseau ferré de campagne se lancèrent dans la construction d'une nouvelle section à deux voies longue de 40 kilomètres à proximité de l'Allemagne, entre Gemmenich et Tongres, dans la Belgique occupée. Ce chantier relevait du défi pour toutes les personnes concernées. Il fallut construire au plus vite de nombreux ouvrages d'art tels que des tunnels, des remblais et des ponts.

Große internationale Konzerne haben in Antwerpen und im Rhein-Ruhr-Raum ihre Standorte und sind auf einen schnellen und reibungslosen Transport angewiesen.

Für Belgien ist somit die Montzenroute von herausragender Bedeutung. Insbesondere auch deshalb, weil keine andere Eisenbahnstrecke Belgien mit Europas größter Volkswirtschaft – nämlich Deutschland – direkt verbindet. Eigentlich wäre der Eiserne Rhein – die geradlinige und rund 100 Kilometer kürzere Verbindung zwischen den Seehäfen und dem Rhein-Ruhr-Raum – die bessere Verbindung. Da diese Strecke jedoch noch nicht durchgehend befahrbar ist, wird weiterhin die Montzenroute die Hauptlast im Güterverkehr tragen.

Auf den nächsten Seiten werden wir Ihnen die Anfänge des europäischen Bahnverkehrs, den Bau der Eisenbahnen zwischen Aachen und Tongeren und viele weitere Aspekte rund um das Thema Montzenroute präsentieren. Auch angrenzende und parallel verlaufende Strecken haben wir mit berücksichtigt. Weitere Informationen finden Sie auch auf der Internetseite

http://www.die-montzenroute.de.

Dort finden Sie zum Beispiel auch kurze Videofilme, Gleispläne und aktuelle Informationen zur Montzenroute.

Wir haben bei diesem Thema mit der Schwierigkeit von zahlreichen, wechselnden Orts- und Landschaftsnamen umzugehen. Einige Orte haben im Laufe der Geschichte bis zu drei verschiedene Namen gehabt. Wir wollen hoffen, dass wir immer die korrekte Schreibweise gefunden haben.

Thomas Barthels, August 2006

Grote internationale bedrijven hebben hun vestiging in Antwerpen en in het Ruhrgebied. Voor hen is een snelle transportas tussen die twee economische centra van groot belang.

Voor België is de Montzenroute daarom uitermate belangrijk. Nog duidelijker wordt het als men weet dat deze lijn de enige is die de grootste economie van Europa, namelijk Duitsland, direct met België verbindt. Eigenlijk is de IJzeren Rijn de rechtstreekse en ongeveer 100 kilometer kortere verbinding tussen Schelde en Rijn. Omdat dit traject op dit moment nog niet op volle lengte in gebruik is, zal de Montzenroute nog een tijdje de hoofdas voor het goederenvervoer per spoor tussen België en Duitsland blijven.

Op de volgende pagina's zullen we u het begin van het Europees spoorvervoer, de aanleg van de spoorwegen tussen Aken en Tongeren en een reeks andere aspecten die nauw in verband staan met de Montzenroute presenteren. Eveneens omschreven worden de lokale lijnen die van de Montzenroute aftakken of aftakten. Meer informatie vindt u op de internetsite

http://www.die-montzenroute.de.

Hier vindt u onder andere korte videoclips, spoorwegplannen en actuele informatie betreffende de Montzenroute.

Wij hebben geen moeite gespaard om altijd de juiste schrijfwijze van de plaatsnamen te vinden. Sommige plaatsnamen veranderden gedurende de voorbije tien decennia liefst drie keer van naam. Wij hopen altijd de juiste schrijfwijze en taal te hebben gevonden.

Thomas Barthels, augustus 2006

Qu'en est-il aujourd'hui ? En Belgique, les ports maritimes d'Anvers et de Zeebrugge jouent un rôle prépondérant dans l'économie. Anvers est l'un des ports de containers les plus importants en Europe. Une bonne partie des marchandises qui y sont débarquées viennent d'outre-mer et doivent être transportées vers l'Allemagne ou plus loin vers le sud. Les grands consortiums internationaux sont implantés à Anvers ou dans l'espace Rhin-Ruhr et pour eux, un transport rapide et efficace est vital.

La route de Montzen est ainsi d'une importance capitale pour la Belgique, en particulier parce que c'est la seule voie ferrée qui relie directement la Belgique à la première puissance économique européenne, à savoir l'Allemagne. En réalité, la route du 'Rhin de fer', plus courte de 100 kilomètres, offrirait une liaison plus directe entre les ports maritimes et l'espace Rhin-Ruhr. Mais cette voie n'étant pas encore carrossable de bout en bout, c'est la route de Montzen qui continue à porter l'essentiel du transport des marchandises.

Les pages qui suivent proposent une présentation des débuts du transport ferroviaire européen, de la construction de la ligne allant d'Aix-la-Chapelle à Tongres, ainsi que de nombreux autres aspects ayant trait à la route de Montzen. Les lignes voisines sont également prises en compte. De plus amples informations sont également disponibles à l'adresse internet

http://www.die-montzenroute.de.

S'y trouvent par exemple des extraits vidéo, des plans de voies ferrées et des informations actualisées sur la route de Montzen.

Ce travail nous a amenés à citer de nombreux noms de lieux et de régions qui ont changé à travers les époques. Certains lieux ont pu avoir jusqu'à trois noms différents. Nous espérons avoir toujours employé l'orthographe correcte.

Thomas Barthels, août 2006.

Dieselpower

D · Ob die moderne Class 66 oder die über 40 Jahre alte Baureihe 55 – noch beherrschen Diesellokomotiven die Montzenroute zwischen Aachen-West und dem Rangierbahnhof Montzen.

Oben: DLC PB03 bei der Einfahrt in den Bahnhof Aachen-West mit einem Containerzug. Links rollen zwei Lokomotiven der Reihe 55 bei Botzelaer mit einem Kesselwagenzug Richtung Montzen. (Fotos: Gerhard Meven, 2005)

NL · Of het nu de moderne Class 66 of de meer dan 40 jaar oude reeks 55 is – nog zijn het diesellocomotieven die op de Montzenroute tussen Aken-West en het rangeerstation van Montzen dienst doen.

Boven: DLC PB03 bij het binnenrijden van het station Aken-West met een containertrein aan de trekhaak. Links vervoeren twee 55'ers ter hoogte van Botzelaar ketelwagens naar Montzen. (Foto's: Gerhard Meven, 2005)

F · Qu'il s'agisse de la moderne Class 66 ou de la vieille série 55 âgée de plus de 40 ans, les locomotives diesel ont toujours le monopole sur la Route de Montzen entre Aix-la-Chapelle Ouest et la gare de triage de Montzen.

En haut : la DLC PB03 à son entrée en gare d'Aix-la-Chapelle Ouest avec un chargement de containers. A gauche, deux locomotives de la série 55 près de Botzelaer avec des wagons-citernes roulent en direction de Montzen. (Photos : Gerhard Meven, 2005)

D · Die Montzenroute ist eine internationale Bahnstrecke. Dies gilt nicht allein für Lokomotiven oder Züge, sondern auch für ihre Ziele.

Oben ziehen zwei Dieselloks der belgischen Baureihe 55 den transeuropäischen Güterzug TC41438 Gremberg - Wembley (GB) bei Botzelaer. Rechts müht sich eine deutsche Baureihe 241 (gebaut in der ehemaligen UdSSR für die ehemalige DDR) auf der Rampe bei Gemmenich bergauf. (Fotos: Stefan von der Ruhren, 2002/2003)

NL · De Montzenroute is een internationale spoorlijn. Dit geldt niet alleen voor de locomotieven of voor de treinen, maar ook voor hun bestemmingen.

Hierboven trekken twee diesels van de Belgische reeks 55 de transeuropese goederentrein TC41438 Gremberg - Wembley (GB), opgenomen vlakbij Botzelaar. Rechts begint een Duitse locomotief van reeks 241 (gebouwd in de voormalige Sovjetunie voor diensten in de voormalige DDR) aan de klim op de helling in de buurt van Gemmenich. (Foto's: Stefan von der Ruhren, 2002/2003)

International

F · La Route de Montzen est une ligne de chemin de fer internationale, non seulement pour les locomotives ou les trains, mais aussi pour leurs destinations.

En haut, deux locomotives diesel de la série 55 tractant le train de marchandises transeuropéen TC41438 Gremberg - Wembley (GB) près de Botzelaer. A droite, une locomotive de la série allemande 241 (construite dans l'ex-URSS pour l'ex-RDA) effectue péniblement l'ascension de la rampe près de Gemmenich. (Photos : Stefan von der Ruhren, 2002/2003)

Tag und Nacht

D · Tag und Nacht, Sommer und Winter, an Werktagen ebenso wie am Wochenende. Die Montzenroute ist eine rastlose Eisenbahnstrecke. Im Durchschnitt verkehren täglich mehr als 90 Züge über die Kernstrecke zwischen Tongeren und Aachen.

Fotos: Baureihe 241.8, links im Rangierbahnhof Montzen, unten zwischen Botzelaer und Montzen, 2005 (Lucas Böckmann).

NL · Dag en nacht, 's zomers en 's winters, op werk-, zon- en feestdagen: de Montzenroute is een spoorlijn die nooit aan rusten toe is. Gemiddeld rijden er dagelijks meer dan 90 treinen op het traject tussen Tongeren en Aken.

Foto's: reeks 241.8, links op het rangeerstation van Montzen, onderaan de situatie tussen Botzelaar en Montzen, 2005 (Lucas Böckmann).

F · De jour comme de nuit, été comme hiver, en semaine comme le week-end. La vie ne s'arrête jamais sur la Route de Montzen. En moyenne, plus de 90 trains circulent quotidiennement sur le tronçon principal entre Tongres et Aix-la-Chapelle.

Photos : Série 241.8, à gauche en gare de triage de Montzen, en bas entre Botzelaer et Montzen, 2005 (Lucas Böckmann).

Belgiens erste Eisenbahnen
De eerste Belgische spoorwegen | Les premiers chemins de fer belges

D · Die erste europäische Eisenbahnlinie war die Deutsch-Belgische-Verbindung Antwerpen - Köln. Sie wurde 1843 in Betrieb genommen. Diese Strecke über Löwen, Lüttich und Aachen hat von Beginn an bis heute unter ihrer ungünstigen Topografie zu leiden. Dennoch ist sie eine der betriebsamsten Linien in Europa. Im Bild rechts eine Dampflokomotive vom Typ 17 bei der Ausfahrt aus dem Bahnhof von Mechelen im Jahr 1905 (Quelle: Sammlung Fernand Van der Avoort).

NL · De eerste Europese spoorlijn was de Duits-Belgische verbinding Antwerpen - Keulen. Deze werd in 1843 in gebruik genomen. De lijn via Leuven, Luik en Aken was van begin af aan niet optimaal vanwege de vele hellingen en bochten. En toch is deze as een van de drukste spoorwegen van Europa. Rechts op de foto een stoomlocomotief van het type 17 bij vertrek in het station van Mechelen in het jaar 1905 (bron: verzameling Fernand Van der Avoort).

F · La première voie ferrée européenne fut la ligne Anvers - Cologne, située entre la Belgique et l'Allemagne. Elle fut mise en service en 1843. Cette ligne desservant Louvain, Liège et Aix-la-Chapelle souffre aujourd'hui encore d'une topographie défavorable. Elle fait pourtant partie des lignes au trafic le plus intense d'Europe. A droite, une locomotive à vapeur de type 17 au départ de la gare de Malines en 1905. (Source : archives Fernand Van der Avoort)

Löwen I Leuven I Louvain

Oben I Boven I En haut: Quelle I Bron I Source Sammlung I verzameling I archives Hugo De Bot

D · Belgiens erste Eisenbahnen
von Hugo De Bot

Nach der Abspaltung Belgiens von den Niederlanden im Jahr 1830 hatte das junge Königreich Bedarf an einer schnellen und zuverlässigen Bahnverbindung mit dem deutschen Hinterland. Der belgische König Leopold, Witwer der englischen Kronprinzessin, hatte während seines Aufenthaltes in England die industrielle Revolution kennen gelernt und den Nutzen der Eisenbahn als zuverlässiges Verkehrsmittel erkannt.

Bereits 1831 wurden mit Simons und De Ridder zwei Ingenieure beauftragt, Pläne für ein Eisenbahnnetz zu entwerfen. Am 11. März 1834 debattierte das Parlament über das Eisenbahngesetz, das am 1. Mai vom König unterzeichnet wurde. Der erste Artikel des Gesetzes lautete: „Im Königreich wird ein Wegenetz konzipiert, dessen Dreh- und Angelpunkt Mechelen sein soll. Dieses Netz wird sich nach Osten hin über Löwen, Lüttich und Verviers bis zur preußischen Grenze erstrecken; im Norden bis Antwerpen, im Westen bis Dendermonde, Gent und Brügge; im Süden über die Provinz Hennegau hinaus bis Frankreich."

Am 25. Mai 1837 gab es ein ergänzendes Gesetz, das den Bau einer Linie Gent - Kortrijk - Tournai und Braine-le-Comte - Charleroi - Namür vorsah. Ein Jahr später konnte am 5. Mai 1835 die Linie zwischen Mechelen und Brüssel feierlich eröffnet werden. Ein Jahr danach

NL · De eerste Belgische spoorwegen
van Hugo De Bot

Na de scheiding in 1830 van België en Nederland had het jonge koninkrijk behoefte aan een snelle en betrouwbare verbinding met het Duitse achterland. De Belgische Koning Leopold, weduwnaar van de Engelse kroonprinses, had tijdens zijn verblijf in Engeland kennis gemaakt met de industriële revolutie. Zo had hij het nut van de spoorweg als een betrouwbaar vervoermiddel ingezien.

Al in 1831 werden Simons en De Ridder, twee ingenieurs van "Bruggen en Wegen" belast met het maken van plannen voor een spoorwegnet. Op 11 maart 1834 vatte het parlement de bespreking van de spoorwegwet aan en op 1 mei 1834 ondertekende de koning de wet. Het eerste artikel van de wet luidde: "In het koninkrijk zal een 'stelsel van ijzeren wegen' worden ingericht met als centraal punt Mechelen en zal zich in het oosten richten naar de Pruisische grens via Leuven, Luik en Verviers; in het noorden naar Antwerpen, in het westen naar Dendermonde, Gent en Brugge; in het zuiden naar Frankrijk via Henegouwen."

Op 25 mei 1837 kwam een aanvullende wet tot stand voor de aanleg van een lijn Gent - Kortrijk - Doornik en 's-Gravenbrakel - Charleroi - Namen. Een jaar later, op 5 mei 1835, kon de lijn tussen Brussel en Mechelen plechtig in gebruik worden genomen. Nog een

F · Les premiers chemins de fer belges
de Hugo De Bot

La partition de la Belgique et des Pays Bas en 1830 rendit nécessaire la création d'une communication par voie ferrée à la fois rapide et fiable entre le jeune royaume et l'arrière-pays allemand. Le roi des Belges Léopold, veuf de la princesse héritière d'Angleterre, avait découvert la révolution industrielle lors de son séjour en Angleterre et compris l'utilité du train comme moyen de transport sûr.

Dès 1831, les ingénieurs Simons et De Ridder furent chargés de concevoir les plans d'un réseau ferré. Le 11 mars 1834, le Parlement eut à débattre de la loi sur les chemins de fer qui fut ratifiée le 1er mai par le roi. Le premier article de la loi stipulait : « Il sera établi dans le royaume un système de chemins de fer ayant pour point central Malines, et se dirigeant, à l'est, vers la frontière de Prusse par Louvain, Liège et Verviers; au nord, sur Anvers; à l'ouest, sur Ostende par Termonde, Gand et Bruges; et au midi, sur Bruxelles et vers les frontières de France par l'Hainaut. »

Le 25 mai 1837, cette loi reçut un amendement prévoyant la construction d'une ligne Gand - Courtrai et Braine-le-Comte - Charleroi - Namur. Un an plus tard, le 5 mai 1835, on put fêter solennellement l'ouverture de la ligne Malines - Bruxelles. L'année suivante, le 3 mai 1836, vit circuler le premier train entre Malines et Anvers.

Oben | Boven | En haut: Quelle | Bron | Source Sammlung | verzameling | archives Fernand Van der Avoort

fuhr am 3. Mai 1836 der erste Zug zwischen Mechelen und Antwerpen. Zeitgleich begann man mit den Arbeiten für die Linie Lüttich - Ostende. In östlicher Richtung wurde am 10. September 1837 das Teilstück Mechelen - Löwen - Tienen für den Verkehr freigegeben. Bis dorthin verlief die Trasse über flaches Gelände ohne nennenswerte Hindernisse. Wohl aber mussten die Ingenieure zwischen Duffel und Antwerpen eine Brücke über die Nete bauen. Zwischen Löwen und Tienen standen die Ingenieure vor der Wahl, einen Tunnel oder einen Trog zu graben. Sie konnten der Verlockung nicht widerstehen – wie auch in England üblich – einen Tunnel zu bauen. Bei Kumtich, kurz vor Tienen, wurde der erste Tunnel gebaut. Offenkundig verfügte man damals nicht über das notwendige Fachwissen, und nach kurzer Zeit stürzte der Tunnel ein. Folgerichtig wurden die Gleise in einen Trog gelegt. Am 2. April 1838 wurde die Trasse Tienen - Waremme - Ans eröffnet. Bei Landen baute Der Staat (L'Etat, De Staat) eine Verbindung nach Sint-Truiden. Diese zehn Kilometer lange Strecke war am 6. Oktober 1839 fertig.

In Ans standen die Ingenieure vor einer großen Herausforderung, nämlich der Überwindung des Höhenunterschiedes zwischen dem Plateau von Ans und dem Maastal. Der Höhenunterschied auf diesem Abschnitt beträgt 110 Meter, und es gab Steigungen von 30 ‰.

(Fortsetzung Seite 22)

jaar later, op 3 mei 1836, reed de eerste trein tussen Mechelen en Antwerpen. Gelijktijdig werden de werkzaamheden richting Oostende en Luik aangevat. In oostelijke richting werd op 10 september 1837 de lijn Mechelen - Leuven - Tienen in gebruik genomen. Tot nu toe liep het traject over vlak terrein zonder noemenswaardige hindernissen. In Duffel tussen Mechelen en Antwerpen hadden de ingenieurs wel een brug over de Nete moeten bouwen. Tussen Leuven en Tienen begon het terrein echter te golven en stonden de ingenieurs voor de keuze: een uitgraving of een tunnel. Ze konden echter niet aan de verleiding weerstaan om net als in Engeland een tunnel te bouwen. Te Kumtich net voor Tienen werd een eerste tunnel gegraven. Blijkbaar beschikte men toen niet over de nodige kennis van zaken want na enige tijd stortte de tunnel in en werd het spoor toch maar in een uitgraving gelegd. Op 2 april 1838 werd het tracé Tienen - Borgworm - Ans in gebruik genomen. Bij Landen bouwde de Staat een verbinding naar Sint-Truiden. Dit lijntje van tien kilometer kwam op 6 oktober 1839 gereed.

Vanaf Ans stonden de ingenieurs voor een grote uitdaging, namelijk het traject tussen het plateau van Ans en de Maasvallei. Tussen Ans en Luik bedroeg het hoogteverschil overigens 110 meter. Op het traject waren hellingen van 30 ‰.

(Lees verder op pagina 22)

A la même époque, on entreprit les travaux de la ligne Liège - Ostende. Vers l'est, le 10 septembre 1837, le tronçon Malines - Louvain - Tirlemont fut ouvert à la circulation. Jusque-là, le tracé de la ligne traversait des paysages de plaines ne présentant pas d'obstacle particulier. Mais entre Duffel et Anvers, les ingénieurs durent construire un pont pour franchir la Nete. Entre Louvain et Tirlemont, le relief était plus vallonné. Les ingénieurs eurent à choisir entre la construction d'un tunnel et celle d'une voie de tranchée. Ils ne purent résister à la tentation répandue en Angleterre – de construire un tunnel. C'est près de Kumtich, juste avant Tirlemont, que fut percé le premier tunnel. A l'époque, c'est un fait avéré, on ne disposait pas du savoir technique nécessaire, et peu de temps après, le tunnel s'effondra. C'est pourquoi en toute logique les rails furent posés dans une tranchée. Le tronçon Tirlemont - Waremme - Ans fut ouvert le 2 avril 1838. Près de Landen, l'Etat construisit une ligne reliant St-Trond. Cette voie longue de dix kilomètres fut terminée le 6 octobre 1839.

A Ans, les ingénieurs eurent à relever un défi de taille : celui de la dénivellation existant entre le plateau d'Ans et la vallée de la Meuse. La dénivellation atteint à cet endroit 110 mètres, avec des pentes à 30 ‰.

(Suite page 22)

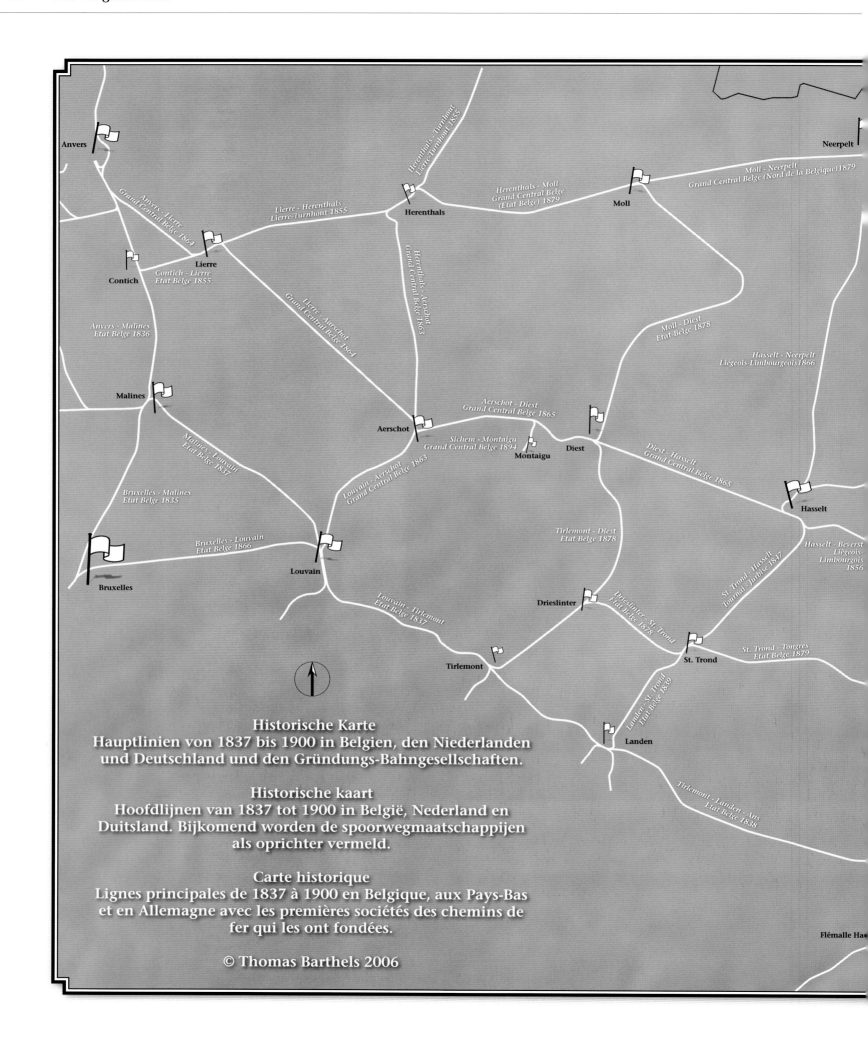

Anvers

Neerpelt

Herenthals - Turnhout
Lierre-Turnhout 1855

Herenthals - Moll
Grand Central Belge
(Etat Belge) 1879

Moll - Neerpelt
Grand Central Belge (Nord de la Belgique)1879

Moll

Anvers - Lierre
Grand Central Belge 1864

Lierre - Herenthals
Lierre-Turnhout 1855

Herenthals

Lierre

Contich

Contich - Lierre
Etat Belge 1855

Herenthals - Aerschot
Grand Central Belge 1863

Lierre - Aerschot
Grand Central Belge 1864

Anvers - Malines
Etat Belge 1836

Moll - Diest
Etat-Belge 1878

Hasselt - Neerpelt
Liégeois-Limbourgeois1866

Malines

Aerschot - Diest
Grand Central Belge 1865

Aerschot

Sichem - Montaigu
Grand Central Belge 1894

Montaigu

Diest

Diest - Hasselt
Grand Central Belge 1865

Malines - Louvain
Etat Belge 1837

Louvain - Aerschot
Grand Central Belge 1863

Bruxelles - Malines
Etat Belge 1835

Hasselt

Tirlemont - Diest
Etat Belge 1878

Hasselt - Beverst
Liégeois-
Limbourgois
1856

Bruxelles

Bruxelles - Louvain
Etat Belge 1866

Louvain

Drieslinter

Drieslinter - St. Trond
Etat Belge 1878

St. Trond - Hasselt
Tournai - Jurbise 1847

Louvain - Tirlemont
Etat Belge 1837

St. Trond - Tongres
Etat Belge 1879

Tirlemont

St. Trond

Landen - St. Trond
Etat Belge 1839

Landen

Historische Karte
Hauptlinien von 1837 bis 1900 in Belgien, den Niederlanden
und Deutschland und den Gründungs-Bahngesellschaften.

Historische kaart
Hoofdlijnen van 1837 tot 1900 in België, Nederland en
Duitsland. Bijkomend worden de spoorwegmaatschappijen
als oprichter vermeld.

Tirlemont - Landen - Ans
Etat Belge 1838

Carte historique
Lignes principales de 1837 à 1900 en Belgique, aux Pays-Bas
et en Allemagne avec les premières sociétés des chemins de
fer qui les ont fondées.

Flémalle Ha

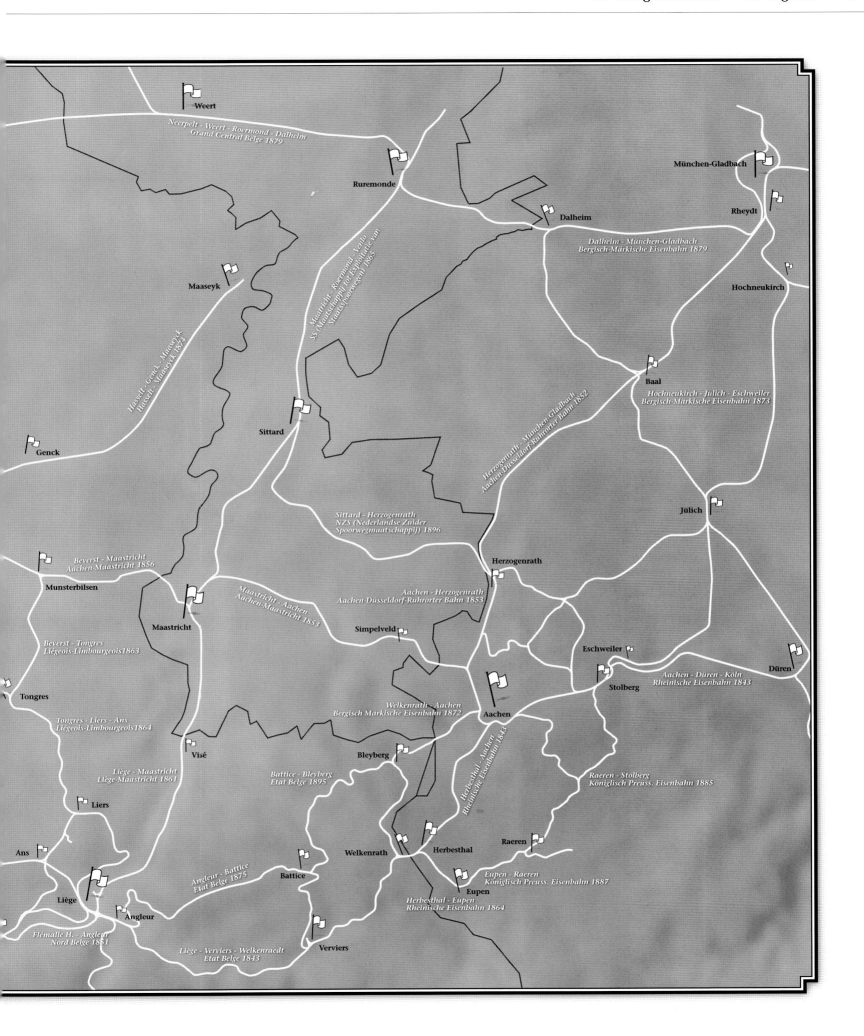

Weert

Neerpelt - Weert - Roermond - Dalheim
Grand Central Belge 1879

München-Gladbach

Ruremonde

Dalheim

Rheydt

Dalheim - München-Gladbach
Bergisch-Märkische Eisenbahn 1879

Maaseyk

Hochneukirch

Maastricht - Roermond - Venlo
S.S.(Maatschappij tot Exploitatie van
Staatsspoorwegen) 1865

Hasselt - Genck - Maaseyk
Hasselt - Maaseyk 1874

Baal

Hochneukirch - Jülich - Eschweiler
Bergisch-Märkische Eisenbahn 1873

Sittard

Herzogenrath - München-Gladbach 1852
Aachen-Düsseldorf-Ruhrorter Bahn

Genck

Jülich

Sittard - Herzogenrath
NZS (Nederlandse Zuider
Spoorwegmaatschappij) 1896

Herzogenrath

Beverst - Maastricht
Aachen-Maastricht 1856

Munsterbilsen

Maastricht - Aachen
Aachen-Maastricht 1853

Aachen - Herzogenrath
Aachen-Düsseldorf-Ruhrorter Bahn 1853

Maastricht

Simpelveld

Eschweiler

Düren

Beverst - Tongres
Liégeois-Limbourgeois 1863

Aachen - Düren - Köln
Rheinische Eisenbahn 1843

Stolberg

Tongres

Tongres - Liers - Ans
Liégeois-Limbourgeois 1864

Welkenrath - Aachen
Bergisch Märkische Eisenbahn 1872

Aachen

Visé

Herbesthal - Aachen
Rheinische Eisenbahn 1843

Raeren - Stolberg
Königlisch Preuss. Eisenbahn 1885

Liège - Maastricht
Liège-Maastricht 1861

Bleyberg

Liers

Battice - Bleyberg
Etat Belge 1895

Ans

Raeren

Welkenrath

Herbesthal

Angleur - Battice
Etat Belge 1875

Battice

Eupen - Raeren
Königlisch Preuss. Eisenbahn 1887

Eupen

Herbesthal - Eupen
Rheinische Eisenbahn 1864

Liège

Angleur

Flémalle H. - Angleur
Nord Belge 1851

Liège - Verviers - Welkenraedt
Etat Belge 1843

Verviers

Oben I Boven I En haut: Quelle I Bron I Source Sammlung I verzameling I archives Hugo De Bot/Fernand Van der Avoort

Schließlich entschied Ingenieur Maus sich für ein System, mit dem die Züge auf der Rampe mithilfe von Kabeln gezogen wurden. In Haut-Pré, auf halber Höhe der Steigung, befand sich ein kleines Plateau, das die Möglichkeit bot, eine zusätzliche Anlage zu bauen, mit der die Züge hoch gezogen werden konnten. John Cockerill baute die Dampfmaschinen. Am 18. April 1842 befuhren erste Güterzüge die Rampe. Personenzüge wurden dort ab 1. Mai 1842 eingesetzt. Lokomotiven wurden auf der Rampe nicht zugelassen, sie wurden durch Schleppwagen ersetzt.

Mit dem Bau der Strecke Lüttich - Herbesthal lag der anspruchsvollste Abschnitt noch vor den Planern. Hier musste die Strecke erstmals in einem hügeligen Profil angelegt werden. Auf einer Länge von 39 Kilometern kreuzt die Strecke 18 Mal den Weser-Fluss und passiert 20 Mal einen Tunnel. 450.000 Franken kostete die Strecke damals – das Doppelte einer normalen Flachstrecke. Am 16. Oktober 1842 wurde mit der Eröffnung des Teilstücks Lüttich - Chenée die Brücke „Pont Val Benoît" für den Verkehr freigegeben. Am 17. Juli 1843 konnte man bereits bis Verviers fahren, und am 15. Oktober 1843 erreichte man die preußische Grenze. Unter Rücksichtnahme auf die Zollabfertigung baute man in Verviers einen Kopfbahnhof. Das Bahnhofsgebäude mit großen Wartesälen befand sich zwischen den Gleisen.

Inzwischen waren die Zielsetzungen der Gesetze vom 1. Mai 1834 und vom 25.

Uiteindelijk koos ingenieur Maus voor een systeem waarbij de treinen op de helling werden getrokken door middel van kabels. In Haut-Pré, halverwege op de helling, bevond zich nog een klein plateau dat de mogelijkheid bood een bijkomende installatie te bouwen om de treinen naar boven te trekken. John Cockerill bouwde de stoominstallaties. Op 18 april 1842 reden de eerste goederentreinen op de helling. Reizigerstreinen werden pas vanaf 1 mei 1842 ingericht. Locomotieven werden op de helling niet toegelaten, maar werden vervangen door speciaal ontwikkelde "sleepwagens" of "wagons-traîneaux".

Met de bouw van de lijn Luik - Herbesthal moest het zware werk nog beginnen, voor het eerst moest een lijn worden aangelegd in een heuvelachtig landschap. Over een afstand van 39 kilometer kruist de lijn 18 maal de Vesder en rijdt niet minder dan 20 keer door een tunnel. De lijn kostte toen 450.000 frank, het dubbele van een gewone vlakke lijn. Op 16 oktober 1842 werd met de opening van het baanvak Luik - Chenée de "Pont Val - Benoît" over de Maas in gebruik genomen. Op 17 juli 1843 kon tot in Verviers worden gereden en op 15 oktober 1843 werd de Pruisische grens bereikt. Met het oog op de douaneverrichtingen bouwde de Staat in Verviers een kopstation. Het stationsgebouw met grote wachtzalen bevond zich echter tussen de sporen.

L'ingénieur Maus opta finalement pour un système de treuillage des trains par câble sur une rampe. A Haut-Pré, à mi-pente, se trouvait un petit plateau qui offrait la possibilité de construire une installation supplémentaire permettant de tirer les trains vers le haut. John Cockerill construisit les machines à vapeur. Le 18 avril 1842, les premiers trains de marchandises empruntèrent cette rampe d'accès. Les trains de voyageurs furent introduits à partir du 1er mai 1842. L'accès à la rampe était interdit aux locomotives, qui furent remplacées par des « wagons-traîneaux » .

La construction de la voie Liège - Herbesthal réserva aux ingénieurs des difficultés bien plus ardues encore. Il fallait faire passer cette voie par un relief accidenté. Sur une longueur de 39 kilomètres, cette voie croise la Vesdre 18 fois et emprunte 20 tunnels. Cette construction coûta à l'époque 450.000 francs, soit le double d'une voie de plaine. Le 16 octobre 1842, à l'occasion de l'ouverture de la section Liège - Chenée, le 'Pont Val Benoît' fut ouvert au trafic. Le 17 juillet 1843, on pouvait déjà se rendre jusqu'à Verviers, et le 15 octobre, la jonction fut faite avec la frontière de la Prusse. En raison des formalités liées au dédouanage, on construisit à Verviers une gare en cul-de-sac. Le bâtiment de la gare avec ses grandes salles d'attente se trouvait entre les voies.

Entre-temps, les objectifs fixés par les lois des 1er mai 1834 et 25 mai 1837 avaient

Oben | Boven | En haut: Quelle | Bron | Source Sammlung | verzameling | archives Fernand Van der Avoort

Mai 1837 verwirklicht worden. Der Staat hatte in acht Jahren 560 Kilometer Gleise verlegt. Für die weitere feinmaschige Verzweigung des Bahnnetzes bediente er sich privater Investoren.

Derweil gab es an der politischen Front einige Entwicklungen. 1839 erhielt der Trennungsvertrag zwischen Belgien und den Niederlanden seine endgültige Form. Darin war die Spaltung der Provinzen Limburg und Luxemburg vorgesehen. Hasselt und Arlon wurden die neuen Hauptstädte auf belgischer Seite, die zurecht einen Anschluss an das nationale Eisenbahnnetz forderten. Der Staat hatte allerdings kein Geld und suchte folglich nach privaten Investoren, um die Eisenbahnlinie zwischen Sint-Truiden und Hasselt zu bauen. Englischen Geldgebern erschien die Ausführung der Strecke zwischen Tournai und Jurbise in der Provinz Hennegau durchaus lukrativ. Der Staat war bereit, eine Konzession für diese Verbindung zu erteilen, sofern die Geldgeber auch die Verbindung von Hasselt nach Sint-Truiden bauen würden. Auf diese Weise entstand die Gesellschaft mit dem seltsamen Namen „Société de chemins de fer de Tournay à Jurbise et de Landen à Hasselt". Am 8. Dezember 1847 wurde diese Strecke in Betrieb genommen. Der Staat betrieb die gesamte Linie selbst. 1853 erwarb die deutsch-niederländische „Aachen-Maastrichter-Eisenbahngesellschaft" (Aken-Maastrichtsche-Spoorwegmaatschappij) eine Konzession für die Verlängerung der Strecke von Maastricht nach Hasselt.

Intussen waren de doelstellingen van de wetten van 1 mei 1834 en 25 mei 1837 verwezenlijkt. De Staat had op acht jaar tijd 560 kilometer spoor aangelegd. Voor de verdere fijnmazige invulling van het spoorwegnet deed de Staat beroep op privé-investeerders.

Ondertussen hadden zich aan het politieke front enkele ontwikkelingen voorgedaan. In 1839 werd het scheidingsverdrag tussen Nederland en België definitief. Hierdoor werden ook de provincies Limburg en Luxemburg in twee gedeeld met Hasselt en Aarlen als nieuwe provinciehoofdplaatsen. Terecht eisten zij een aansluiting op het nationale spoorwegnet. De Staat had echter geen geld en zocht dus naar een privé-investeerder om een spoorweg aan te leggen tussen Sint-Truiden en Hasselt. Engelse financiers zagen wel brood in een lucratieve verbinding in de provincie Henegouwen tussen Doornik en Jurbeke. De Staat was bereid een concessie voor deze verbinding toe te staan als de maatschappij ook de verbinding Sint-Truiden - Hasselt bouwde. Zo ontstond een maatschappij met een rare naam "Société de chemins de fer de Tournay à Jurbise et de Landen à Hasselt". Op 8 december 1847 werd de lijn in gebruik genomen. De Staat exploiteerde de hele lijn zelf. In 1853 verwierf de Duits-Nederlandse maatschappij "Aken-Maastrichtsche Spoorweg-Maatschappij" (Aachen-Maastrichter Eisenbahn Gesellschaft) een concessie voor de verlenging van de lijn van Maastricht naar Hasselt.

été atteints. En huit ans, l'Etat avait posé 560 kilomètres de voies. Pour l'affinement du réseau, on fit appel par la suite à des investisseurs privés.

Sur le front politique se dessinaient toutefois quelques évolutions. En 1839, le traité de séparation de la Belgique et des Pays Bas trouva sa forme définitive. Il prévoyait la division des provinces de Limbourg et de Luxembourg. Côté belge, Hasselt et Arlon devinrent les nouvelles capitales et réclamèrent de bon droit leur raccordement au réseau national. L'Etat n'en avait pas de moyens, en conséquence de quoi il fit appel à des investisseurs privés pour construire la voie entre St Trond et Hasselt. Les bailleurs de fonds anglais virent dans la réalisation de la ligne Tournai - Jurbise (province du Hainaut) un projet très lucratif. L'Etat était prêt à délivrer une concession pour cette ligne dans la mesure où les bailleurs de fonds s'étaient engagés à construire également la ligne Hasselt - St Trond. C'est ainsi que naquit la société au nom étrange de « Société de chemins de fer de Tournay à Jurbise et de Landen à Hasselt ». Ce tronçon fut mis en service le 8 décembre 1847. C'est l'Etat lui-même qui exploitait l'ensemble de la ligne. En 1853, la germano-néerlandaise « Société des chemins de fer d'Aix-la-Chapelle-Maastricht » (Aken-Maastrichtsche-Spoorwegmaatschappij) obtint une concession pour le prolongement de la ligne de Mastricht à Hasselt.

38 Malines - *Arsenal de l'Etat*
Mechelen - *Staatswerkhuizen*

Oben | Boven | En haut: Quelle | Bron | Source Sammlung | verzameling | archives Fernand Van der Avoort

Zeitgleich überließ Der Staat den Betrieb der Strecke Landen - Hasselt der Aachen-Maastrichter-Eisenbahngesellschaft. Am 23. Oktober 1856 nahm diese Gesellschaft die Strecke Maastricht - Hasselt in Betrieb.

Inzwischen verlangte auch Tongeren als Hauptstadt des gleichnamigen Arrondissements eine Anbindung an das Schienennetz. 1861 wurde die Gesellschaft „Compagnie du chemin de fer de Tongres à Bilsen" gegründet. Sie erwarb auch eine Konzession für die Strecke Bilzen - Tongeren. Diese wurde 1863 in Betrieb genommen. Die Gesellschaft erarbeitete in der Zeit Pläne für eine Verbindung mit Lüttich. Es wurden neue Geldgeber gefunden, und 1861 wurde eine neue Gesellschaft gegründet, die den langen Namen „Société Anonyme dite Compagnie de chemins de fer Liégeois-Limbourgeois et ses prolongements" trug. 1864 wurde die Verbindung Tongeren - Ans fertig, und im

Gelijktijdig liet de Staat de exploitatie van de lijn Landen - Hasselt over aan de "Aken-Maastrichtsche". Op 23 oktober 1856 nam de maatschappij de lijn Maastricht - Hasselt in gebruik.

Intussen vroeg Tongeren als hoofdplaats van het arrondissement een spoorweg-verbinding. In 1861 werd de maatschappij "Compagnie du chemin de fer de Tongres à Bilsen" opgericht. De maatschappij verwierf ook een concessie voor Bilzen - Tongeren en in 1863 werd de lijn in gebruik genomen. De maatschappij maakte intussen plannen voor een verbinding met Luik. Er werden nieuwe financiers aangetrokken en in 1861 werd een nieuwe maatschappij opgericht met de lange naam "Société Anonyme dite Compagnie de chemins de fer Liégeois-Limbourgeois et ses prolongements". In 1864 was de verbinding Tongeren - Ans klaar en in 1865 de lijn Ans - Luik - Vivegnis. Tussen Munsterbilzen en Hasselt liepen vanaf 1866 de enkel-

Dans le même temps, l'Etat confia l'exploitation de la ligne Landen - Hasselt à la Société des chemins de fer d'Aix-la-Chapelle-Maastricht. Le 23 octobre 1856, cette société mit en exploitation la ligne Maastricht - Hasselt.

Entre-temps, la ville de Tongres, en tant que chef-lieu du arrondissement du même nom, exigea elle aussi d'être raccordée au réseau ferré. En 1861 fut fondée la « Compagnie du chemin de fer de Tongres - Bilsen » . Elle obtint également sa concession pour la construction de la ligne Bilsen - Tongres, laquelle fut mise en service en 1863. A la même époque, cette société travaillait aussi au projet d'une liaison avec Liège. On trouva de nouveaux bailleurs de fonds et en 1861 fut créée une nouvelle société au nom très long de « Société Anonyme dite Compagnie de chemins de fer Liégeois-Limbourgeois et ses prolongements » . La ligne Tongres - Ans fut terminée en 1864, ainsi que, l'année

Jahr darauf folgte die Fertigstellung der Linie Ans - Lüttich - Vivegnis. Zwischen Munsterbilzen und Hasselt verliefen seit 1866 die einspurigen Strecken Maastricht - Hasselt und Tongeren - Hasselt parallel. 1864 erteilten die belgische und die niederländische Regierung eine Konzession für eine Verbindung zwischen Eindhoven und Hasselt, die 1866 eröffnet wurde. Die gleiche Gesellschaft baute 1868 noch die Güterbahnstrecke zwischen Ans und Flémalle. Die niederländische „Maatschappij tot Exploitatie van de Staatsspoorwegen" betrieb diese Strecken. Am 1. Januar 1869 kaufte der Belgische Staat die Konzession zurück, aber die „Maatschappij tot Exploitatie van de Staatsspoorwegen" betrieb die Strecke weiter bis zum 30. Juni 1898.

Der Hafen von Antwerpen war noch immer über den Umweg über Mechelen mit Deutschland verbunden. Das änderte sich, als der Bankier J. R. Bischoffsheim 1862 eine Konzession für den Bau einer Bahnlinie Antwerpen - Hasselt über Lier, Aarschot und Diest erhielt. Diese Konzession wurde in die neue Gesellschaft „Société Anonyme de chemins de fer Nord de la Belgique" (nicht zu verwechseln mit der Nord-Belge) mit eingebracht. 1864 wurde die Strecke Antwerpen - Aarschot in Betrieb genommen und ein Jahr darauf das letzte Stück bis Hasselt. Die „Nord de la Belgique" überließ den Betrieb der Gesellschaft „Antwerpen-Rotterdam".

Am 1. Januar 1864 wurde die „Grand Central Belge" (GCB) gegründet, indem der Betrieb der Gesellschaften „Antwerpen-Rotterdam" und „Est-Belge" zusammengelegt wurde. Am 1. Juli 1865 trat die Gesellschaft „Entre-Sambre-et-Meuse" bei, und am 1. August 1867 folgte die Aachen-Maastrichter-Eisenbahngesellschaft. Die „Nord de la Belgique" erwarb auch die Konzession für den Eisernen Rhein zwischen Herentals und Vlodrop an der niederländisch-deutschen Grenze. Die „Grand Central Belge" hielt im Prinzip einen wichtigen Teil des Verkehrs zwischen dem Hafen von Antwerpen und Deutschland in Händen.

sporige lijnen Maastricht - Hasselt en Tongeren - Hasselt naast elkaar. In 1864 verleenden de Belgische en Nederlandse regeringen een concessie voor een verbinding tussen Eindhoven en Hasselt. Deze verbinding werd in 1866 geopend. De maatschappij bouwde in 1868 nog een goederenspoor tussen Ans en Flémalle. De Nederlandse „Maatschappij tot Exploitatie van de Staatsspoorwegen" exploiteerde de lijnen. Op 1 januari 1896 kocht de Belgische Staat de concessie terug, maar de „Maatschappij tot Exploitatie van de Staatsspoorwegen" bleef de lijn verder exploiteren voor rekening van de Belgische Staat tot 30 juni 1898.

De Antwerpse haven was nog altijd via een omweg over Mechelen verbonden met Duitsland. Daar kwam verandering in toen de bankier J. R. Bischoffsheim in 1862 een concessie verwierf voor de aanleg van een spoorweg Antwerpen - Hasselt via Lier, Aarschot en Diest. Deze concessie werd ingebracht in een nieuwe maatschappij "Société Anonyme de chemins de fer Nord de la Belgique" (niet te verwarren met de Nord-Belge). In 1864 werd Antwerpen - Aarschot in gebruik genomen, in 1865 Aarschot - Hasselt. De "Nord de la Belgique" liet de exploitatie over aan de "Antwerpen-Rotterdam".

Op 1 januari 1864 werd de "Grand Central Belge" (GCB) opgericht door het samenvoegen van de exploitaties van de "Antwerpen-Rotterdam" en de "Est-Belge". Op 1 juli 1865 trad de maatschappij "Entre-Sambre-et-Meuse" toe en op 1 augustus 1867 volgde de "Aken-Maastrichtsche Spoorweg-Maatschappij". De "Nord de la Belgique" verwierf later ook de concessie voor de IJzeren Rijn tussen Herentals en Vlodrop vlakbij de Nederlands-Duitse grens. De "Grand Central Belge" had in feite een belangrijk deel van het verkeer tussen de Antwerpse haven en Duitsland in handen.

suivante, la ligne Ans - Liège - Vivegnis. Entre Munsterbilsen et Hasselt, les lignes à voie unique Maastricht - Hasselt et Tongres - Hasselt suivirent depuis 1866 un tracé parallèle. En 1864, les gouvernements belge et néerlandais délivrèrent une concession pour la ligne Eindhoven - Hasselt, qui fut ouverte en 1866. En 1868, la même société construisit encore la voie marchande Ans - Flémalle. L'exploitation de ces voies revint à la société néerlandaise « Maatschappij tot Exploitatie van de Staatsspoorwegen » . Le 1er janvier 1869, l'Etat belge racheta la concession, mais la « Maatschappij tot Exploitatie van de Staatsspoorwegen » continua à exploiter cette ligne jusqu'au 30 juin 1898.

La ligne qui reliait le port d'Anvers à l'Allemagne faisait toujours le détour par Malines. Cette situation changea lorsque le banquier J. R. Bischoffsheim obtint en 1862 une concession pour la construction d'une voie Anvers - Hasselt par Lierre, Aerschot et Diest. Cette concession fut intégrée à la nouvelle « Société Anonyme de chemins de fer Nord de la Belgique » (à ne pas confondre avec celle appelée « Nord-Belge »). La ligne Anvers - Aerschot fut mise en fonctionnement en 1864, tout comme l'année suivante, le reste de la ligne jusqu'à Hasselt. La société « Nord de la Belgique » en confia l'exploitation à la société « Anvers-Rotterdam » .

Le 1er janvier 1864 fut fondée la « Grand Central Belge » (GCB), fruit de la fusion de l'exploitation des sociétés « Anvers-Rotterdam » et « Est-Belge » . Le 1er juillet 1865, la société « Entre Sambre et Meuse » y fut rattachée, puis le 1er août 1867, ce fut le tour de la société des chemins de fer d'Aix-la-Chapelle et de Maastricht. La « Nord de la Belgique » obtint également la concession pour le Rhin de fer entre Herentals et Vlodrop à la frontière germano-néerlandaise. La « Grand Central Belge » détenait en principe une partie importante du trafic entre le port d'Anvers et l'Allemagne.

In ihrer Blütezeit betrieb die GCB 767 Kilometer Eisenbahnen in Belgien, den Niederlanden, Deutschland und Frankreich. Am 1. Januar 1897 kaufte der Staat die Konzession zurück. Die Grand Central Belge betrieb das Eisenbahnnetz im Auftrag des Staates weiter bis zum30. Juni 1898.

Die Regierung verlieh 1869 eine Konzession für den Bau einer Strecke von Welkenrath über Bleyberg (seit 1919 Plombières) bis Aachen-Templerbend. 1870 wurde die Verbindung Welkenrath - Bleyberg fertig, die zwischen Bleyberg und Aachen im Jahr 1872. Bei Moresnet zweigte eine Güterbahn nach Kelmis (La Calamine) ab – damals noch neutrales Territorium. Der Staat betrieb diese Strecken der „Société du chemin de fer Jonction Belgo-Prussienne" selber.

Ebenfalls 1869 erhielt die private Gesellschaft „Chemins de fer des Plateaux de Herve" eine Konzession für den Bau einer Bahnlinie durch das Herver Land. Kurz hinter Chenée zweigte diese von der Hauptstrecke Lüttich - Aachen ab. Die Strecke verband die wichtigsten Dörfer im hügeligen Herver Land. Vor dem Endpunkt Battice legte die Betreibergesellschaft eine Bahnlinie nach Verviers an. 1872 wurde die Strecke zwischen Chenée und Micheroux fertig gestellt, 1873 folgte das Teilstück Micheroux - Herve, bevor man 1875 Battice erreichte. Es dauerte noch bis 1879, bis die Verbindung zwischen Battice und Verviers vom Staat in Betrieb genommen wurde.

Die Verbindung Battice - Aubel entstand nach einer Konvention zwischen dem Staat und einem gewissen Closon. 1881 nahm der Staat die Strecke in Betrieb. Die Strecke Aubel - Bleyberg baute der Staat selbst. Sie wurde 1895 eröffnet.

Op haar hoogtepunt exploiteerde de "Grand Central Belge" 767 kilometer spoorwegen in België, Nederland, Duitsland en Frankrijk. Op 1 januari 1897 kocht de Staat de concessie terug. De "Grand Central Belge" exploiteerde het spoorwegnet verder voor rekening van de Staat tot 30 juni 1898.

De regering verleende in 1869 een concessie voor de aanleg van een lijn van Welkenraat via Bleyberg (vanaf 1919 Plombières) naar Aken-Templerbend. In 1870 was de verbinding Welkenraat - Bleyberg klaar en in 1872 de verbinding Bleyberg - Aken. Te Moresnet takte een goederenlijn af naar Kelmis (La Calamine), toen nog neutraal territorium. De Staat exploiteerde zelf de lijnen van de "Société du chemin de fer Jonction Belgo-Prussienne".

In 1869 verleende de regering aan de particuliere maatschappij "Chemins de fer des Plateaux de Herve" een concessie voor de aanleg van een spoorwegverbinding door het land van Herve. Even voorbij Chênée takte de lijn af van de hoofdlijn Luik - Aken. De lijn verbond de belangrijkste dorpen in het heuvelachtige land van Herve. Bij het eindpunt Battice legde de maatschappij een spoorweg naar Verviers aan. In 1872 was de lijn tussen Chênée en Micheroux klaar, in 1873 tussen Micheroux en Herve en in 1875 werd Battice bereikt. Het duurde nog tot 1879 tot de verbinding tussen Battice en Verviers in gebruik werd genomen. De Staat exploiteerde de lijn.

De verbinding Battice - Aubel kwam tot stand na een conventie tussen de Staat en een zekere Closon. In 1881 nam de Staat de lijn in gebruik. De Staat bouwde zelf de lijn Aubel - Bleyberg. In 1895 ging de lijn open.

A son époque la plus prospère, la GCB exploitait 767 kilomètres de voies ferrées en Belgique, aux Pays-Bas, en Allemagne et en France. Le 1er janvier 1897, l'Etat racheta la concession. La Grand Central Belge continua à exploiter le réseau ferroviaire pour le compte de l'Etat jusqu'au 30 juin 1898.

En 1869, le gouvernement délivra une concession pour la construction d'une voie allant de Welkenraedt à Aix-la-Chapelle-Templerbend via Bleyberg (appelé Plombières depuis 1919). Le tronçon Welkenraedt - Bleyberg fut terminé en 1870, celui situé entre Bleyberg et Aix-la-Chapelle en 1872. Près de Moresnet, une voie marchande bifurquait en direction de Kermis (La Calamine) – située à l'époque en territoire neutre. L'Etat assurait lui-même l'exploitation de ces lignes de la « Société du chemin de fer Jonction Belgo-Prussienne » .

En cette même année 1869, la société privée « Chemins de fer des Plateaux de Herve » obtint une concession pour construire une ligne traversant la région de Herve. Peu après Chenée, on construisit un embranchement sur la ligne Liège - Aix-la-Chapelle. C'est cette voie qui reliait les principaux villages du plateau de Herve. Juste avant Battice, le terminus, la société de construction ajouta une voie en direction de Verviers. La ligne de Chenée à Micheroux fut terminée en 1872. En 1873 suivit le tronçon Micheroux - Herve, puis l'on continua jusqu'à Battice en 1875. Il fallut encore attendre l'année 1879 pour voir la mise en service par l'Etat de la ligne de Battice à Verviers.

La liaison Battice - Aubel vit le jour après qu'une convention fut passée entre l'Etat et un certain Closon. L'Etat la mit en service en 1881. Il se chargea lui-même de la construction de la ligne Aubel - Bleyberg, qui fut ouverte en 1895.

Landen   Stationkwartier.
Quartier de la Gare.

Bleyberg   Station

D · Über den kleinen Ort Glons im Tal des ebenso kleinen Baches Geer gibt es eigentlich nicht viel zu berichten. Der kleine Landbahnhof wurde für die Strecke Lüttich - Liers - Tongeren im Jahr 1864 gebaut. Kein Schnellzug hielt dort, kein großer Güterbahnhof konnte sich im Tal etablieren, und keine Industrie siedelte sich im Geertal an.

Einzig die neue Kriegsbahn sollte etwas Unruhe in das Leben der Bürger von Glons bringen. Die Planungen sahen das Geertal als ideale Route von Visé nach Tongeren an. Schade um die Idylle.
(Quelle: Guy Demeulder)

NL · In het bescheiden plaatsje Glaaien in de vallei van de kleine Geerbeek valt niet veel te zien. Het kleine station werd in het jaar 1864 langs de lijn Luik - Liers - Tongeren gebouwd. Hier stopte nooit een sneltrein en er was vanwege het gebrek aan bedrijvigheid ook geen behoefte aan een goederenstation.

Enkel de in oorlogstijd aangelegde spoorweg zorgde voor wat leven in Glaaien. Volgens de planningen was de Geervallei de ideale route van Wezet naar Tongeren. Spijtig voor het idyllische landschap.
(Bron: Guy Demeulder)

F · Il y a peu de choses à dire en réalité de la petite localité de Glons située dans la vallée de la tout aussi petite rivière Geer. La petite gare de campagne fut construite en 1864 pour les besoins de la ligne Liège - Liers - Tongres. Les trains express n'y marquaient pas d'arrêt, aucune gare de marchandises n'a pu s'établir dans la vallée et aucune industrie ne s'est implantée dans la vallée de la Geer.

Seuls les trains militaires devaient troubler la tranquillité des citoyens de Glons. Les projets voyaient dans la vallée de la Geer la route idéale de Visé à Tongres. C'en était fini de l'idylle.
(Source : Guy Demeulder)

Glons. — La gare.

Edit. Dejardin, Glons

Eisenbahnen in Aachen
Spoorwegen in en rond Aken | Chemins de fer à Aix-la-Chapelle

D · Wäre es nach den Vorstellungen von Ludolf Camphausen gegangen, so läge Aachen heute nicht an der Eisenbahnlinie Köln - Lüttich. Ein anderer bekannter Rheinländer, der Kaufmann David Hansemann, sorgte dafür, dass Aachen dann doch eine wichtige Station an der Strecke wurde. Die Konsequenzen wirken sich bis heute auf den Betrieb aus. (Bild: Rheinischer Bahnhof Aachen, ca. 1895, Quelle: Stadtarchiv Aachen)

NL · Indien men de plannen van Ludolf Camphausen had uitgevoerd, lag Aken vandaag niet halverwege langs de spoorlijn Keulen - Luik. Een andere bekende Rijnlander, de zakenman David Hansemann, zorgde ervoor dat Aken uiteindelijk toch een belangrijk station en een aansluiting op deze lijn kreeg. Deze gevolgen beïnvloeden nog vandaag de exploitatie. (Foto: Rheinischer Bahnhof Aken, ca. 1895, bron: stadsarchief Aken)

F · Si l'on avait suivi les idées de Ludolf Camphausen, Aix-la-Chapelle ne se trouverait pas aujourd'hui sur la ligne Cologne - Liège. Un autre habitant célèbre de la Rhénanie, le négociant David Hansemann, s'employa à ce qu'Aix-la-Chapelle devienne quand même une station importante sur cette ligne. Les répercussions sur le trafic s'en ressentent aujourd'hui encore. (Illustration : Gare Rhénane d'Aix-la-Chapelle, environ 1895, source : Archives municipales d'Aix-la-Chapelle)

D · Die erste Eisenbahn im Aachener Raum hat ihren Ursprung in der internationalen Verbindung Antwerpen - Köln. Köln hatte seinerzeit ein lebhaftes Interesse an einem alternativen Handelsweg zum Rhein, weil die Rheinschifffahrt von den Niederländern dominiert und mit Zöllen unnötig verteuert wurde.

Während sich auf belgischer Seite ab 1837 die Bahnstrecke Richtung Deutschland immer weiter der Grenze näherte, war man in Deutschland – insbesondere in Aachen – noch nicht so weit. Einer der Hauptinitiatoren auf Preußischer Seite, der Kölner Kaufmann und Bankier Dr. phil. h.c. Gottfried Ludolf Camphausen, hatte sich schon seit Jahren für die deutsch-belgische Strecke eingesetzt. Er hätte eine Linienführung mit einer Umgehung der Städte Düren und Aachen bevorzugt. Der seinerzeit einflussreiche Aachener Präsident der Handelskammer, David Hansemann, widersprach ihm. Hansemann wollte unbedingt den Anschluss der Stadt Aachen an den neuen Verkehrsweg. Camphausens Motivation für die andere Trassenführung von Köln über Eschweiler, Cornelimünster, Raeren und Eupen war die einfachere Trassierung ohne große Steigungen und somit der rentablere Betrieb. Diese – technisch und betriebswirtschaftlich vernünftige – Sichtweise mochten die Aachener nicht nachvollziehen. Letztendlich setzte sich Hansemann durch, und Camphausen schied aus der Eisenbahngesellschaft aus.

So kam es, dass im September 1841 die Rheinische Eisenbahn die erste linksrheinische Eisenbahn Köln - Aachen über Düren und Stolberg eröffnete. 1843 folgte die Fertigstellung der Gesamtstrecke Köln - Antwerpen über Herbesthal/Welkenrath, Verviers und Lüttich. Interessant ist in diesem Zusammenhang, dass sowohl die Strecken bei Lüttich als auch bei Aachen mit aufwändigen und technisch komplizierten Seilzuganlagen an den Steigungen betrieben werden mussten. Mit diesen beiden Steigungen haben die Züge noch heute ihre Probleme.

Aachen war wie Lüttich schon damals ein wichtiger Industriestandort. Sowohl die

NL · De basis voor een eerste spoorweg in de Akense regio vormt de internationale verbinding Antwerpen - Keulen. Keulen hechtte toentertijd veel belang aan een alternatieve handelsweg omdat de Nederlanders voor de binnenvaart op de Rijn tol eisten en het goederentransport op het water hierdoor onnodig duur werd.

Terwijl het spoor aan Belgische kant vanaf 1837 steeds dichter bij de grens kwam, was men in Duitsland nog niet echt hierop voorbereid. Eén van de hoofdinitiatiefnemers aan Pruisische kant was de Keulse zakenman en bankier dr. phil. h.c. Gottfried Ludolf Camphausen. Hij was al redelijk vroeg voorstander van een spoorlijn die Duitsland en België met elkaar zou verbinden. Zijn voorkeur ging uit naar een tracé dat aan de steden Düren en Aken voorbij had moeten lopen. De toenmalige invloedrijke president van de Akense kamer van koophandel, David Hansemann, was daar niet over te spreken. Hij wilde absoluut een verbinding via Aken. Camphausen was overtuigd van een rendabele exploitatie op een tracé dat volgens hem het best via Keulen, Eschweiler, Cornelimünster, Raeren en Eupen gerealiseerd kon worden omdat er op dit traject nauwelijks hellingen waren. Dit hoorde men in Aken niet graag, al was het nog zo logisch. Uiteindelijk kreeg Hansemann gelijk en trok Camphausen zich uit de spoorwegmaatschappij terug.

Als gevolg van dit besluit werd in september 1841 de eerste spoorweg tussen Keulen en Aken via Düren en Stolberg geopend. Dit was de eerste spoorlijn op de linkeroevers van de Rijn. In 1843 volgde dan de afwerking van het gehele traject Keulen - Antwerpen via Herbesthal/Welkenraat, Verviers en Luik. Kenmerkend voor deze lijn is dat in Luik en Aken op de steile hellingen "hellende vlakken" gebouwd werden (door stoommachines aangedreven sleepkabel-installaties) omdat de stoomlocomotieven toen onvoldoende kracht hadden om de klim alleen aan te kunnen. Sommige treinen hebben het er nog steeds lastig mee.

F · Les premiers chemins de fer dans la région d'Aix-la-Chapelle trouvent leur origine dans la ligne internationale Anvers - Cologne. La ville de Cologne avait tout intérêt en son temps à voir émerger une voie commerciale alternative jusqu'au Rhin étant donné que les Néerlandais détenaient le monopole de la navigation sur ce fleuve et qu'ils y prélevaient des droits de douanes qui faisaient augmenter inutilement les prix.

Tandis que côté belge, la voie ferroviaire en direction de l'Allemagne commencée en 1837 se rapprochait de plus en plus de la frontière, en Allemagne – et tout particulièrement à Aix-la-Chapelle – on n'en était pas encore là. L'un des principaux promoteurs de Prusse, le négociant et banquier originaire de Cologne Dr. phil. h.c. Gottfried Ludolf Camphausen, s'était déjà prononcé depuis des années en faveur d'une ligne germano-belge. Il privilégiait un tracé contournant les villes de Düren et d'Aix-la-Chapelle. L'influent président de la Chambre de commerce d'Aix-la-Chapelle de l'époque, David Hansemann, s'y opposa. Hansemann voulait absolument que la ville d'Aix-la-Chapelle soit raccordée à cette nouvelle voie de communication. L'autre tracé souhaité par Camphausen au départ de Cologne via Eschweiler, Cornelimünster, Raeren et Néau, était motivé par sa plus grande simplicité, le nombre moins important de pentes et donc l'exploitation plus rentable qu'il présentait. Les habitants d'Aix-la-Chapelle n'acceptèrent pas cette façon de voir, bien qu'elle fût plus raisonnable d'un point de vue technique et sur le plan de son exploitation. C'est finalement Hansemann qui imposa ses vues et Camphausen se retira de la société des chemins de fer.

C'est ainsi qu'en septembre 1841, les Chemins de Fer Rhénans ouvrirent la première ligne Cologne - Anvers via Düren et Stolberg sur la rive gauche du Rhin. Puis en 1843 fut achevée la ligne complète Cologne - Anvers via Herbesthal/Welkenraedt, Verviers et Liège. On notera ici avec intérêt qu'aussi bien les tronçons à proximité de Liège que ceux à proximité d'Aix-la-Chapelle durent être équipés de systèmes de treuillage onéreux et d'une grande complexité

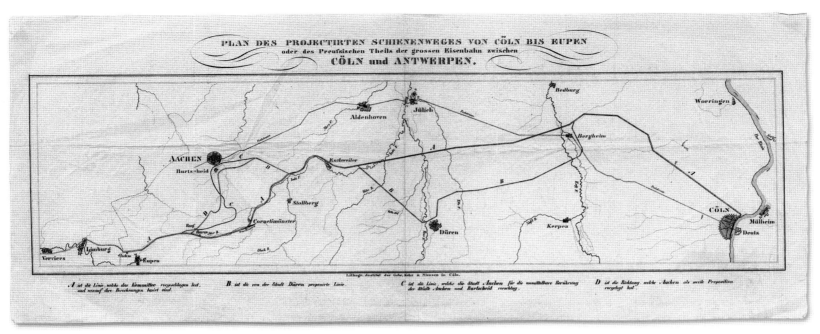

Quelle I Bron I Source: Stadtarchiv Aachen

Kohleförderung und Eisenverhüttung als auch andere Metall verarbeitende Industrien hatten sich angesiedelt. Ebenso war Aachen ein wichtiger Standort der Tuchindustrie. In Altenberg (heute Kelmis), keine zehn Kilometer von Aachen entfernt, waren damals wichtige Erzvorkommen. Diese Bodenschätze waren so begehrt, dass der Wiener Kongress 1815 aus Altenberg das so genannte „Neutral Moresnet" machte. Dieses nur 3,44 Quadratkilometer große Areal wurde gemeinsam von den Niederlanden und Preußen verwaltet. Die Landesgrenze vom Vereinigten Königreich der Niederlande und Preußen verlief damals zwischen Welkenrath und Herbesthal. Der heutige Dreiländerpunkt war ab 1830, nach der Abspaltung Belgiens von den Niederlanden, ein Vierländerpunkt.

(Fortsetzung Seite 36)

Aken was net als Luik toen al een belangrijke industriestad. Steenkool en staal maar ook andere nijverheden waren er aanwezig. Aken was bovendien een belangrijke handelsplaats voor de lakenindustrie. In Altenberg, tegenwoordig Kelmis, dat op tien kilometer van Aken ligt, werden toen belangrijke ertslagen ontdekt. De vraag naar erts was zo enorm dat op het Congres van Wenen in 1815 besloten werd om deze streek te laten besturen door Nederland én Pruisen. Dit maar 3,44 vierkante kilometer grote plekje heette voortaan Neutraal-Moresnet. De rijksgrens van Pruisen en het Verenigd koninkrijk der Nederlanden liep toen tussen Welkenraat en Herbesthal. Na de scheiding van België en Nederland in 1830 werd het drielandenpunt een vierlandenpunt.

(Lees verder op pagina 36)

technique dans les montées. Ces deux montées posent toujours problème au trafic aujourd'hui.

Tout comme Liège, Aix-la-Chapelle était déjà à l'époque un site industriel important. Aussi bien des usines d'extraction du charbon et de sidérurgie que des industries de transformation d'autres métaux s'y étaient déjà installées. De même, Aix-la-Chapelle était un site important d'industrie drapière. A Altenberg (aujourd'hui : Kelmis) situé à moins de dix kilomètres d'Aix-la-Chapelle se trouvaient à l'époque d'importants gisements de minerai. Ces ressources minières étaient l'objet de tant de convoitises que le Congrès de Vienne de 1815 déclara Altenberg 'Zone neutre de Moresnet'. Ce terrain de seulement 3,44 kilomètres carré fut administré conjointement par les Pays-Bas et la Prusse. La frontière prusso-néerlandaise passait à l'époque entre Welkenraedt et Herbesthal. La zone trinationale était à l'époque une zone tétranationale.

(Suite page 36)

D · Der Bahnhof Aachen-Templerbend wurde im Jahr 1858 durch die Aachen-Maastrichter Eisenbahn-Gesellschaft gebaut. Als die „Aachen-Düsseldorf-Ruhrorter Eisenbahn" im August 1853 die Strecke bis Aachen eröffnete, stand anstelle des Bahnhofs Templerbend noch ein Provisorium. Ein Rechtsstreit zwischen Stadt und Bahngesellschaft über die Lage des Bahnhofs verzögerte den Bau des richtigen Bahnhofs bis 1858.

Doch nicht nur die Eisenbahn von Mönchengladbach führte durch diesen Bahnhof, auch die „Aachen-Maastrichter Eisenbahn" hatte hier ihren Start- und Endpunkt. Der grenzüberschreitende Verkehr führte zu der speziellen Bauweise des Bahnhofs. Er hatte eine „Aachener" und eine „Maastrichter" Seite, die durch einen Zaun getrennt waren. Im Gebäude befand sich die Zollabfertigung. Der Bahnhof hatte damals eine große Bedeutung für den Handel im Aachener Raum. Mehr als 20 parallel verlaufende Gleise und eine Drehscheibe gehörten dazu. Der neue Westbahnhof wurde 1910 ganz in der Nähe (im Bild im Vordergrund links) gebaut.

Das markante Gebäude vom Bahnhof Templerbend wurde nach der Inbetriebnahme des Westbahnhofs im Jahr 1911 abgerissen. (Quelle: Stadtarchiv Aachen)

NL · Het station Aken-Templerbend werd in 1858 gebouwd door de Aken-Maastrichtsche Spoorweg-Maatschappij. Toen de "Aachen-Düsseldorf-Ruhrorter Eisenbahn" de lijn naar Aken in augustus 1853 volledig openstelde bevond zich op de plaats van het station Templerbend nog een voorlopig gebouw. Omdat stad en spoorwegmaatschappij het niet eens konden worden over de locatie van het nieuwe station, stapten ze naar de rechter. Dit zorgde ervoor dat de bouw van het nieuwe station tot 1858 op zich liet wachten.

Niet alleen de treinen komende vanuit Mönchengladbach deden dit station aan, maar ook de "Aachen-Maastrichter Eisenbahn" had hier haar eind- en vertrekpunt. Het grensoverschrijdende verkeer heeft ook zo z'n sporen achtergelaten die goed herkenbaar zijn aan de bouwstijl van het

station. Dit had een "Akense" en een "Maastrichter" kant die door een hek van elkaar waren gescheiden. In het gebouw bevond zich er een douanekantoor. Het station speelde toen een grote rol voor de plaatselijke economie in de Akense regio. Meer dan 20 parallel lopende sporen en een draaibrug behoorden tot het station. Het gloednieuwe station Aken-West werd in 1910 in dezelfde wijk (vooraan op de foto links) gebouwd. Na de openstelling van het station Aken-West in 1911 werd het monumentale gebouw van het station Templerbend gesloopt. (Bron: stadsarchief Aken)

F · La gare d'Aix-la-Chapelle Templerbend a été construite en 1858 par la Aachen-Maastrichter Eisenbahn-Gesellschaft. Lorsque la « Aachen-Düsseldorf-Ruhrorter

Eisenbahn » ouvrit la ligne jusqu'à Aix-la-Chapelle en 1853, il se trouvait encore à la place de la gare de Templerbend un bâtiment provisoire. Un litige opposant la ville et la société de chemin de fer au sujet de l'emplacement de la gare retarda la construction de la vraie gare jusqu'en 1858.

Les trains en provenance de Mönchengladbach n'étaient pas les seuls à utiliser cette gare, qui servait de point de départ et d'arrivée à la « Aachen-Maastrichter Eisenbahn ». Le trafic transfrontalier explique le type de construction particulier de cette gare, qui comportait un côté pour Aix-la-Chapelle et un côté pour Maastricht, séparés par une clôture. A l'intérieur du bâtiment s'effectuaient les formalités douanières. A l'époque, la gare avait une importance considérable pour le commerce dans la région d'Aix-la-Chapelle. Elle était équipée de plus de 20 voies parallèles ainsi que d'une plaque tournante. La nouvelle Gare de l'Ouest fut construite en 1910 à proximité (à gauche au premier plan sur la photo). Le bâtiment marquant de la Gare de Templerbend fut démoli en 1911 après la mise en service de la Gare de l'Ouest. (Source : Archives municipales d'Aix-la-Chapelle)

Herbesthal

Hergenrath bei Aachen   Eisenbahnviadukt über das Geultal (55 m hoch, 260 m lang)

Oben I Boven I En haut: Quelle I Bron I Source Sammlung I verzameling I archives Carsten Gussmann

Die Rheinische Eisenbahn, als Gesellschaft 1837 gegründet, ließ in Aachen 1841 für die Strecke Antwerpen - Köln den Rheinischen Bahnhof bauen. Der Bahnhof lag etwa an der Stelle, wo heute der Hauptbahnhof liegt. Der Standort lag deutlich außerhalb der Stadtmitte, weil man schon damals mit einer Ausdehnung der Stadtfläche rechnete. Die Fahrzeit Köln - Aachen betrug damals etwa drei Stunden. Hinter Aachen folgte dann die Steilstrecke mit einer 26,8 ‰-Steigung bis zum Bahnhof Ronheide (heute Aachen-Süd), der letzten Station vor dem Buschtunnel (Länge 693 Meter). In Ronheide, am Ende der etwa zwei Kilometer langen Steigung, befand sich von 1843 bis 1854 eine Seilzugeinrichtung, mit der die Züge die Steigung hinaufgezogen wurden. Man hat also bereits nach zehn Jahren auf den Seilzug verzichten können. Die immer stärker werdenden Dampflokomotiven waren nun selbst in der Lage, die 55 Meter Höhenunterschied zu bewältigen, wenn auch meist mit Nachschiebelokomotiven.

Weitere große Kunstbauwerke auf der Strecke Köln - Herbesthal waren der 277 Meter lange Burtscheider Viadukt kurz vor dem Rheinischen Bahnhof in Aachen sowie der 220 Meter lange Viadukt über die Göhl. Dieser Viadukt ist auch unter dem Namen „Hammerbrücke" bekannt und liegt zwischen dem Buschtunnel und Herbesthal.

De Rheinische Eisenbahn, een maatschappij die werd opgericht in 1837, liet in 1841 te Aken de Rheinische Bahnhof bouwen. Dit station werd speciaal voor deze lijn ontworpen en lag toen vlakbij de plaats waar tegenwoordig de Hauptbahnhof staat. De keuze viel bewust op deze plek net buiten het centrum omdat men toen al rekende op een uitbreiding van de bebouwde kom. De reistijd van Keulen naar Aken bedroeg toen ongeveer drie uur. Onmiddellijk na het verlaten van Aken moesten de treinen de 26,8 ‰ steile helling op naar Ronheide (vandaag Aachen-Süd). Dit was de laatste halte voor de 693 meter lange Buschtunnel. Op het einde van de ongeveer twee kilometer lange helling bevond zich van 1843 tot 1854 een hellend vlak waarop de treinen met behulp van sleepkabels naar boven werden getrokken. Tien jaar na de openstelling van de lijn was er geen behoefte meer aan het hellend vlak. Het vermogen van de locomotieven werd alsmaar groter en vanaf een bepaald moment was het te overbruggen hoogteverschil van 55 meter geen probleem meer. Afhankelijk van de lengte van de treinen moest er af en toe wel een opduwloc komen helpen.

Andere grote kunstbouwwerken op de lijn Keulen - Herbesthal waren twee viaducten: het viaduct van Burtscheid (277 meter), even voor de Rheinische Bahnhof in Aken, en het viaduct over de Geul, vaak "Hammerbrücke" genoemd (220 meter). Deze brug ligt tussen de Buschtunnel en Herbesthal.

La Société des Chemins de Fer Rhénans, fondée en 1837, fit construire à Aix-la-Chapelle en 1841 pour les besoins de la ligne Anvers - Cologne la Gare Rhénane. Cette gare se trouvait à peu près au même endroit que la gare centrale d'aujourd'hui. On avait choisi un emplacement assez éloigné du centre ville parce qu'on prévoyait déjà à l'époque une extension de la ville. La durée du voyage Cologne - Aix-la-Chapelle était à l'époque d'environ 3 heures. Derrière Aix-la-Chapelle arrivait ensuite la pente abrupte de 26,8 ‰ jusqu'à la gare de Ronheide (aujourd'hui : Aix-la-Chapelle Sud), qui était la dernière station avant le Tunnel de Busch (longueur : 693 mètres). A Ronheide, au bout de la pente longue d'environ deux kilomètres, il y eut de 1843 à 1854 un système de treuillage destiné à aider les trains. Après seulement dix ans, on a donc pu se passer de ce système. Les locomotives à vapeur, de plus en plus performantes, étaient à présent en mesure de venir à bout de la dénivellation de 55 mètres, même si la plupart étaient poussées par d'autres locomotives.

Les autres ouvrages d'art importants le long de la ligne Cologne - Herbesthal étaient le Viaduc de Burtscheid, long de 277 mètres et situé juste avant la Gare Rhénane d'Aix-la-Chapelle, ainsi que le Viaduc de la Gueule long de 220 mètres. Ce viaduc est également connu sous le nom de Viaduc 'Hammerbrücke' et se trouve entre le Tunnel de Busch et Herbesthal.

Die ersten Jahre der Eisenbahnen in Aachen wurden bis zum Jahr 1853 von der Rheinischen Eisenbahn dominiert. In diesem Jahr erreichten gleich zwei weitere Eisenbahnen den Aachener Raum. Zum einen die seit 1843 geplante Strecke Düsseldorf - Mönchengladbach - Aachen und eine Verbindung aus den Niederlanden, die Aachen-Maastrichter-Eisenbahn. Wie in diesen Jahren üblich, bauten konkurrierende Bahngesellschaften jeweils eigene Bahnhofsgebäude. Die Strecke aus Mönchengladbach führte im Bogen um Aachen herum bis kurz vor den Rheinischen Bahnhof. Beide Bahnhöfe waren über ein Verbindungsgleis miteinander verbunden. Der Bahnhof der Aachen-Düsseldorf-Ruhrorter Eisenbahn nannte sich „Marschiertorbahnhof" nach dem nahe liegenden Stadttor. Er wurde erst 1858 fertig gestellt. Eine Station vor dem Marschiertorbahnhof lag die Station Aachen-Templerbend. Diese Station war als Grenzstation zu den Niederlanden ausgelegt und wurde sowohl von der Aachen-Maastrichter-Eisenbahn als auch von der Aachen-Düsseldorf-Ruhrorter Eisenbahn genutzt. Diese beiden Eisenbahngesellschaften nutzten nicht nur den Bahnhof, sondern auch die Gleise bis Richterich gemeinsam.

Nachdem 1866 die Bergisch-Märkische Eisenbahn (BME) die Aachen-Düsseldorf-Ruhrorter Eisenbahn übernommen hatte, entwickelte sich eine starke Konkurrenz zwischen den einzelnen Gesellschaften. Da die Bergisch-Märkische Eisenbahn keinen eigenen Zugang nach Belgien hatte, ließ sie eine neue Strecke dorthin bauen. Die Trasse führte vom Bahnhof Templerbend hinauf zum Gemmenicher Tunnel und weiter über Gemmenich nach Bleyberg (heute Plombières). Von dort aus wurde die Strecke bis Welkenrath mit Anschluss an die Strecke nach Lüttich weiter gebaut. Die BME wollte mit dieser Verbindung einen eigenen Zugang zur wichtigen Industriestadt Lüttich, aber auch zum Gebiet um Neutral-Moresnet und Bleyberg erlangen. 1872 wurde diese Strecke zunächst eingleisig eröffnet.

De eerste jaren van de spoorweggeschiedenis in Aken werden gedomineerd door de Rheinische Eisenbahn. In het jaar 1853 bereikten twee andere spoorlijnen de Akense regio: de sinds 1843 geplande lijn Düsseldorf - Mönchengladbach - Aken en de Aken-Maastrichtsche Spoorwegen. Zoals gebruikelijk bouwde elke spoorwegmaatschappij haar eigen stationsgebouwen. De lijn komende vanuit Mönchengladbach maakte een grote boog rondom Aken en eindigde even voor de Rheinische Bahnhof. Deze twee stations werden door middel van een verbindingsspoor met elkaar verbonden. Het station van de Aken-Düsseldorf-Ruhrorter-Eisenbahn heette "Marschiertorbahnhof". De naam is trouwens ontleend aan de stadspoort die Marschiertor heet. Dit station werd pas in 1858 afgewerkt. Een halte vóór de Marschiertorbahnhof bevond zich toen het station Aken-Templerbend. Dit was het grensstation van de Aachen-Maastrichtsche Spoorwegen waar treinen van en naar Nederland stopten en vertrokken. Maar ook de Aachen-Düsseldorf-Ruhrorter-Eisenbahn maakte gebruik van deze infrastructuur. Deze twee spoorwegmaatschappijen exploiteerden niet alleen het station maar ook de sporen tot Richterich.

Nadat in 1866 de Bergisch-Märkische-Eisenbahn (BME) de Aachen-Düsseldorf-Ruhrorter-Eisenbahn had overgenomen, ontwikkelde zich een sterke concurrentie tussen de verschillende maatschappijen. Omdat de BME geen toegang tot België had, liet ze gewoon een lijn over de grens aanleggen. Het tracé verliep vanaf het station Templerbend bergop naar de tunnel van Botzelaar en verder via Gemmenich richting Bleyberg (tegenwoordig Plombières). Van daaruit werd de lijn doorgetrokken tot Welkenraat waar er een aansluiting kwam met de lijn naar Luik. De BME wilde met deze verbinding een eigen toegang creëren tot de belangrijke industriestad Luik. Niet toevallig kon men via deze lijn bovendien het gebied van Neutraal-Moresnet en Bleyberg bereiken. In 1872 werd deze voorlopig enkelsporige lijn geopend.

Les premières années du chemin de fer à Aix-la-Chapelle furent dominées par les Chemins de Fer Rhénans. Jusqu'en 1853. Cette année-là, deux autres voies ferrées furent construites dans la région d'Aix-la-Chapelle. D'une part la ligne Düsseldorf - Mönchengladbach - Aix-la-Chapelle, planifiée à partir de 1843, puis une ligne en provenance des Pays-Bas, le Chemin de Fer Aix-la-Chapelle - Maastricht. Selon les usages de l'époque, des sociétés ferroviaires concurrentes construisaient chacune leur gare. La ligne en provenance de Mönchengladbach tournait autour d'Aix-la-Chapelle et arrivait à proximité de la Gare Rhénane. Les deux gares étaient reliées l'une à l'autre par une voie de raccordement. La gare de la ligne Aix-la-Chapelle - Düsseldorf - Ruhrort s'appelait le Marschiertorbahnhof, du nom de la porte de la ville située à proximité. Elle ne fut achevée qu'en 1858. L'arrêt Aix-la-Chapelle Templerbend se trouvait une station avant le Marschiertorbahnhof. Cet arrêt fut conçu comme arrêt frontalier avec les Pays-Bas et utilisé aussi bien par les Chemins de Fer d'Aix-la-Chapelle - Maastricht que par les Chemins de Fer d'Aix-la-Chapelle - Düsseldorf - Ruhrort. Ces deux sociétés de chemin de fer n'avaient pas seulement la même gare en commun, elles utilisaient également la même voie jusqu'à Richterich.

Après la reprise, en 1866, des Chemins de Fer d'Aix-la-Chapelle - Düsseldorf - Ruhrort par la BME (Bergisch-Märkische-Eisenbahn), une forte concurrence se développa entre les différentes sociétés. La BME n'ayant pas d'accès propre à la Belgique, elle fit construire une nouvelle voie qui y menait. Le tracé montait de la Gare de Templerbend jusqu'au Tunnel de Botzelaer, puis allait au-delà par Gemmenich jusqu'à Bleyberg (aujourd'hui : Plombières). Là, la ligne fut continuée jusqu'à Welkenraedt avec un raccordement à la ligne de Liège. A travers cette ligne, la BME cherchait à avoir un accès propre à la grande ville industrielle de Liège, mais aussi à la région située autour de la Zone Neutre de Moresnet et de Bleyberg. Ce tronçon fut ouvert en 1872, d'abord à une voie.

Bereits 1875 baute man aufgrund des wachsenden Verkehrs ein zweites Gleis und ein separates Bahnbetriebswerk mit Güterbahnhof an der Südseite des Bahnhofs Aachen-Templerbend. Glücklicherweise hatte man den 870 Meter langen Gemmenicher Tunnel bereits für zwei Gleise vorgesehen. Auch diese Strecke hatte zwischen Aachen-Templerbend und Gemmenich eine 25 ‰-Steigung, die nur mit Schiebelokomotiven überwunden werden konnte.

Die Bahnhöfe von Bleyberg und Moresnet wurden im Laufe der Zeit immer wichtiger für die Region westlich von Aachen. Der Bergbau und die Metallverhüttung erlebten eine Blütezeit. Bleyberg wurde sogar Schnellzugstation. Auch die anderen Orte rund um Aachen wurden nun nach und nach an das Eisenbahnnetz angeschlossen. Weil die Rheinische Eisenbahn nach Meinung der Industriellen nicht schnell genug Anschlussstrecken baute, gründeten sie eine eigene Bahngesellschaft, die Aachener Industriebahn AG. Von Stolberg aus wurden 1875 einige Industriebahnen in Betrieb genommen.

Als ab 1880 der Preußische Staat anfing, bestehende Bahngesellschaften zu verstaatlichen, wurden weitere Eisenbahnen gebaut und in Betrieb genommen. 1881 wurde Stolberg-Hammer angeschlossen. Ab 1891 folgten dann Alsdorf und Herzogenrath. Stolberg war um 1885 der größte Bleiproduktionsstandort auf dem Kontinent und hatte nun gleich mehrere Bahnhöfe und zahlreiche Industrieanschlüsse.

Es sollte noch eine dritte Verbindung aus dem Aachener Raum nach Belgien geben: die Vennbahn. Diese ab 1883 gebaute Strecke von Aachen-Rothe Erde über Walheim und Raeren nach Eupen und Monschau wurde komplett 1887 in Betrieb genommen. Ihre Bedeutung für den Betrieb nach Belgien war aber eher gering.

Ab 1895 kam wieder Bewegung in die Aachener Eisenbahnlandschaft. Zunächst baute man östlich des Hauptbahnhofs einen neuen, zentralen Güterbahnhof. Die einzelnen Güterbahnhöfe am

Al drie jaar later kwam er een tweede spoor bij omwille van het toenemende verkeer. Mede door die drukte verrees er ook nog een goederenstation aan de zuidelijke kant van het station Aken-Templerbend. Gelukkig maar dat de 870 meter lange tunnel van Botzelaar van begin af aan gepland was voor de aanleg van een dubbelsporige lijn. Ook de helling naar de tunnel van Botzelaar was met een steiging van 25 ‰ redelijk steil. Dus had men ook hier de hulp nodig van opduwlocs.

De stations van Bleyberg en Moresnet werden in de loop der jaren alsmaar belangrijker voor de streek even ten westen van Aken. Met de plaatselijke economie ging het dankzij de mijnen voortreffelijk. Bleyberg werd zelfs verheven tot sneltreinstation. Ook de andere plaatsen in en rond Aken kregen nu één voor één hun aansluiting op het spoorwegnet. Omdat de Rheinische Eisenbahn volgens de industriëlen te traag was wat het aanleggen van aansluitingssporen betrof, stichtten zij hun eigen spoorwegmaatschappij, de Aachener Industriebahn AG. Deze maatschappij exploiteerde vanaf het jaar 1875 enkele kleine industriële lijnen.

Toen de Pruisische Staat vanaf 1880 ermee begon om van bestaande spoorwegmaatschappijen staatsbedrijven te maken, werd nog een aantal spoorlijnen aangelegd en geopend. In 1881 werd Stolberg-Hammer aangesloten en vanaf 1891 kon men per spoor naar Alsdorf en Herzogenrath. In 1885 was Stolberg de grootste loodproducent ter wereld en de streek telde om die reden heel wat stations en industriële lijnen.

Er zou nog een derde verbinding komen tussen Aken en België: de zogeheten Vennbahn. Deze in 1883 aangelegde lijn werd als verbinding met Eupen via Walheim, Raeren en Monschau in 1887 opengesteld voor het verkeer. Een grote rol speelde de Vennbahn echter nooit.

In 1895 viel er opnieuw wat te beleven in het Akense spoorlandschap. Het begon allemaal met de bouw van een nieuw goederenstation ten oosten van de Hauptbahnhof. De goederenstations

En raison de l'accroissement du trafic, on construisit dès 1875 une seconde voie ainsi qu'un poste d'exploitation séparé avec gare de marchandises sur le côté sud de la gare d'Aix-la-Chapelle-Templerbend. Par chance, le Tunnel de Botzelaer long de 870 mètres avait déjà été prévu pour accueillir deux voies. Ce tronçon comportait lui aussi une pente de 25 ‰ franchissable uniquement avec l'aide de locomotives de pousse.

Les gares de Bleyberg et Moresnet acquièrent au fil du temps une importance grandissante pour la région située à l'ouest d'Aix-la-Chapelle. L'industrie minière et la sidérurgie étaient à leur apogée. Bleyberg devint même un arrêt de trains express. Les autres localités situées autour d'Aix-la-Chapelle furent alors rattachées petit à petit au réseau ferré. Les Chemins de Fer Rhénans ne construisant pas assez vite, de l'avis des industriels, de voies express, ils fondèrent leur propre société de chemin de fer, appelée 'Aachener Industriebahn AG' (Chemin de Fer Industriel d'Aix-la-Chapelle SA). Depuis Stolberg, quelques sociétés industrielles de chemin de fer furent mises en service en 1875.

Lorsqu'en 1880, l'Etat prussien commença à nationaliser les sociétés de chemin de fer existantes, d'autres furent construites et mises en service. Stolberg-Hammer fut raccordé en 1881, puis à partir de 1891, ce furent Alsdorf et Herzogenrath. Vers 1885, Stolberg était le plus important site de production de plomb du continent et disposait désormais de plusieurs gares et de nombreuses connexions industrielles.

Une troisième ligne devait encore voir le jour entre la région d'Aix-la-Chapelle et la Belgique : la Vennbahn. Cette ligne commencée en 1883 au départ d'Aix-la-Chapelle - Rothe Erde vers Néau et Monjoie via Walheim et Raeren fut complètement mise en service en 1887. Mais son importance pour le trafic à destination de la Belgique resta plutôt limitée.

L'année 1895 apporta à nouveau de l'animation dans le paysage ferroviaire d'Aix-la-Chapelle. On construisit

Rheinischen Bahnhof und die beiden Bahnhöfe Marschiertor und Templerbend wurden aufgelöst. Ab 1901 begannen die Bauarbeiten für die Höherlegung der Hauptstrecken im Aachener Raum. Wie in vielen Städten Deutschlands nahm der Eisenbahnbetrieb um diese Jahrhundertwende so zu, dass die ebenerdigen Bahnübergänge zu Verkehrsproblemen führten. Daher wurden auch in Aachen die Gleisanlagen vom Hauptbahnhof bis Templerbend höher gelegt und Straßenunterführungen gebaut. Der mittlerweile zu klein gewordene Bahnhof Templerbend wurde aufgegeben und in seiner Nähe der neue Westbahnhof gebaut. Für den Westbahnhof waren hohe Brückenbauwerke und große Erdbewegungen notwendig. Die Südseite des Bahnhofs bekam zwei Gleise Richtung Hauptbahnhof und vier Gleise Richtung Gemmenich.

Nach und nach stellte man die neuen Bahnhöfe fertig. 1905 wurde der neue Hauptbahnhof eingeweiht, 1910 folgte der Bahnhof Aachen-West. Er war in der Hauptsache als Güter- und Rangierbahnhof gedacht und besaß daher nur zwei Bahnsteige für den Personenverkehr. Zeitgleich zu diesen Baumaßnahmen wurden auch Überlegungen angestellt, die Rampe zwischen dem Aachener Hauptbahnhof und Ronheide (Aachen-Süd) zu umgehen. Es gab verschiedene Gründe, dass diese Projekte vor dem Ersten Weltkrieg nicht mehr zur Ausführung kamen. Die Pläne, eine Verbindung der Gemmenicher Strecke mit der Hauptstrecke Richtung Aachen Hauptbahnhof zu schaffen, wurden von der Preußischen Eisenbahn-Direktion nicht genehmigt. Und nun stand der Erste Weltkrieg vor der Tür.

van de Rheinische Bahnhof en van de stations Marschiertor en Templerbend werden uiteindelijk gesloten. In 1901 werd met de aanleg van spoordijken voor de hoofdlijnen begonnen. Net als in vele andere steden in Duitsland was er zo'n sterke toename van het treinverkeer dat de gelijkvloerse kruisingen een serieus probleem waren. Om die reden werd er tussen Aken-Centraalstation en Templerbend een spoordijk met tal van spoorbruggen aangelegd. Het inmiddels te klein geworden station Templerbend werd gesloten. Op dezelfde locatie kwam in die plaats het nieuwe station Aken-West. Om het station Aken-West te kunnen realiseren heeft men een aantal grote bruggen moeten bouwen en heel wat grond moeten verzetten. Aan de zuidelijke kant van dit station kwamen er twee sporen richting Hauptbahnhof en vier richting Gemmenich.

Een voor een ontstonden er overal nieuwe stations. In 1905 werd de nieuwe Hauptbahnhof plechtig geopend, in 1910 volgde het station Aken-West. Dit station was voornamelijk een goederen- en rangeerstation en beschikte daarom alleen maar over twee perrons voor reizigersvervoer. Tegelijkertijd begon men erover na te denken op welke manier men de helling van Aken-Centraalstation naar Ronheide zou kunnen vermijden. Er waren verschillende redenen waarom met deze projecten niet meer voor het uitbreken van de Eerste Wereldoorlog werd begonnen. De plannen voor een verbindingsboog naar de Hauptbahnhof werden door de Pruisische Eisenbahn-Direktion afgekeurd. En toen kwam de Eerste Wereldoorlog.

d'abord à l'est de la Gare Centrale une nouvelle gare centrale de marchandises. Les gares de marchandises près de la Gare Rhénane ainsi que les deux gares de Marschiertor et Templerbend furent fermées. A partir de 1901 débutèrent ensuite les travaux de réhaussement des voies principales traversant la région d'Aix-la-Chapelle. Comme dans de nombreuses villes d'Allemagne en cette fin de siècle, le trafic dans les villes prenait des proportions telles que les passages à niveau commençaient à poser problème. C'est pourquoi à Aix-la-Chapelle aussi on rehaussa les voies depuis la Gare Centrale jusqu'à Templerbend et on construisit des passages souterrains pour les routes. La gare de Templerbend, entre-temps devenue trop petite, fut abandonnée au profit de la nouvelle Gare de l'Ouest, qui fut construite à proximité. Pour les besoins de la Gare de l'Ouest, il fallut construire de hauts ponts et il fallut aussi charroyer beaucoup de terre. Côté sud, la gare fut flanquée de deux voies en direction de la Gare Centrale et de quatre voies en direction de Gemmenich.

Les gares furent terminées petit à petit. On inaugura la nouvelle Gare Centrale en 1905, puis ce fut le tour de la Gare d'Aix-la-Chapelle Ouest en 1910. Cette dernière avait été principalement conçue pour les marchandises et le triage, et n'était équipée pour cette raison que de deux quais pour le trafic des voyageurs. Simultanément à ces travaux, on réfléchit également à la possibilité de contourner la rampe située entre la Gare Centrale d'Aix-la-Chapelle et Ronheide (Aix-la-Chapelle Sud). Différentes raisons expliquent que ces projets, à la veille de la Première Guerre Mondiale, n'aient pu être menés à bien. Le projet d'un raccordement de la ligne de Gemmenich à la ligne principale en direction de la Gare Centrale d'Aix-la-Chapelle ne rencontra pas l'approbation de la Direction Prussienne des Chemins de Fer. A présent, la Première Guerre Mondiale était imminente.

D · Der neue Aachener Hauptbahnhof nach seiner Fertigstellung im Jahr 1905.

(Quelle: Stadtarchiv Aachen)

NL · De pas afgewerkte nieuwe Hauptbahnhof van Aken in het jaar 1905.

(Bron: stadsarchief Aken)

F · La nouvelle Gare Centrale d'Aix-la-Chapelle après son achèvement en 1905.

(Source : Archives municipales d'Aix-la-Chapelle)

Erste Pläne
Eerste plannen | Premiers projets

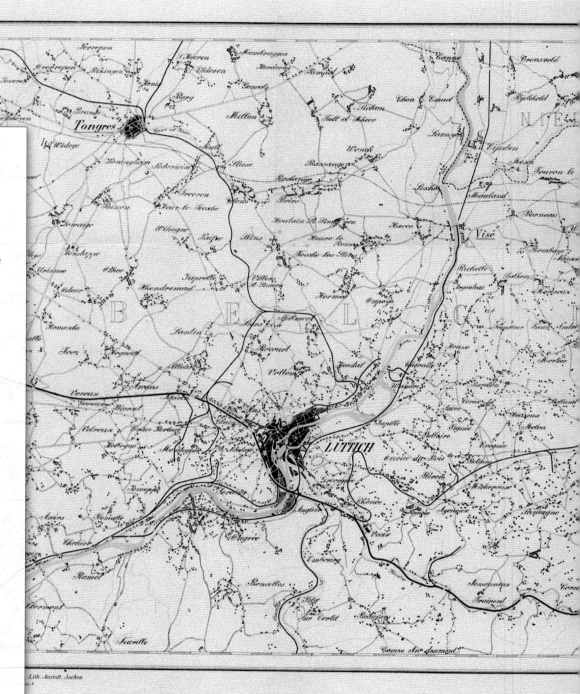

D · Als 1914 die Entscheidung anstand, eine neue, leistungsfähigere Eisenbahnverbindung zwischen Deutschland und Belgien zu bauen, griff der Preußische Generalstab auf vorhandene Pläne zurück. Diese Pläne haben ihren Ursprung in Überlegungen zu einer europäischen Schnellzugstrecke zwischen Berlin und London. (Rechts: Situationsplan zur Neubaustrecke aus dem Jahr 1909, Quelle: Stadtarchiv Aachen)

NL · Toen men in 1914 de beslissing nam om een nieuwe spoorlijn met een grotere capaciteit aan te leggen tussen België en Duitsland opteerde de Pruisische generale staf om reeds bestaande plannen verder uit te voeren. Deze plannen waren gebaseerd op die voor een Europese sneltreinverbinding tussen Berlijn en Londen. (Rechts: plan voor de aanleg van een nieuwe lijn uit het jaar 1909, bron: stadsarchief Aken)

F · Lorsqu'en 1914 il fallut décider de la construction d'une liaison ferroviaire neuve et plus performante entre l'Allemagne et la Belgique, l'état-major prussien ressortit des projets existants. Ces projets trouvent leur origine dans les réflexions sur une ligne express européenne entre Berlin et Londres. (A droite : esquisse de projet pour la construction de la nouvelle ligne datant de l'année 1909, source : Archives municipales d'Aix-la-Chapelle)

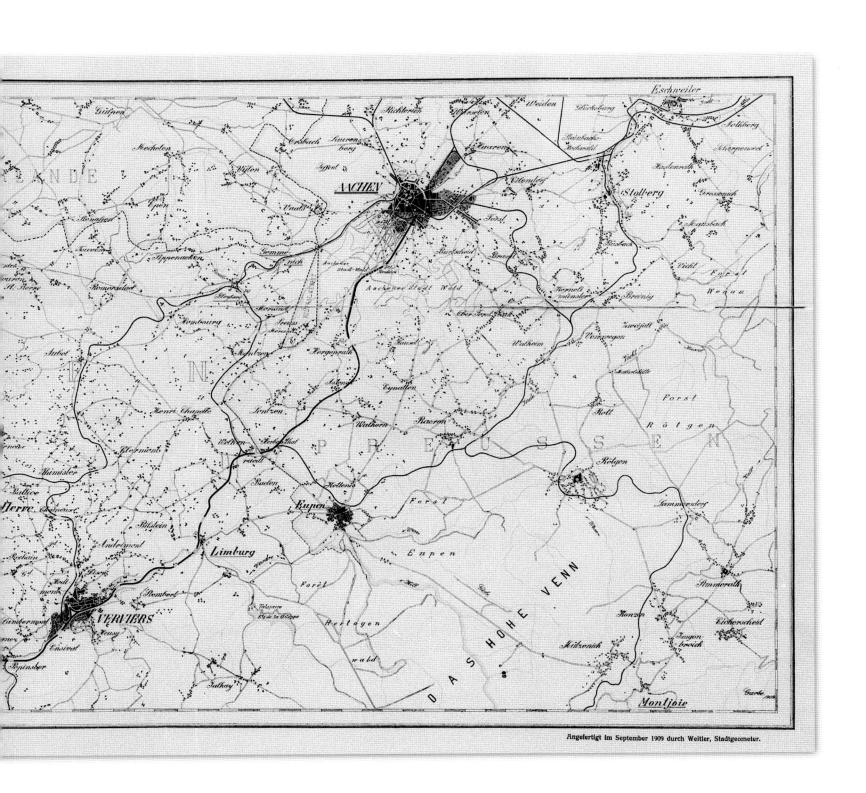

Angefertigt im September 1909 durch Weitler, Stadtgeometer.

D · Der belgische Staat hatte für die wichtige Verbindung zwischen Antwerpen und Brüssel mit Aachen im Jahr 1843 die Linienführung über Lüttich und Welkenrath gewählt. Dies hatte zur Folge, dass die Strecke durch das kurvenreiche Wesertal zwischen Lüttich und Verviers führen musste. Weitere Probleme ergaben sich durch die steilen Streckenabschnitte zwischen Lüttich und Ans sowie zwischen Aachen und Ronheide.

Beide Länder waren bereits früh davon überzeugt, dass die Eisenbahn das Transportmittel der Zukunft sein würde. Der Aufschwung im Bahnbetrieb gab ihnen recht. So verwundert es nicht, dass bereits 20 Jahre nach Inbetriebnahme der ersten Strecke neue Entwürfe die Runde machten.

Der Ingenieur Désiré Marchal beantragte 1863 eine Konzession für eine Schnellzugstrecke Brüssel - Aachen über Löwen, Sint-Truiden, Tongeren, Visé und Moresnet. Der Eisenbahnkommissar Jean-Jacques Pousset aus Tongeren beantragte im gleichen Jahr eine fast identische Streckenführung. Alle Pläne wurden, wahrscheinlich auf Druck der Stadt Lüttich, vom Belgischen Staat abgelehnt.

Es folgten in den nächsten Jahren und Jahrzehnten immer neue Versuche von Ingenieuren, Industriellen und Politikern eine neue Streckenführung zu finden. Im Jahr 1901 war es der belgische Ingenieur Edouard De Rudder, der seine Pläne veröffentlichte. Er stellte seine Pläne nicht nur in Belgien, sondern auch in Deutschland bei der preußischen Regierung vor. Seine Pläne stellten eine neue Dimension dar, weil er von einer Achse Berlin - London über Aachen, Brüssel und Ostende sprach. Die Pläne stießen aber immer noch auf großen Unmut in der zur Industriemetropole angewachsenen Stadt Lüttich.

Nach zähen Verhandlungen wird im August 1903 zwischen der preußischen und belgischen Regierung eine Übereinkunft geschlossen, die der Verbesserung der Eisenbahnverbindung zwischen Belgien und Preußen dienen sollte. Mittlerweile sind die Pläne dahingehend konkretisiert, dass es sich bei der

NL · De Belgische Staat had voor de belangrijke verbinding Antwerpen - Brussel en verder richting Aken in het jaar 1843 voor een tracé via Luik en Welkenraat gekozen. Dit had tot gevolg dat er een bochtige lijn in het dal van de Vesder tussen Luik en Verviers moest worden aangelegd. Bovendien waren er steile trajecten tussen Luik en Ans en tussen Aken en Ronheide die voor problemen zorgden.

Beide landen waren er al vroeg van overtuigd dat de spoorwegen het vervoermiddel van de toekomst zouden zijn. De grote toename van het vervoer per spoor bevestigde hun overtuiging. Het is dus niet verwonderlijk dat er al 20 jaar na de opening van de eerste lijn nieuwe ontwerpen circuleerden.

De ingenieur Désiré Marchal vroeg in 1863 een concessie aan voor een sneltreinverbinding Brussel - Aken via Leuven, Sint-Truiden, Tongeren, Wezet en Moresnet. De Tongerse spoorwegcommissaris Jean-Jacques Pousset diende in hetzelfde jaar een bijna identiek voorstel in. Alle plannen werden, waarschijnlijk onder druk van de stad Luik, door de Belgische staat afgekeurd.

Er kwamen gedurende de volgende decennia steeds nieuwe pogingen van ingenieurs, industriëlen en politici om een nieuwe tracévariant te vinden. In het jaar 1901 was het de Belgische Ingenieur Edouard De Rudder die zijn plannen openbaar maakte. Hij stelde zijn plannen niet alleen in België voor, maar ook in Duitsland bij de Pruisische regering. Zijn plannen waren volledig nieuw omdat er sprake was van een as Berlijn - Londen via Aken, Brussel en Oostende. De plannen zorgden immers voor weinig enthousiasme in het Luikse, want de industriemetropool wilde graag zelf een graantje meepikken bij de aanleg van de nieuwe lijn.

Na taaie onderhandelingen werd in augustus 1903 een overeenkomst tussen de Pruisische en de Belgische regeringen bereikt met als doel de spoorwegverbinding tussen België en Pruisen te verbeteren. Inmiddels werden de plannen geconcretiseerd in die zin dat het bij de

F · Pour la grande ligne devant relier Anvers et Bruxelles à Aix-la-Chapelle, l'Etat belge avait opté en 1843 pour un itinéraire via Liège et Welkenraedt, ce qui avait pour conséquence de faire passer la voie par la sinueuse Vallée de la Vesdre. A cela s'ajoutèrent les problèmes liés aux tronçons abrupts que l'on rencontre entre Liège et Ans, ainsi qu'entre Aix-la-Chapelle et Ronheide.

Les deux pays eurent très tôt la conviction que le chemin de fer était le moyen de transport de l'avenir. L'essor que connut ce secteur leur donna raison. Il n'y a donc rien d'étonnant à ce que 20 ans seulement après la mise en service des premières lignes, de nouveaux projets aient commencé à circuler.

L'ingénieur Désiré Marchal déposa en 1863 une demande de concession pour la ligne rapide Bruxelles - Aix-la-Chapelle via Louvain, St-Trond, Tongres, Visé et Moresnet. Le commissaire aux chemins de fer Jean-Jacques Pousset, originaire de Tongres, fit la même année une demande quasiment identique. Tous ces projets furent rejetés par l'Etat belge, vraisemblablement en raison de pressions exercées par la ville de Liège.

Dans les années et décennies qui suivirent apparurent sans cesse de nouveaux projets émanant d'ingénieurs, d'industriels et d'hommes politiques qui proposaient un nouveau tracé pour cette ligne. En 1901, ce fut au tour de l'ingénieur belge Edouard De Rudder de publier le sien. Il ne le présenta pas seulement en Belgique, mais aussi en Allemagne devant le gouvernement de Prusse. L'originalité de ses travaux résidait dans le fait qu'il abordait la question d'un axe Berlin - Londres via Aix-la-Chapelle, Bruxelles et Ostende. Mais à Liège, qui était devenue entre-temps une métropole industrielle, son projet reçut un accueil morose.

A l'issue d'âpres négociations, les gouvernements prussien et belge parviennent en août 1903 à un accord visant une amélioration des liaisons ferroviaires entre la Belgique et la Prusse. Le projet s'est entre-temps concrétisé au sens où la nouvelle ligne devra être une ligne

neuen Strecke um eine Schnellfahrstrecke handeln soll. Es wird sogar daran
gedacht, die Züge elektrisch verkehren
zu lassen.

Im April 1905 werden die Pläne in
Belgien und Preußen durch die Regie-
rungen ratifiziert. Zu dieser Zeit baut
man in Aachen gerade am neuen Hauptbahnhof. Die neue Schnellfahrstrecke soll
nun an den neuen Hauptbahnhof und
nicht an den Westbahnhof (damals noch
Bahnhof Templerbend) angeschlossen
werden.

Dieser Umweg über Herbesthal und
Ronheide sorgte in Belgien für einigen
Unmut. Nicht nur die nach wie vor
vorhandene Steilrampe bei Ronheide,
auch die längere Wegstrecke stand
eigentlich im Widerspruch zu der
geplanten Schnellfahrstrecke. Es galt
also von deutscher Seite aus die Steilstrecke zu umfahren. Man entwarf zwei
Varianten und fing sogar 1908 mit
Bauarbeiten an. Wegen sehr ungüns-
tiger geologischer Verhältnisse wurden
die Arbeiten jedoch wieder eingestellt.
Nun war der Weg frei für die alte Trasse
der Bergisch-Märkischen Eisenbahn von
Aachen-West (damals Templerbend) über
den Gemmenicher Tunnel. Diese Strecke
hätte jedoch das Problem gehabt, dass
die Schnellzüge nicht auf direktem Weg
in den Aachener Hauptbahnhof fahren
konnten. Als zwei Jahre später der neue
Westbahnhof fertig wurde, sah man
erst einmal keine Möglichkeit mehr,
die nötige Verbindungskurve zu bauen.
Man ließ das Projekt auf deutscher Seite
ruhen.

Das letzte Statement vor dem Ersten
Weltkrieg stammt von der belgischen
Regierung vom Februar 1914. Man
wollte sich als ersten Schritt um die
Verwirklichung der Strecke Tongeren -
Gemmenich kümmern. Der ein halbes
Jahr später beginnende Krieg brachte
dann die schnelle und unverhoffte
Verwirklichung.

nieuw aan te leggen lijn om een sneltreinverbinding moest gaan. Er werd zelfs
overwogen om de treinen op elektriciteit
te laten rijden.

In april 1905 werden eerste plannen in
België en in Pruisen door de regeringen
goedgekeurd. In die tijd werd in Aken
de nieuwe Hauptbahnhof gebouwd.
De nieuwe sneltreinverbinding zou
nu worden aangesloten op de Hauptbahnhof en niet op het station Templerbend (thans Aken-West).

Deze omweg via Herbesthal en Ronheide
zorgde in België voor heel wat opwin-
ding. Niet alleen de steile helling nabij
Ronheide zelf, maar ook de langere
afstand was eigenlijk niet geschikt voor
de geplande sneltreinverbinding. Aan
Duitse kant trachtte men dus het steile
stuk links te laten liggen. Er werden twee
varianten ontworpen en men begon in
1908 met de werken. Vanwege de zeer
ongunstige geologische omstandigheden
werden de werken weer stopgezet. Nu
was de weg vrij voor het oude tracé
van de Bergisch-Märkische Eisenbahn
van Aken-West (toen Templerbend) via
de tunnel van Botzelaar. Hier had men
echter wel met het probleem te kampen
dat de treinen niet rechtstreeks Aken-
Centraalstation konden bereiken.

Toen twee jaar later de nieuwe Westbahnhof klaar was zag men geen mogelijkheid om een verbindingsboog aan te
leggen. Men liet het project aan Duitse
kant rusten. Het laatste statement voor
de Eerste Wereloorlog van de Belgische
regering kwam in februari 1914. Men
wilde stap voor stap de lijn Tongeren -
Gemmenich realiseren. Een half jaar later
begon de Eerste Wereldoorlog waardoor
de werken in een stroomversnelling
terecht kwamen.

express. On évoque même la possibilité
d'y faire circuler des trains électriques.

En avril 1905, le projet reçoit la ratifi-
cation des gouvernements de Belgique
et de Prusse. A cette époque, on est
en train de construire la nouvelle Gare
Centrale d'Aix-la-Chapelle. On prévoit
de raccorder la nouvelle ligne express à
cette nouvelle gare, et non à la Gare de
l'Ouest (qui à l'époque s'appelle encore
Gare de Templerbend).

Le détour prévu par Herbesthal et
Ronheide fut source de morosité en
Belgique, et ce non seulement à cause de
la question du passage abrupt qui restait
à résoudre à la hauteur de Ronheide,
mais aussi parce que ce parcours, plus
long, était en contradiction avec le projet
de ligne express. Côté allemand, il était
donc plutôt question de contourner le
tronçon en pente. Deux variantes furent
proposées et l'on commença même des
travaux en 1908. Mais ces travaux furent
de nouveau arrêtés en raison de conditions géologiques très défavorables. A
présent, la voie était libre pour que l'on
reprenne l'ancien tracé de la Bergisch-
Märkische Eisenbahn d'Aix-la-Chapelle
Ouest (à l'époque Templerbend) via le
Tunnel de Botzelaer. Toutefois, cette
ligne aurait présenté l'inconvénient que
les trains ne pouvaient pas rejoindre
directement la Gare Centrale d'Aix-la-
Chapelle. Lorsque deux ans plus tard, la
nouvelle Gare de l'Ouest fut terminée,
on ne vit plus dans un premier temps
comment construire le raccord nécessaire
entre les deux gares. Côté allemand, on
arrêta le projet.

La dernière déclaration officielle d'avant-
guerre émane du gouvernement belge
et date de février 1914. S'y exprime
l'intention de réaliser, pour commencer,
la ligne Tongres - Gemmenich. Six mois
plus tard, la guerre éclata, apportant
avec elle cette réalisation aussi rapide
qu'inattendue.

D · Ob es ein glücklicher Zufall war oder die Weitsicht der preußischen Militärs, ist heute nicht mehr zu sagen. Fest steht, dass schon lange vor dem Ersten Weltkrieg die Eisenbahnstrecken und Bahnhöfe für den geplanten Feldzug gegen Frankreich ausgebaut wurden.

Der Bahnhof Aachen-West wurde im Rahmen der Höherlegung aller Eisenbahnen in der Aachener Innenstadt zwischen 1902 und 1910 gebaut. Er ersetzte den Bahnhof Templerbend. Der neue Westbahnhof war in der Hauptsache ein Güter- und Rangierbahnhof. Es waren nur zwei Bahnsteige vorhanden. Das Gebäude wurde im Zweiten Weltkrieg zerstört und in dieser Form nicht wieder aufgebaut. Wohl aber die umfangreichen Gleisanlagen. (Quelle: Stadtarchiv Aachen)

NL · Tegenwoordig kan men niet meer zeggen of het een gelukkig toeval was of het vernuft van de Pruisische militairen kan men tegenwoordig alleen nog maar vermoeden. Vast staat dat de spoorwegen richting Frankrijk en de stations langs die lijnen al lang voor het uitbreken van de Eerste Wereldoorlog uitgebreid werden.

Het station Aken-West werd in het kader van de aanleg van de spoordijken in de Akense binnenstad tussen 1902 en 1910 aangelegd. Aken-West moest het station Templerbend vervangen. Het nieuwe weststation was voornamelijk bedoeld als goederen- en rangeerstation. Er was alleen maar één perron voor reizigerstreinen. Het gebouw werd tijdens de Tweede Wereldoorlog volledig vernield en in zijn oorspronkelijke vorm nooit weer hersteld. De grote spoorbundels werden opnieuw aangelegd. (Bron: stadsarchief Aken)

F · On ne peut plus dire aujourd'hui si cela est dû au hasard ou à la prévoyance des militaires prussiens. Toujours est-il que bien avant la Première Guerre Mondiale les voies ferrées et les gares utilisées pour la campagne contre la France étaient déjà terminées.

La gare d'Aix-la-Chapelle Ouest fut construite dans le cadre du réhaussement de toutes les voies ferrées passant par le centre de la ville entre 1902 et 1910. Elle remplaça la gare de Templerbend. La nouvelle Gare de l'Ouest était essentiellement une gare de marchandises et de triage. Elle ne possédait que deux quais. Le bâtiment fut détruit pendant la Seconde Guerre Mondiale et n'a pas été reconstruit dans sa forme d'origine, à l'exception de son vaste réseau de voies ferrées. (Source : Archives municipales d'Aix-la-Chapelle)

Der Bau der Montzenroute
De aanleg van de Montzenroute | La construction de la route de Montzen

D · Die Kriegsbahn Aachen - Tongeren wurde innerhalb kürzester Zeit gebaut. Noch bevor alle Pläne bis ins Detail ausgearbeitet waren, machten sich zahlreiche renommierte Hoch- und Stahlbaubetriebe an die Arbeit. Aber letztlich waren es die Arbeitskräfte aus halb Europa, die diese Eisenbahn in Rekordzeit bauten. Im Bild links der Viadukt von Moresnet kurz vor der Fertigstellung 1916. (Quelle: Firmenarchiv Bilfinger Berger AG, Mannheim)

NL · De spoorweg Aken - Tongeren werd uiterst snel aangelegd. Nog voordat alle plannen gedetailleerd waren uitgewerkt, begonnen talrijke gerenommeerde aannemersbedrijven met hun werk. Uiteindelijk waren het arbeiders uit nagenoeg alle hoeken van Europa die de spoorlijn in recordtijd hebben aangelegd. Op de foto links het viaduct van Moresnet kort voor de afwerking in 1916. (Bron: archief Bilfinger Berger AG, Mannheim)

F · La voie militaire Aix-la-Chapelle - Tongres a été construite en très peu de temps. Avant même que les plans eussent été élaborés dans le détail, de nombreuses entreprises renommées dans les domaines du bâtiment et de la construction métallique se mirent au travail. Mais ce fut finalement la main d'oeuvre venue d'une bonne moitié de l'Europe qui construisit cette voie ferrée en un temps record. Image de gauche, le Viaduc de Moresnet juste avant son achèvement en 1916. (Source : archives d'entreprise de la Bilfinger Berger AG, Mannheim)

D · Der Chef des Feldeisenbahnwesens für das Deutsche Reich, Wilhelm Groener, fasste am 18. Dezember 1914 den Entschluss, die bereits früher geplante Neubaustrecke Aachen - Tongeren zu verwirklichen. Grundsätzlich war für ihn die Eisenbahn das wichtigste Transportmittel während des Krieges. Diese neue Strecke sollte die vorhandene Eisenbahnverbindung durch das Wesertal Aachen - Herbesthal - Lüttich entlasten. Sie war für Wilhelm Groener mehr als nur eine Kriegsbahn zum Zweck des Truppentransports. Er wollte eine Eisenbahnlinie, die über den Krieg hinaus Bestand haben sollte – auch zum Nutzen für Belgien.

Über die Dauer des Ersten Weltkrieges gingen die Meinungen in Politik und Wirtschaft weit auseinander. Während die Generäle von einem schnellen Ende ausgingen, machte sich in der Wirtschaft bereits in den ersten Monaten Skepsis breit. Die erwartete Kriegsdauer sorgte in der Geschichte dieser oft als Kriegsbahn bezeichneten Strecke für einige Widersprüche.

Für die großen deutschen Baufirmen wie MAN, Grün & Bilfinger, Dyckerhoff + Widmann und Philipp Holzmann brachte der Erste Weltkrieg zunächst Reparaturaufträge mit sich. Die vorhandenen Strecken an der West- und Ostfront, die durch Kriegseinwirkung beschädigt oder zerstört wurden, mussten wieder instand gesetzt werden. Dies war nicht unproblematisch, weil durch die Mobilmachung auch aus der Wirtschaft viele Arbeitskräfte zum Militär eingezogen wurden.

Während das Kriegsgeschehen an der Westfront für keine Seite Fortschritte ergab, lud General Groener als Chef des Feldeisenbahnwesens namhafte deutsche Baufirmen zu einer Ausschreibung ein. Die Planer im Generalstab hatten aufgrund der mehrfach angedachten Pläne für die Schnellzugstrecke Köln - Brüssel eine schnell zu verwirklichende Trasse von Gemmenich nach Tongeren in die Karten eingezeichnet. Hieraus ergab sich eine 44,5 Kilometer lange Neubaustrecke entlang der belgisch-niederländischen Grenze zwischen Aachen und Tongeren.

NL · De chef van het "Feldeisenbahnwesen" van het Duitse Rijk, Wilhelm Groener, besloot op 18 december 1914 met de aanleg van de al eerder geplande spoorlijn Aken - Tongeren een nieuwe spoorverbinding te verwezenlijken. Het spoor was voor hem in feite het belangrijkste vervoermiddel gedurende de oorlog. Deze nieuwe lijn moest een alternatieve route worden voor de spoorweg tussen Aken en Luik via Herbesthal die de loop van de rivier de Vesder zou volgen. De Montzenroute was voor Groener meer dan alleen een militaire lijn voor legertransporten. Hij wilde een spoorlijn die ook na de oorlog nog een rol zou spelen en die bovendien voordelen voor België moest opleveren.

Gedurende de Eerste Wereldoorlog was men het oneens of dit allemaal nodig was. De generalen rekenden op een snel oorlogseinde en ook in de bedrijfswereld waren de meningen aanvankelijk verdeeld.

De grote Duitse aannemers als MAN, Grün & Bilfinger, Dyckerhoff & Widmann en Philipp Holzmann kregen in het begin van de Eerste Wereldoorlog vooral opdrachten om oorlogsschade te herstellen. De bestaande lijnen aan het oost- en westfront die tijdens de oorlog beschadigd of zelfs vernield werden, moesten opnieuw worden opengesteld voor het verkeer. Dit was echter niet zo eenvoudig omdat door de totale mobilisering een groot deel van de werkende mannelijke bevolking naar het leger moest. Dit zou later een groot probleem vormen.

Terwijl er nauwelijks vooruitgang werd geboekt aan het westfront nodigde Groener in zijn functie als chef van de Feldeisenbahn gerenommeerde Duitse bouwbedrijven uit om mee te komen werken aan een nieuw aan te leggen spoorlijn. De plannen voor een sneltreinverbinding Keulen - Brussel via het traject Gemmenich - Tongeren bestonden al. Uit die plannen bleek dat het ging om een volledig nieuwe 44,5 kilometer lange verbinding even ten zuiden van de Nederlandse grens tussen Aken en Tongeren.

F · Le 18 décembre 1914, le chef du Réseau ferré de campagne de l'Empire allemand, Wilhelm Groener, décida de mettre en oeuvre la construction de la nouvelle voie déjà planifiée Aix-la-Chapelle - Tongres. Son idée fondamentale était que les chemins de fer sont le moyen de transport le plus important en temps de guerre. Cette nouvelle voie devait délester la ligne ferroviaire Aix-la-Chapelle - Herbestahl - Liège qui traversait la vallée de la Vesdre. Elle était pour Wilhelm Groener davantage qu'une voie militaire destinée à assurer le transport des troupes. Il concevait une voie ferrée qui, au-delà de la guerre, aurait un avenir et également une utilité pour la Belgique.

Dans les milieux respectifs de la politique et de l'économie, les opinions quant à la durée de la guerre étaient très divergentes. Tandis que les généraux partaient du principe d'une fin rapide, un certain scepticisme se répandit dès les premiers mois dans les milieux économiques. Les conjectures sur la durée de la guerre furent une source de contradictions dans l'histoire de cette voie souvent désignée comme voie militaire.

Pour les grandes entreprises de construction allemandes, MAN, Grün + Bilfinger, Dyckerhoff + Widmann et Philipp Holzmann, la Première Guerre mondiale était avant tout synonyme de travaux de réparation. Sur les fronts de l'est et de l'ouest, les voies qui avaient été endommagées ou détruites à cause de la guerre devaient être remises en état. Cela n'alla pas sans poser de problèmes puisque la mobilisation avait entraîné l'incorporation de nombreux ouvriers travaillant dans le domaine de l'économie. Cet aspect allait se révéler plus tard comme un problème majeur.

Alors que le déroulement de la guerre sur le front ouest ne connaissait d'évolution favorable à aucun des deux camps, le Général Groener, en tant que chef du Réseau ferré de campagne, lança un appel d'offres aux entreprises de construction allemandes de renom. Sur la base de projets mûris autour d'une ligne rapide Cologne - Bruxelles, les planificateurs de l'état-major avaient inscrit sur leurs plans un tracé qui devait

Die Vorgaben waren streng: einein-halb Jahre maximale Bauzeit, keine großen Steigungen (maximal 10 ‰), keine engen Kurven (kleinster Bogen-halbmesser 1.000 Meter), mindestens zwei Gleise, erweiterbar auf vier. Für den schnellen Truppentransport sollten doppelte Überholungsgleise für ganze Militärzüge eingerichtet werden. Die Strecke sollte sich auch harmonisch in das Landschaftsbild einpassen. Diese Vorgaben führten zu einer Reihe von Kunstbauten entlang der Strecke. Vier Tunnel und sechs große Brückenbau-werke mussten erstellt werden. Bereits in der Planungsphase war den Baufirmen klar, dass sie bei diesem größten Baupro-jekt während des Ersten Weltkrieges bis aufs Äußerste gefordert waren.

Auf militärischer Seite wurde zunächst die „Militär-Eisenbahn-Bauabteilung I" in Lüttich eingerichtet. Diese unterstand zunächst unmittelbar dem Chef des Feld-eisenbahnwesens, General Groener. Am 1. Juli 1915 wurde sie der Militär-Gene-raldirektion in Brüssel unterstellt.

Die Baufirmen schlossen sich zu Arbeitsgemeinschaften zusammen und erstellten Angebote. Diese Angebote wurden wegen der Dringlichkeit des Projektes nicht sehr detailliert ausge-führt. Trotzdem wurden den Plänen perspektivische Zeichnungen beigefügt, damit der Generalstab auch die gefor-derte Einpassung in das Landschaftsbild begutachten konnte. Am 20. Januar genehmigte General Groener offiziell den Bahnbau. Noch bevor genau fest-stand, wie manches Bauwerk verwirklicht werden sollte, wurden vom Generalstab im April 1915 die Aufträge erteilt. Eisen-bahntruppen begannen aber bereits am 1. Februar 1915 mit Vorarbeiten.

(Fortsetzung Seite 54)

De richtlijnen waren streng: anderhalf jaar mocht de volledige bouw duren, er mochten geen hellingen van meer dan 10 ‰ en geen korte bogen zijn. Een bijkomende voorwaarde was bovendien de aanleg van een dubbelspoor dat naar vier sporen uitgebreid zou kunnen worden. Om snelle militaire transporten te kunnen garanderen moesten er dubbele inhaalsporen worden aange-legd. Bijkomend werd verlangd dat de spoorlijn het mooie landschap niet mocht storen. Deze richtlijnen hadden tot gevolg dat er tal van kunstbouw-werken nodig waren. Vier tunnels en zes grote bruggen moesten binnen de kortste tijd gebouwd worden. Al tijdens de planning bleek dat de aannemers het beste van zichzelf moesten geven.

Bij het leger werd als eerste de "Militär-Eisenbahn-Bauabteilung" in Luik opge-richt. Deze stond in het begin onder het bevel van Generaal Groener. Op 1 juli 1915 verhuisde het commando naar de militaire directie-generaal in Brussel.

De aannemers vormden consortia en dienden offertes in. Deze waren gezien het gebrek aan tijd niet echt gedetail-leerd. Ondanks deze omstandigheden was er blijkbaar voldoende tijd om tekeningen aan de plannen toe te voegen zodat de generale staf goed kon beoordelen of deze wel degelijk rekening hielden met het landschappelijk schoon. Op 20 januari keurde generaal Groener de aanleg van de nieuwe spoorweg officieel goed. Nog voordat precies vaststond op welke manier de verschil-lende bouwwerken verwezenlijkt zouden worden, werden door de generale staf in april 1915 de opdrachten verleend. Spoorwegtroepen begonnen al op 1 februari 1915 met de voorbereidende werken.

(Lees verder op pagina 54)

être rapidement réalisé de Gemmenich à Tongres. Il en résulta une nouvelle voie longue de 44,5 kilomètres, le long de la frontière belgo-néerlandaise, entre Aix-la-Chapelle et Tongres.

Les conditions définies dans le cahier des charges étaient difficiles à remplir: durée maximale du chantier d'un an et demi, pas de pentes importantes (10 ‰ au maximum), pas de virages serrés (avec un arc d'au moins 1.000 mètres), deux voies au minimum, extensibles à quatre voies. Le rapide transport des troupes nécessitait l'installation de doubles voies de dépassement pour des trains militaires entiers. La ligne devait aussi se fondre harmonieusement dans le paysage. Ces conditions entraînèrent la construction d'édifices artistiques le long de la ligne. Parmi ces ouvrages d'art, il y avait quatre tunnels et six grands ponts. Dès la phase de planification, les entreprises furent conscientes de l'ampleur que représen-tait pour elles ce projet de construction pendant la Première Guerre mondiale.

Côté militaire, on établit d'abord le « Département de construction des chemins de fer militaires I » à Liège. Ce service fut placé sous l'autorité directe du chef du Réseau ferré de campagne, le Général Groener, puis le 1er juillet 1915, il passa sous l'autorité de la direc-tion générale des affaires militaires à Bruxelles.

Les entreprises de construction se réuni-rent en groupes d'études pour faire des offres. En raison de l'urgence des travaux, les projets ne furent pas très détaillés. On joignit cependant quelques dessins aux plans afin que l'état-major puisse émettre un avis sur l'aspect esthétique. Le 20 janvier, le Général Groener donna son agrément officiel à la construction de la voie. Les tâches furent réparties en avril 1915 par l'état-major, avant même qu'ait pu être clairement définie la construction de certains ouvrages d'art. Toutefois, des troupes des chemins de fer commencè-rent les travaux préliminaires dès le 1er février 1915.

(Suite page 54)

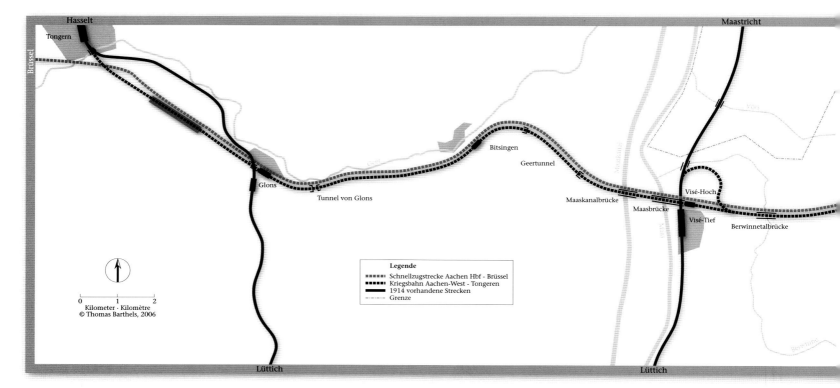

Legende
- Schnellzugstrecke Aachen Hbf - Brüssel
- Kriegsbahn Aachen-West - Tongeren
- 1914 vorhandene Strecken
- Grenze

D · Die Neubaustrecke sollte insgesamt 44,5 Kilometer lang sein. An drei Stellen waren Anschlüsse an das vorhandene Bahnnetz vorgesehen:
- bei Visé mit der Bahn Maastricht - Lüttich (Länge 3 Kilometer)
- bei Homburg mit der Bahn Lüttich - Battice - Bleyberg (heute Plombières), Länge 1 Kilometer
- bei Moresnet östlich des Geultal- viadukts zur Strecke Herbesthal - Aachen (Länge 5 Kilometer)

Die von General Groener als Grundlage genommenen Pläne wurden leicht abgewandelt. Die Strecke sollte nicht über Tongeren hinaus gebaut werden. In Tongeren wollte man an die vorhandene Strecke Liers - Tongeren - Bilzen - Hasselt anschließen. Ebenso verfuhr man in Gemmenich. Hier wurde die Neubaustrecke kurz vor dem Gemmenicher Tunnel mit der Strecke Bleyberg - Aachen-West verknüpft.

Als Zwischenbahnhöfe sollten angelegt werden: Glons, Bitsingen (Bassenge), Visé. Warsage, Martinsfuhren (Sint-Martens-Voeren), Remersdaal, Homburg-Ost (Hindel), Montzen, Gemmenich.

Neben 40 kleineren Brücken gehörten zu den größeren Bauwerken:
- Geertunnel
  Länge 1.640 Meter
- Maaskanalbrücke
  Länge 290 Meter
- Maasbrücke
  Länge 536 Meter

NL · De totale lengte van de lijn moest 44,5 kilometer bedragen. Op drie plaatsen waren verbindingssporen met de bestaande spoorweginfrastructuur gepland:
- ter hoogte van Wezet met de lijn Maastricht - Luik (lengte 3 kilometer)
- ter hoogte van Homburg met de lijn Luik - Battice - Bleyberg (nu Plombières), lengte 1 kilometer
- ter hoogte van Moresnet ten oosten van het Geuldalviaduct met de lijn Herbesthal - Aken (lengte 5 kilometer)

De plannen van generaal Groener werden lichtjes veranderd. De lijn zou niet verder worden gebouwd dan Tongeren. Hier zou echter een verbinding komen met de reeds bestaande lijn Liers - Tongeren - Bilzen - Hasselt. Hetzelfde gebeurde ook te Gemmenich. Hier werd de nieuwe lijn kort voor de tunnel van Botzelaar verbonden met de lijn Bleyberg - Aken-West.

Als tussenstations werden aangelegd: Glaaien, Bitsingen, Wezet, Weerst, Sint-Martens-Voeren, Remersdaal, Homburg-Oost (Hindel), Montzen, Gemmenich

Naast 40 kleinere bruggetjes waren er op de lijn volgende grote bouwwerken:
- Geertunnel
  lengte: 1.640 meter
- Brug over het Maaskanaal
  lengte: 290 meter
- Brug over de Maas
  lengte: 536 meter

F · La nouvelle ligne devait avoir une longueur totale de 44,5 kilomètres. On prévoyait de réaliser trois raccords au réseau existant :
- près de Visé sur la ligne Maastricht - Liège (longueur : 3 kilomètres)
- près de Hombourg sur la ligne Liège - Battice - Bleyberg (auj. Plombières), longueur : 1 kilomètre
- près de Moresnet, à l'est du viaduc de la Gueule, sur la ligne Herbesthal - Aix-la-Chapelle (longueur : 5 kilomètres)

Les plans de départ utilisés par le Général Groener subirent quelques réajustements. La ligne ne devait pas aller au-delà de Tongres. A Tongres, le projet était de faire un raccord à la ligne existante Liers - Tongres - Bilsen - Hasselt. On procéda de la même manière à Gemmenich. Là, la nouvelle ligne fut raccordée à la ligne Bleyberg - Aix-la-Chapelle ouest juste avant le Tunnel de Botzelaer.

On prévoyait d'aménager des arrêts à : Glons, Bassenge, Visé, Warsage, Fourons-Saint-Martin, Rémersdael, Hombourg-Est (Hindel), Montzen, Gemmenich.

A côté de 40 ponts de petite taille, on notera parmi les ouvrages principaux :
- le Tunnel du Geer,
  longueur : 1.640 mètres
- le Pont-canal de la Meuse,
  longueur : 290 mètres
- le Pont de la Meuse,
  longueur : 536 mètres

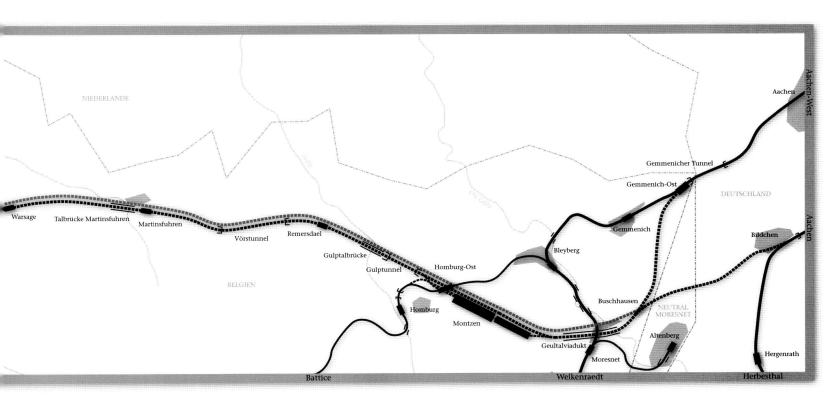

- Berwinnetalviadukt
  (auch Viadukt von Berneau genannt)
  Länge 230 Meter
- Talbrücke Martinsfuhren
  (heute Sint-Martens-Voeren oder
  Fourons-Saint-Martin)
  Länge 250 Meter
- Veurstunnel (zwei eingleisige Röhren)
  Länge 2.130 Meter
- Gulptalviadukt
  (auch Viadukt von Remersdaal)
  Länge 390 Meter
- Gulptunnel
  (auch Tunnel von Remersdaal)
  Länge 790 Meter
- Viadukt von Moresnet
  (damals auch Geultalviadukt)
  Länge 1.106 Meter

Bei der Planung und Ausführung sollte
der spätere viergleisige Ausbau als
Schnellzugstrecke berücksichtigt werden.
Daher waren alle Bahnhöfe an der Südseite
der Strecke geplant. Die Schnellzugstrecke
sollte später über ein zweites Viadukt bei
Buschhausen an die Strecke Richtung
Aachen Hauptbahnhof angeschlossen
werden. Zwischen Tongeren und Glons war
ein weiterer Rangierbahnhof geplant.

Die Karte oben zeigt die geplante
Kriegsbahn Aachen - Tongeren
zusammen mit der parallel verlaufenden
Schnellzugstrecke. Alle Orts-, Bahnhofs-
und Bauwerksnamen sind in der
preußischen Schreibweise zur Zeit des
Ersten Weltkriegs wiedergegeben.

- Viaduct van Berne
  lengte: 230 meter
- Brug over het dal van Sint-Martens-
  Voeren, lengte: 250 meter
- Tunnel van Veurs (twee enkelsporige
  pijpen), lengte: 2.130 meter
- Gulpdalviaduct (ook bekend als viaduct
  van Remersdaal),
  lengte: 390 meter
- Gulptunnel (ook bekend als tunnel van
  Remersdaal),
  lengte: 790 meter
- Viaduct van Moresnet (toen nog
  Geuldalviaduct),
  lengte: 1.106 meter

Tijdens de planning en de realisatie had
men rekening moeten houden met een
mogelijke uitbreiding van de lijn naar
vier sporen. Om die redenen werden alle
stations op die lijn aan de zuidelijke kant
va het tracé gebouwd. De lijn die ook voor
sneltreinen bedoeld was, zou later via een
nog te bouwen tweede viaduct vlakbij
Buschhausen een aansluiting krijgen met
de lijn richting Aachen Hauptbahnhof.
Tussen Tongeren en Glaaien was een
tweede rangeerstation gepland.

Kaart boven: de geplande militaire
spoorlijn Aken - Tongeren en de
sneltreinverbinding. Alle plaats- en
stationsnamen werden net als de
benamingen van de bouwwerken
aangegeven zoals dit gebruikelijk was bij de
Pruisen gedurende de Eerste Wereldoorlog.

- le Viaduc de Berwinnetal (aussi appelé
  Viaduc de Berneau),
  longueur : 230 mètres
- le Viaduc de Martinsfuhren (aujourd'hui :
  Fourons-Saint-Martin),
  longueur : 250 mètres
- le Tunnel de Fourons (deux boyaux
  à voie unique), longueur : 2.130 mètres
- le Viaduc de la Gulp (aussi appelé
  Viaduc de Rémersdael),
  longueur : 390 mètres
- le Tunnel de la Gulp (aussi appelé
  Tunnel de Rémersdael),
  longueur : 790 mètres
- le Viaduc de Moresnet (anciennement
  Viaduc de la Gueule),
  longueur : 1.106 mètres

Dans le projet et son exécution,
l'aménagement ultérieur à quatre voies
était envisagé comme ligne express.
C'est pourquoi toutes les gares devaient
s'implanter côté sud de la voie. A la
hauteur de Buschhausen, cette voie express
devait être encore raccordée par un second
viaduc à la ligne en direction d'Aix-la-
Chapelle Gare Centrale. Une autre gare de
triage était prévue entre Tongres et Glons.

La carte du haut montre le projet de voie
militaire Aix-la-Chapelle - Tongres ainsi que
la voie rapide qui lui est parallèle. Tous les
noms de lieux, de gares et d'ouvrages cités
le sont dans le respect de l'orthographe
prussienne en vigueur à l'époque de la
Première Guerre Mondiale.

Die Gesamtstrecke wurde in 17 Abschnitte, so genannte „Baulose" aufgeteilt. Zur Beaufsichtigung der Arbeiten hat man vier Streckenbauämter eingerichtet: Glons, Visé, Martinsfuhren und Moresnet. Die Baufirmen sollten parallel und kooperativ gleichzeitig an mehreren Stellen mit dem Bau beginnen.

Alle Aufträge für den Bau der Strecke wurden nach dem Prinzip des „Kolonial-vertrages" erteilt und abgerechnet. Diese Vertragsart legte fest, dass die Baufirmen alle ausgewiesenen Bau- und Materi-alkosten (so genannte Eigenkosten) bezahlt bekamen. Mit der Endabrech-nung wurden den Baufirmen dann 10 % Gewinn und 7½ % Verwaltungskosten gewährt. Die Firmen konnten somit etwaige kriegsbedingte Lohn- und Mate-rialkostensteigerungen ohne Probleme an den Generalstab weiterleiten. Diese Art der Berechnung stellte sich als sehr vorteilhaft für die Baufirmen heraus. Während der zweijährigen Bauzeit stiegen zum Beispiel die Löhne um 10 %.

Jedes Bauwerk hat im Grunde seine eigene kleine Geschichte. Die Baufirmen waren nach der Festlegung der genauen Trassenführung mehr oder weniger auf sich gestellt. Wie und über welche Wege und Bahnstrecken der Materialtransport stattfinden sollte, musste jede Baufirma für sich klären. Dabei hatten sich die Materialtransporte dem Militärfahrplan unterzuordnen. Der Generalstab des Deutschen Heeres kam den Baufirmen nur an einigen Stellen entgegen. So wurde während der Bauarbeiten der Bahnhof von Visé ausgebaut, und an Maas und Maaskanal (später Albert-kanal) wurden Kaianlagen angelegt, um Baumaterial umladen zu können.

Der 1.640 Meter lange Geertunnel zwischen Glons und Visé wurde in rund 16 Monaten von Mai 1915 bis September 1916 von der deutschen Firma Philipp Holzmann & Cie aus Frankfurt gebaut (alle beteiligten Firmen mit ihrer damaligen Firmierung am Ende des Buches). Der Tunnelbau begann an beiden Enden gleichzeitig. Baumateri-alien wurden auf der westlichen Seite über die vorhandene Kleinbahn von Glons bis zum Tunneleingang transpor-

Het totaaltraject werd in 17 sectoren, de zogeheten "Baulose", onderverdeeld. Voor de bewaking van de voortgang van de werken werden vier "Strecken-bauämter" ingericht te Glons (Glaaien), Visé (Wezet), Martinsfuhren (Sint-Martens-Voeren) en Moresnet. De aanne-mers moesten tegelijkertijd op meerdere plaatsen met de bouw beginnen.

Alle opdrachten werden volgens het prin-cipe van het "Kolonialvertrag" verleend en afgerekend. Dit soort verdragen zorgde ervoor dat alle aannemers hun kosten betaald kregen. Op het einde ontvingen de bedrijven 10 % van de winst en 7½ % voor hun administratieve kosten. Hierdoor konden bedrijven de prijsstijgingen als gevolg van de oorlog doorrekenen aan de generale staf. Deze manier van factureren bleek bijzonder voordelig te zijn voor de bouwbedrijven. Gedurende de tweejarige bouwperiode stegen onder andere de lonen met 10 %.

Elk bouwwerk heeft in feite zijn eigen geschiedenis. De bouwbedrijven waren na het vastleggen van het defini-tieve tracéverloop min of meer alleen verantwoordelijk voor de uitvoering. Op welke manier en via welke wegen en spoorlijnen materiaaltransport zou plaatsvinden kon elke aannemer zelf beslissen. Met een ding moest men echter wel rekening houden: de aanvoer van bouwmateriaal had geen voorrang, want militaire transporten waren in die tijd belangrijker. De generale staf van het Duitse leger maakte slechts hier en daar een uitzondering om de procedure te vergemakkelijken. Zo werd onder meer het station van Wezet vergroot en langs de Maas en het Maaskanaal (later Albertkanaal) werden kaaien aangelegd om er bouwmateriaal te kunnen laden en lossen.

De 1.640 meter lange Geertunnel tussen Glaaien en Wezet werd in 16 maanden tijd gebouwd door Philipp Holzmann & Cie uit Frankfurt. De werken startten in mei 1915 en duurden tot september 1916. De bouw van de tunnel startte gelijktijdig aan weerszijden. Het bouw-materiaal werd via een bestaande kleine spoorweg vlakbij Glaaien naar het weste-lijke tunnelportaal gebracht. Aan de

La ligne dans sa totalité fut subdivisée en 17 sections appelées « lots de construc-tion » . On établit quatre services de surveillance des travaux à Glons, Visé, Martinsfuhren (Fourons-Saint-Martin) et Moresnet. Les entreprises devaient, en parallèle et en coopération, débuter les travaux au même moment et à plusieurs endroits différents.

Toutes les tâches relatives à la construc-tion de la ligne furent confiées et factu-rées selon le principe du 'contrat colo-nial'. Ce type de contrat stipulait que les coûts de construction et de matériaux inscrits au budget du chantier (aussi appelés 'coûts de fonctionnement') étaient entièrement pris en charge. Lors de la clôture des comptes, les entreprises percevaient 10 % des bénéfices ainsi que 7½ % des frais de gestion. De cette manière, les entreprises pouvaient parer à d'éventuelles hausses des salaires et du coût des matériaux en les faisant suivre à l'état-major. Ce type de facturation s'avéra être très avantageux pour les entreprises. Au cours des deux années que dura le chantier, les coûts salariaux augmentèrent à eux seuls de 10 %.

Chaque ouvrage possède en fait sa propre histoire. Après que le tracé exact de la ligne eut été fixé, les entreprises de construction se retrouvèrent plus ou moins livrées à elles-mêmes. Il revenait à chacune d'entre elles d'élucider par quels moyens et par quelles voies devait s'ef-fectuer le transport des matériaux. Toute-fois, elles étaient tenues de se soumettre au plan de route militaire. L'état-major de l'armée allemande ne fit que quelques concessions aux entreprises. C'est ainsi que la gare de Visé fut agrandie pendant les travaux. On construisit également des quais sur la Meuse et le Canal de la Meuse (après Canal Albert) pour le trans-bordage des matériaux.

Le Tunnel du Geer long de 1.640 mètres entre Glons et Visé fut construit en 16 mois environ, de mai 1915 à septembre 1916 par l'entreprise allemande sise à Francfort Philipp Holzmann & Cie (toutes les entreprises ayant pris part aux diffé-rents travaux sont recensées, avec leur raison sociale de l'époque, à la fin de ce livre). On entreprit la percée du tunnel

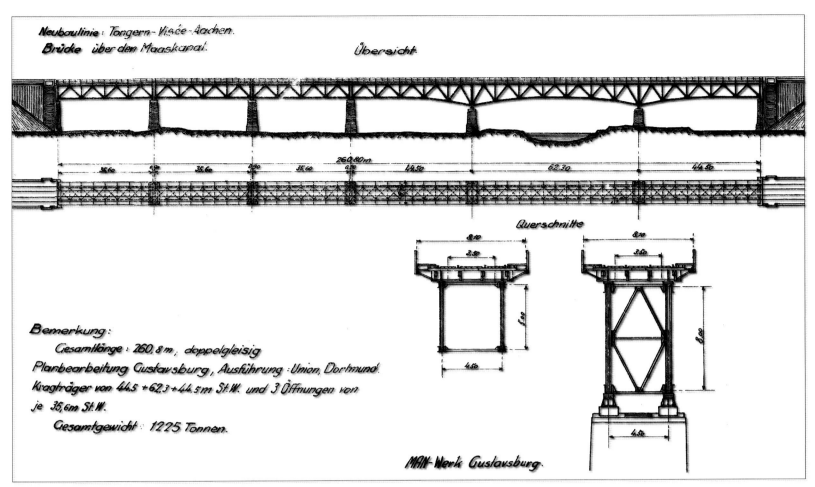

Neubaulinie: Tongern-Visée-Aachen.
Brücke über den Maaskanal.   Übersicht.

Querschnitte

Bemerkung:
    Gesamtlänge : 260,8 m, doppelgleisig
Planbearbeitung Gustavsburg, Ausführung : Union, Dortmund.
Kragträger von 44,5 + 62,3 + 44,5 m St.W. und 3 Öffnungen von
je 35,6 m St.W.
    Gesamtgewicht : 1225 Tonnen.

MAN-Werk Gustavsburg.

Oben | Boven | En haut: Quelle | Bron | Source Firmenarchiv MAN AG, Augsburg

tiert. Auf der Ostseite wurde vom Maaskanal her eine Baubahn speziell für den Materialtransport angelegt.

Die Maasbrücke wurde ebenso wie die Maaskanalbrücke bei Visé nach Plänen der Maschinenbau AG Nürnberg (MAN) und der Gutehoffnungshütte Oberhausen (für die Stahlträger) und Grün & Bilfinger AG (für die Betonpfeiler) erbaut. Da jedoch die Firmen nicht über genügend Kapazitäten verfügten, traten sie die Arbeiten teilweise an die Firmen Sager & Wörner in München (Betonbau) und Hein, Lehmann & Co. in Düsseldorf beziehungsweise Dortmund Union (Stahlbau) ab.

oostzijde voerde men de materialen via het Maaskanaal via een speciaal hiervoor aangelegde spoorweg aan.

De brug over de Maas en de brug over het Maaskanaal werden volgens de plannen van de Maschinenbau AG te Nürnberg (MAN) en de Gutehoffnungshütte te Oberhausen (leverde de stalen dragers) geconstrueerd. De betonnen pijlers werden door Grün + Bilfinger gebouwd. Omdat de betrokken bedrijven het werk soms niet alleen aankonden, besteedden ze het werk gedeeltelijk uit aan de firma's Sager & Wörner (München) en Hein, Lehmann & Co. te Düsseldorf. Ook de Dortmund Union (staalbouw) kreeg enkele opdrachten.

par les deux extrémités en même temps. Côté ouest, les matériaux furent acheminés par la petite voie déjà existante entre Glons et l'entrée du tunnel. Côté est, une voie de chantier spéciale fut posée pour assurer la jonction depuis le Canal de la Meuse.

Les ponts de la Meuse et du Canal de la Meuse près de Visé ont été construits d'après les plans de l'entreprise de construction mécanique Maschinenbau AG Nürnberg (MAN) et de la Gutehoffnungshütte Oberhausen pour les poutres métalliques, ainsi que de l'entreprise Grün + Bilfinger AG pour les piles de béton. Toutefois, ces entreprises ne disposant pas de capacités suffisantes, elles déléguèrent une partie de leur travail à l'entreprise Sager & Wörner de Munich pour la construction en béton, et à la Hein, Lehmann & CO. de Düsseldorf ainsi qu'à la Dortmund Union pour la construction métallique.

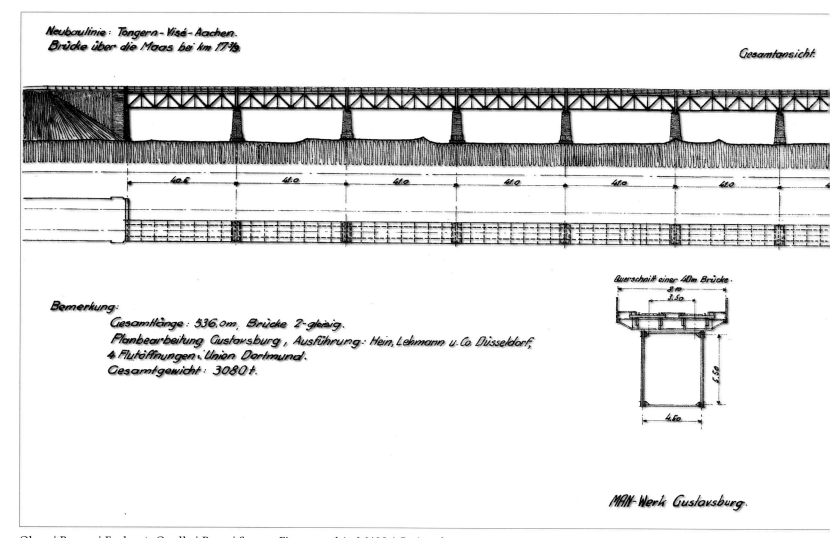

Neubaulinie: Tongern - Visé - Aachen.
Brücke über die Maas bei km 17⅓.

Gesamtansicht.

Bemerkung:
Gesamtlänge: 536,0m; Brücke 2-gleisig.
Planbearbeitung Gustavsburg, Ausführung: Hein, Lehmann u. Co. Düsseldorf.
4 Flutöffnungen: Union Dortmund.
Gesamtgewicht: 3080 t.

Querschnitt einer 40m Brücke.

MAN-Werk Gustavsburg.

Oben | Boven | En haut: Quelle | Bron | Source Firmenarchiv MAN AG, Augsburg

Die 290 Meter lange Maasbrücke sollte von vornherein Widerlager für vier Gleise bekommen. An dieser Stelle hat man also schon an den später nicht mehr ausgeführten viergleisigen Ausbau gedacht. Der Beton wurde aus Maaskies und Zement des nahe liegenden Zementwerkes hergestellt. Die Bauarbeiten für die kleinere Maaskanalbrücke dauerten von Januar 1916 bis August 1916. Ähnlich zügig liefen die Bauarbeiten auch bei der Maasbrücke, die von Januar 1916 bis Januar 1917 verwirklicht wurde.

Die Baufirma Grün & Bilfinger AG begann Mitte des Jahres 1915 mit den Arbeiten am Veurstunnel. Man hatte dem Generalstab vorgeschlagen, den 2.130 Meter langen Tunnel mit zwei Röhren zu bauen. So konnte man die beiden Röhren zwar parallel bauen, aber dennoch eine Röhre früher fertig stellen und den Betrieb so auch früher

De 290 meter lange brug over de Maas zou van begin af aan voorzien zijn van brughoofden met een profiel voor vier sporen. Hier had men dus al rekening gehouden met een mogelijke uitbreiding naar vier sporen die er uiteindelijk niet kwam. Het beton werd gemaakt van maaskiezels en cement dat werd geleverd door een fabriek in de buurt van de werkplaats. De werkzaamheden voor de kleinere brug over het Maaskanaal duurden van januari 1916 tot augustus 1916. Bijna even snel was de brug over de Maas af. De werken hiervoor begonnen in januari 1916 en duurden precies één jaar.

Het bedrijf Grün & Bilfinger AG begon halverwege het jaar 1915 met de werken aan de Tunnel van Veurs. Men stelde aan de generale staf voor om een 2.130 meter lange tunnel met twee pijpen te bouwen. Het voordeel hiervan was dat

Pour le Pont de la Meuse long de 290 mètres, on prévoyait initialement des culées pour quatre voies. C'est pourquoi cet endroit fut d'abord conçu pour un aménagement en conséquence, lequel sera abandonné par la suite. Le béton fut fabriqué à partir du gravier de la Meuse et du ciment d'une cimenterie voisine. Les travaux entrepris pour la construction du pont du Canal de la Meuse, le plus petit des deux, s'étendirent de janvier 1916 à août 1916. Les travaux du Pont de la Meuse furent tout aussi rapides : ce pont fut réalisé entre janvier 1916 et janvier 1917.

L'entreprise Grün & Bilfinger AG commença les travaux du Tunnel de Fourons au milieu de l'année 1915. Il fut proposé à l'état-major de construire ce tunnel long de 2.130 mètres avec deux boyaux en parallèle, mais d'en terminer un plus tôt que l'autre afin que

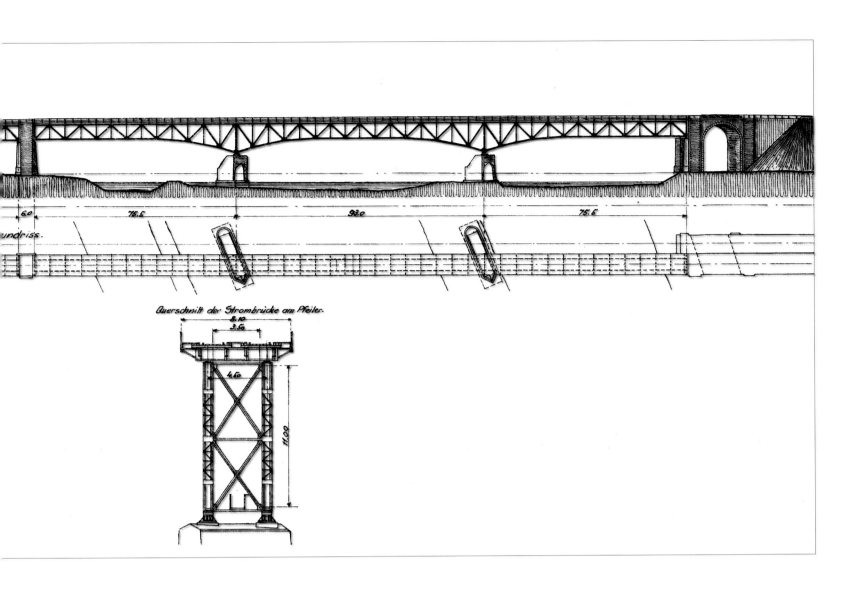

Querschnitt der Strombrücke am Pfeiler.

aufnehmen. Große Schwierigkeiten hatte die Grün & Bilfinger AG mit der Beschaffung von geeigneten Arbeitern. Vor dem Krieg beschäftigte die Grün & Bilfinger AG hauptsächlich italienische Tunnelbauer. Sie waren auf diesem Gebiet führend. Durch den Kriegseintritt Italiens im Mai 1915 an der Seite der Alliierten konnten jedoch keine Italiener mehr beschäftigt werden. Man bemühte sich, die ebenso fachkundigen schweizerischen Tunnelbauer anzuwerben. Leider ohne Erfolg. Nun versuchte die Grün & Bilfinger AG, Bergleute aus den Lütticher Kohlegruben anzuwerben und sie zu Tunnelbauern umzuschulen. Dies gelang auch, doch die belgischen Bergleute wussten, dass man auf sie angewiesen war und stellten hohe Lohnforderungen. Später, im Laufe des Baus, wurden auch noch 70 kroatische Bergleute angeworben.

men beide pijpen weliswaar tegelijk kon bouwen, maar één pijp al in gebruik kon nemen voordat de andere klaar was. Een groot probleem voor Grün & Bilfinger AG was de aanwerving van bekwaam personeel. Voor de oorlog stelde Grün & Bilfinger AG vooral Italiaanse tunnelbouwers te werk. Zij waren toonaangevend op dit gebied. Nadat Italië in mei 1915 aan de kant van de geallieerden mee ten oorlog trok kon men immers geen Italianen meer tewerkstellen. Men trachtte daarom de niet minder bekwame tunnelbouwers uit Zwitserland aan te trekken. Helaas lukte dit niet. Het alternatief bestond erin om Luikse mijnwerkers bij te scholen. Dit lukte wel maar de Belgische mijnwerkers wisten dat ze onmisbaar waren en stelden hoge looneisen. Later, gedurende de bouwwerkzaamheden, werden bijkomend 70 Kroaten aangetrokken.

le tunnel puisse être mis en service plus rapidement. La Grün & Bilfinger AG rencontra de grandes difficultés pour recruter des ouvriers qualifiés. Avant la guerre, la Grün & Bilfinger AG employait principalement des ouvriers italiens, qui étaient à la pointe dans ce domaine. Suite à l'entrée en guerre de l'Italie en mai 1915 aux côtés des Alliés, il ne fut cependant plus possible de faire travailler des Italiens. On s'efforça d'engager des ouvriers suisses, qui étaient tout aussi compétents. Malheureusement sans réussite. On essaya alors d'embaucher des mineurs travaillant dans les houillères de la région de Liège et de les former à la construction des tunnels, avec plus de réussite cette fois. Mais les mineurs belges, se sachant indispensables, eurent des exigences salariales élevées. Plus tard, à mesure que le chantier avançait, on embaucha encore 70 mineurs croates.

D · Oben: Lageplan für die Baustelle Veurstunnel der Grün & Bilfinger AG. Eingezeichnet sind die Baueisenbahnen vom Bauplatz an der Strecke Homburg-Battice in Merkhof sowie die verschiedenen Siedlungen mit Baubaracken. (Quelle: Firmenarchiv Bilfinger Berger AG, Mannheim)

NL · Boven: een situeringsplan voor de bouwplaats van de Tunnel van Veurs van Grün & Bilfinger AG. Goed herkenbaar zijn de lokale lijnen die speciaal voor de bouw werden aangelegd. Deze waren aangesloten op de lijn Hombourg - Battice. Op die manier kon men de arbeiderskampen, de werkplaatsen en Merkhof bereiken. (Bron: archief Bilfinger & Berger AG, Mannheim)

F · En haut : plan topographique de l'entreprise Grün & Bilfinger AG pour le chantier du Tunnel de Fourons. Y figurent les voies ferrées de chantier sur la ligne Hombourg - Battice à Merkhof, ainsi que les différents lotissements avec les baraquements ouvriers. (Source : archives d'entreprise de la Bilfinger Berger AG, Mannheim)

Neben den freiwilligen deutschen, belgischen und kroatischen Arbeitern wurden dieser Baustelle Anfang Mai 1916 auch 200 russische Kriegsgefangene als Zwangsarbeiter zugewiesen. Die Beschäftigung der Kriegsgefangenen stellte sich jedoch als sehr problematisch heraus. Die Produktivität war gering, die Bewachung und Unterbringung sehr aufwändig. So stellte die Grün & Bilfinger AG im September 1916 notgedrungen den Antrag an den Generalstab, die Kriegsgefangenen abzuziehen. Diesem Antrag wurde kurze Zeit später stattgegeben.

Beim Veurstunnel allein waren bis zu 3.000 Arbeiter beschäftigt. Alle von ihnen wurden auf Wunsch direkt an den Baustellen in Quartieren untergebracht und verpflegt. Dies war ein wichtiges Argument für die Anwerbung. Zu den Wohnquartieren gehörten Wäschereien, Badeanstalten, Küchen, eine eigene Viehwirtschaft und Schlachterei sowie eine Krankenstation. Insgesamt umfasste die Bausiedlung nur für den Veurstunnel 167 Gebäude. Im Prinzip mangelte es den Arbeitern an nichts. Auch die Bezahlung war weitaus höher als unter normalen Friedensbedingungen.

Die erste Tunnelröhre konnte bereits im Februar 1917 fertig gestellt werden. Im Januar 1918 wurde die zweite Röhre fertig. Bis dahin waren 33.000 Waggons mit Baustoffen und 600 Waggons mit Lebensmitteln und Geräten für diesen Tunnel herangeschafft worden. Der Abtransport der Geräte gestaltete sich schwierig, weil die deutsche Frühjahrsoffensive kaum Raum für nichtmilitärische Eisenbahntransporte zur Verfügung stellte. Die Baukosten stiegen von ursprünglich geplanten 12,6 auf 14,2 Millionen Mark. Eigentlich hatten die Militärs geplant, die zweite Tunnelröhre bereits unter Friedensbedingungen zu bauen.

De nu al vrij internationale arbeidersploeg kreeg begin mei 1916 nog versterking van 200 Russische krijgsgevangenen die met dwangarbeid werden gestraft. De tewerkstelling van de krijgsgevangenen was alles behalve een gelukkige keuze. Hun productiviteit was veel te laag en de bewaking was, net als hun huisvesting, vrij ingewikkeld. Om die redenen diende Grün & Bilfinger AG in september 1916 bij de generale staf de aanvraag in om de gedetineerden niet langer op de bouwplaats te laten werken. Deze aanvraag werd goedgekeurd.

Niet minder dan 3.000 man werkten aan de Tunnel van Veurs. Ze werden allemaal ondergebracht en verzorgd in speciale woonkazernes. De goede verzorging was een belangrijk argument voor de aanwerving van personeel. Bij elke woonkazerne hoorden trouwens wasserijen, keukens, badhuizen en een veehouderij met een bijhorende slagerij. Bovendien was er een medische hulppost ingericht. In totaal bedroeg het aantal gebouwen van het arbeiderskwartier 167. Deze waren alleen bestemd voor arbeiders die aan de Tunnel van Veurs hebben gewerkt. De arbeiders konden in feite niet klagen over de algemene omstandigheden. Dit gold ook voor de betaling. De arbeiders kregen gedurende de oorlogsjaren hoge toeslagen op hun loon.

De eerste tunnelpijp was al in februari 1917 afgewerkt. In januari 1918 was de tweede pijp afgewerkt. Tot nu toe waren 33.000 wagens met bouwmateriaal en 600 wagens met voedingsmiddelen en gereedschappen voor de bouw van deze tunnel aangevoerd. De afvoer van de gereedschappen was echter niet zo eenvoudig, want het Duitse lenteoffensief bood nauwelijks ruimte voor nietmilitaire transporten. De bouwkosten stegen tot 14,2 miljoen mark. Dit was 1,6 miljoen meer dan gepland. Eigenlijk hadden de militairen gepland om al na afloop van de gevechten met de bouw van de tweede pijp te kunnen beginnen.

A côté des ouvriers volontaires allemands, belges et croates, 200 prisonniers de guerre russes furent affectés à ce chantier comme forçats au début du mois de mai 1916. L'emploi des prisonniers de guerre s'avéra cependant très problématique. La productivité était faible, la surveillance et l'hébergement très onéreux. C'est pourquoi la Grün & Bilfinger AG se vit dans l'obligation, en septembre 1916, de demander à l'étatmajor de congédier les prisonniers. Cette demande fut satisfaite peu de temps après.

La construction du Tunnel de Fourons occupait à elle seule près de 3.000 ouvriers. A la demande générale, tous furent logés et nourris directement dans des quartiers installés sur le site du chantier. C'était un aspect important au moment de l'embauche. Ces quartiers étaient dotés de blanchisseries, de bains, de cuisines, d'un élevage propre et d'une boucherie, ainsi que d'un dispensaire. Au total, le lotissement aménagé pour la seule construction du Tunnel de Fourons comprenait 167 bâtiments. En principe, les ouvriers ne manquaient de rien. Les salaires étaient également bien plus élevés qu'en temps de paix.

Le premier boyau fut terminé dès février 1917, le second en janvier 1918. Jusquelà, on avait fait venir 33.000 wagons de matériaux et 600 wagons de nourriture et d'appareils divers. L'acheminement de ces derniers prit une tournure difficile, l'offensive allemande lancée au printemps ne laissant que peu de place aux convois non militaires. Les frais de construction passèrent des 12,6 millions de Marks initialement prévus à 14,2 millions. En réalité, les militaires avaient projeté de construire le second boyau en temps de paix.

Die Frage der Arbeitskräfte war für alle Baufirmen entscheidend. Zwar wurden gerade bei den Stahlbaufirmen viele Arbeiten in Deutschland vorbereitet, doch durch die Mobilmachung und den Einzug von Männern zum Militärdienst fehlten auch bei den deutschen Firmen die Facharbeiter. Durch die Wichtigkeit dieses Bauprojektes machte man den Baufirmen jedoch gewisse Zugeständnisse und stellte Arbeiter vom Militärdienst frei.

Erschwerend kam hinzu, dass militärische Bedienstete wie die Eisenbahnpioniere während des Baus für den Dienst an der Front nach und nach abgezogen wurden. Da der Krieg 1916, also mitten in den Bauarbeiten, keine Fortschritte aus deutscher Sicht brachte, wurde im August 1916 durch die Oberste Heeresleitung die „Mobilisierung sämtlicher Ressourcen" angeordnet. Die Wirtschaft in Deutschland stand am Rand einer großen Krise.

Dass die Baufirmen trotz dieser großen Schwierigkeiten innerhalb der vorgegebenen Zeit die Strecke fertig stellen konnten, lag nicht zuletzt an den engagierten Arbeitern aus allen Ländern. Es wird berichtet, dass selbst die Belgier (man hatte immerhin ihr Land besetzt), durch Erfolgsprämien motiviert, zur vollsten Zufriedenheit der deutschen Baufirmen gearbeitet haben. Teilweise machten sich die verschiedenen Baufirmen, die über die Strecke verteilt ihre Baustellen hatten, gegenseitig die Arbeitskräfte streitig und warben besonders ausgebildete Arbeiter ab. Im Januar 1916 wurde in Hasselt ein spezielles Büro für die Arbeiteranwerbung eröffnet. Hier sollten allgemein für die deutsche Wirtschaft, aber auch für die Baustellen an der Montzenroute Fachkräfte und Industriearbeiter angeworben werden.

(Fortsetzung Seite 68)

Het vinden van bekwame arbeidskrachten was voor alle aannemers van cruciaal belang. Weliswaar werd juist bij de staalbouwbedrijven veel werk in Duitsland voorbereid, maar door de mobilisering van de troepen en door de recrutering voor de legerdienst ontstond er een gebrek aan vakwerkers bij de Duitse bedrijven. Omdat het bouwproject uitermate van belang was, voelde men zich genoodzaakt om de arbeiders vrij te stellen van de legerdienst.

Een ander probleem was dat militairen net zoals de spoorwegpioniers gedurende de bouwwerkzaamheden naar het front moesten. Omwille van het feit dat de Duitsers in 1916 met hun oorlog geen vooruitgang konden boeken werd in augustus van hetzelfde jaar de totale mobilisering bevolen door de "Oberste Heeresleitung". De economie in Duitsland stond op de rand van een zware crisis.

Dat de bouwbedrijven ondanks deze grote problemen binnen de voorgeschreven tijd de lijn afwerkten, hadden ze onder meer te danken aan de grote inzet van de internationale arbeidersploeg. Er zijn berichten dat zelfs de Belgen (ook al had men hun land bezet) premies kregen en daarom bijzonder gedreven te werk gingen. De Duitse aannemers waren meer dan tevreden met de inzet en de prestaties van de Belgen. Soms kwam het voor dat de verschillende bouwbedrijven die langs de lijn werkten, gespecialiseerde arbeiders van hun concurrenten wilden aantrekken. In januari 1916 werd in Hasselt een eigen kantoor voor de aanwerving van arbeiders geopend. Hier zouden arbeiders voor de Duitse economie in het algemeen maar ook vaklui voor de bouw van de Montzenroute worden aangetrokken.

(Lees verder op pagina 68)

La question de la main d'oeuvre était capitale pour toutes les entreprises de construction. Certes, une grande partie du travail préparatoire était effectuée en Allemagne, en particulier dans le domaine de la construction métallique. Pour autant, la mobilisation et les incorporations au service militaire entraînèrent un manque d'ouvriers spécialisés y compris dans les entreprises allemandes. Devant l'enjeu de ce projet de construction, on fit certaines concessions aux entreprises en libérant des ouvriers de leurs obligations militaires.

La difficulté fut encore accrue par le fait que des employés de l'armée comme les Pionniers des chemins de fer furent peu à peu retirés des chantiers pour aller combattre au front. Etant donné qu'en 1916, soit au beau milieu des travaux, aucune évolution favorable ne se dessinait pour les Allemands sur le plan militaire, le Commandement Suprême des Armées décréta en août 1916 la 'mobilisation de toutes les ressources'. En Allemagne, l'économie était au bord d'une crise importante.

Si, en dépit de ces grandes difficultés, les entreprises parvinrent à mener à bien la construction de la voie dans les délais prévus, ce fut en grande partie grâce à l'engagement des ouvriers venus de tous les pays. On relate que même les Belges (dont le pays était pourtant occupé), motivés par des primes de résultat, donnèrent entière satisfaction dans leur travail aux entreprises de construction allemandes. Il pouvait arriver que les différentes entreprises gérant plusieurs chantiers sur la ligne se disputent la main d'oeuvre et se prennent mutuellement des ouvriers particulièrement compétents. En janvier 1916 fut ouvert un bureau spécial à Hasselt pour l'embauche des ouvriers. C'est là que devait s'effectuer l'embauche du personnel qualifié et des ouvriers de l'industrie pour l'économie allemande en général, mais aussi pour la construction de la Route de Montzen.

(Suite page 68)

Ausfahrender Stollenzug.

Löffelbagger im Voreinschnitt.

Südlicher Sohlstollen.

Stolleneingang auf der Westseite.

D · Vom Bau der Kriegsbahn Aachen - Tongeren wurden während des Baus viele Aufnahmen gemacht. Die Baufirmen waren an einer genauen Dokumentation dieses Großprojektes sehr interessiert.

Links zwei Originalseiten aus einem Fotoalbum über den Bau des Veurstunnels der Grün & Bilfinger AG. (Quelle: Sammlung Günter Krall)

NL · Tijdens de aanleg van de spoorlijn Aken - Tongeren werden heel wat foto's genomen. De bouwbedrijven hechtten veel belang aan een nauwkeurige documentatie van dit prestigieuze project.

Links: twee originele pagina's uit een fotoalbum van de bouw van de Tunnel van Veurs van Grün & Bilfinger AG. (Bron: verzameling Günter Krall)

F · De nombreux clichés ont été pris pendant la construction de la voie militaire Aix-la-Chapelle - Tongres. Les entreprises de construction manifestèrent un grand intérêt pour la documentation de ce grand projet.

A gauche, deux pages originales d'un album de photos de la construction du Tunnel de Fourons par la Grün & Bilfinger AG. (Source : collection particulière Günter Krall)

Straßenunterführung bei La Planc.

Westlicher Tunnelvoreinschnitt mit Stollen.

Stollenbesichtigung am 17. April 1916.

Nord- und Südstollen.

D · Weitere Seiten aus dem Fotoalbum der Grün & Bilfinger AG. Rechts oben ein Gruppenbild. Es zeigt einige hochrangige Militärs bei der Besichtigung der Baustellen. In der Mitte, vierte Person von links, ist General Groener zu erkennen. (Quelle: Sammlung Günter Krall)

NL · Nog enkele pagina's uit het fotoalbum van Grün & Bilfinger AG. Boven rechts een groepsfoto. Hierop zijn een aantal hoge militairen te zien die bezig zijn met de inspectie van de voortgang van de bouwwerkzaamheden. In het midden is generaal Groener te herkennen, vierde persoon van links. (Bron: verzameling Günter Krall)

F · D'autres pages de l'album de photos de la Grün & Bilfinger AG. En haut à droite un portrait de groupe. On y voit quelques militaires haut gradés lors d'une inspection des chantiers. Au milieu, le quatrième personnage en partant de la gauche est le Général Groener. (Source : collection particulière Günter Krall)

D · Der Veurstunnel zwischen Remersdaal und Sint-Martens-Voeren/Fourons-Saint-Martin, kurz vor der Fertigstellung im Jahr 1917. (Quelle: Firmenarchiv Bilfinger Berger AG, Mannheim)

NL · De Tunnel van Veurs tussen Remersdaal en Sint-Martens-Voeren kort voor de afwerking in 1917. (Bron: archief Bilfinger Berger AG, Mannheim)

F · Le Tunnel de Fourons entre Remersdael et Fourons-Saint-Martin juste avant son achèvement en 1917. (Source : archives d'entreprise de la Bilfinger Berger AG, Mannheim)

Die Stundenlöhne betrugen damals 35 Pfennig für ungelernte und 70 Pfennig für gelernte Arbeiter wie Maurer und Zimmerleute. Wenn die Arbeiter in den Baracken wohnen wollten, wurden zehn Pfennig je Stunde vom Lohn einbehalten.

Natürlich hatten es die Firmen anfangs schwer, belgische Arbeiter für den Bahnbau zu gewinnen. Bei einer Sitzung im Januar 1916 in Brüssel, an der Vertreter der Baufirmen und die Militärische Generaldirektion Brüssel teilnahmen, ließen die Militärs glaubhaft erklären, dass diese Bahnstrecke keinen strategischen Zwecken dienen sollte, sondern der späteren Nutzung in Friedenszeiten. Mit dieser Aussage konnten nicht nur Lebensmittelreserven mobilisiert werden, sondern es ließen sich auch mehr Arbeiter für die Arbeit an der Strecke anwerben. Diese Aussage steht jedoch in einem gewissen Widerspruch zu den Truppentransporten direkt nach der Eröffnung der Strecke zwischen Aachen und Tongeren.

Die gesamte 44,5 Kilometer lange Baustelle war in der damaligen Zeit ein Mammutprojekt. Der Veurstunnel war für die Firma Grün & Bilfinger AG das größte Einzelobjekt in diesen Jahren. Der Viadukt von Moresnet war lange Zeit die längste Brücke Belgiens. Insgesamt waren laut Unterlagen der Baufirmen im August 1916 im Durchschnitt täglich 11.986 Arbeitskräfte beschäftigt. Hiervon waren 1.732 Deutsche oder Verbündete, 424 Neutrale, 8.733 Belgier und 1.097 Angehörige anderer feindlicher Staaten. Hinzu kamen 1.975 russische Kriegsgefangene und rund 400 Soldaten zur Bewachung.

De uurlonen bedroegen toen meer dan 35 Pfennig voor ongeschoolde arbeiders en het dubbele daarvan voor metselaars of timmerlieden. Als de arbeiders in de barakken wilden wonen, werd tien Pfennig per uur van hun loon afgetrokken.

Vanzelfsprekend hadden de bedrijven het in het begin moeilijk om Belgische werknemers voor de aanleg van de spoorlijn te kunnen vinden. Tijdens een vergadering in januari 1916 in Brussel waaraan vertegenwoordigers van de bouwbedrijven en de militaire directie-generaal deelnamen, verklaarden de militairen dat deze spoorlijn niet voor militaire doeleinden was gepland, maar alleen voor de latere exploitatie in vredestijd. Deze uitspraak maakte het mogelijk om eenvoudiger aan voedingsmiddelen te geraken en om gemakkelijker arbeiders aan te kunnen trekken. Direct na de openstelling van de lijn denderden echter al legertransporten tussen Aken en Tongeren over de nieuwe verbinding.

De 44,5 kilometer lange bouwplaats was toentertijd een heus mammoetproject. De Tunnel van Veurs was voor de firma Grün & Bilfinger AG in die jaren de grootste opdracht. Het viaduct van Montzen was lange tijd de langste brug van België. In totaal waren er, zoals uit de dossiers van de bouwbedrijven bleek, in augustus 1916 gemiddeld 11.986 arbeiders per dag met de bouw bezig. Hiervan waren 1.732 Duitsers of bondgenoten, 424 neutralen, 8.733 Belgen en 1.097 "vijandelijke" arbeiders. Bovendien waren er 1.975 russische krijgsgevangenen aan de slag en 400 soldaten voor hun bewaking.

Le salaire horaire était à l'époque de 35 Pfennig pour des ouvriers non qualifiés et de 70 Pfennig pour des ouvriers spécialisés tels que les maçons et les charpentiers. Les ouvriers souhaitant habiter dans les baraques du chantier se voyaient prélever dix Pfennig sur leur salaire horaire.

Naturellement, les entreprises éprouvèrent des difficultés au début à trouver des ouvriers belges prêts à travailler sur la construction de cette voie. Lors d'une réunion qui se tint à Bruxelles en janvier 1916, réunion à laquelle participèrent des représentants des entreprises de construction ainsi que la Direction Générale des Affaires Militaires de Bruxelles, les militaires expliquèrent de manière convaincante que cette voie ferrée ne serait pas construite dans un but stratégique, mais qu'elle aurait au contraire un usage ultérieur en temps de paix. Cette déclaration eut pour effet, non seulement de permettre un meilleur ravitaillement, mais aussi de voir davantage d'ouvriers se présenter à l'embauche pour ce projet. On notera toutefois les contradictions entre cette déclaration et les transports de troupes qui eurent lieu dès l'ouverture de la ligne entre Aix-la-Chapelle et Tongres.

Ce chantier long de 44,5 kilomètres était pour l'époque un projet gigantesque. Le Tunnel de Fourons fut pour l'entreprise Grün & Bilfinger AG le plus gros projet pendant ces années. Le Viaduc de Moresnet est longtemps resté le pont le plus long de Belgique. Au total, d'après les documents des entreprises, en août 1916, 11.986 ouvriers en moyenne travaillaient chaque jour, dont 1.732 Allemands ou alliés de l'Allemagne, 424 issus de pays neutres, 8.733 Belges et 1.097 venus d'autres pays ennemis. A cela s'ajoutaient 1.975 prisonniers de guerre russes et environ 400 soldats affectés à leur surveillance.

D · Die Dokumentation der Baustellen umfasste nicht nur die Bauarbeiten selbst, sondern auch die Wohnunterkünfte der Arbeiter. Im Bild unten die Wäscherei einer Arbeitersiedlung in der Nähe des Veurstunnels. (Quelle: Sammlung Günter Krall)

NL · In de documentatie van de bouwwerkzaamheden ging het niet alleen om de bouw maar ook om de omstandigheden waaronder de arbeiders leefden. Op de foto beneden is de wasserij vlakbij een arbeiderskamp in de buurt van de Tunnel van Veurs te zien. (Bron: verzameling Günter Krall)

F · La documentation des chantiers ne portait pas seulement sur les travaux eux-mêmes, mais aussi sur les logements des ouvriers. Image du bas : la blanchisserie d'un lotissement ouvrier à proximité du Tunnel de Fourons. (Source : collection particulière Günter Krall)

Für die Strecke wurden sieben Millionen Kubikmeter Erdmassen bewegt, 358.000 Kubikmeter Mauerwerk erstellt und 10.300 Tonnen Stahl verbaut. Zur Zeit des Hochbetriebes waren gleichzeitig 44 Bagger, 190 Feldbahn-Dampflokomotiven und 4.500 Förderwagen in Betrieb. Beim Bau der Strecke wurden verhältnismäßig viele Maschinen eingesetzt. An den Baustellen wurde Tag und Nacht gearbeitet. Moderne Kraftzentralen erzeugten mit Generatoren 440 Volt für die Geräte und die Beleuchtung der Baustellen. Doch auch die damals schon technisch veralteten Lokomobile, also stationäre Dampfmaschinen, mussten herangezogen werden. Die leitenden Ingenieure des Großprojektes, zum Beispiel Prof. Dr. Ing. Gaber aus Karlsruhe, waren mit der Leistung der Bagger und der anderen technischen Geräte nicht zufrieden. Die Baumaschinen von damals waren nach seiner Meinung technisch nicht auf dem neuesten Stand.

Das größte und imposanteste Bauwerk der gesamten Strecke war und ist zweifellos der Viadukt von Moresnet. Mit seiner Länge von 1.107 Metern war er bis in das Jahr 2003 das längste Brückenbauwerk Belgiens. Der Name dieses Viaduktes führt immer wieder zu Verwirrungen. Während der Planungs- und Bauzeit hieß die Brücke Geueltalviadukt. Nach der Fertigstellung benannte man die Brücke in „General Groener Brücke" um. Dieser Name hatte jedoch nur bis zum Kriegsende, also knapp eineinhalb Jahre, Bestand. Der Name Geultalviadukt wurde ursprünglich für die große Talbrücke über die Göhl bei Hergenrath an der Strecke Aachen-Herbesthal vergeben. Göhl ist der deutsche Name für die Geul (niederländische Schreibweise) oder Gueule (französische Schreibweise). Diese Talbrücke wurde später in Hammerbrücke umbenannt. Heute wird der Viadukt von Moresnet teilweise immer noch Geultalviadukt genannt.

Die Pläne für die große Talbrücke über den Ort Moresnet und den kleinen Bach Geul stammen von MAN, Werk Gustavsburg. Gebaut wurde der Viadukt von Moresnet von insgesamt fünf Baufirmen. Zehn Brückenelemente wurden von

Voor het aanleggen van het tracé werd zeven miljoen kubieke meter grond verzet, 358.000 kubieke meter metselwerk vervaardigd en 10.300 ton staal gebruikt. In hoogtijden werd met 44 graafmachines, 190 stoomlocomotieven en 4.500 wagons tegelijkertijd gewerkt. Het valt op dat er redelijk veel gebruik werd gemaakt van machines. Er werd dan ook 24 uur per dag gewerkt. Moderne elektriciteitscentrales leverden met hun 440-volt-generatoren stroom voor de machines en voor de verlichtingsinstallaties. Ondanks de technische vooruitgang deed men een beroep op de toen al ouderwetse locomobielen – vaststaande stoommachines. De gezaghebbende ingenieurs, bijvoorbeeld prof. dr. ing. Gaber uit Karlsruhe, waren niet tevreden met het vermogen van de graafmachines. En ook de andere toestellen vielen niet echt in de smaak bij Gaber omdat ze volgens hem niet aan de moderne technische eisen voldeden.

Het grootste en meest imposante bouwwerk langs de hele lijn was en is nog steeds het viaduct van Moresnet. Met een lengte van 1.107 meter was het tot in 2003 de langste brug van België. De naam van dit viaduct zorgde hier en daar vaak voor verwarring. Gedurende de bouwperiode noemde men de brug "Geueltalviadukt" en na de voltooing werd het monumentale bouwwerk omgedoopt tot "General Groener Brücke". Dit was alleen maar tot het einde van de oorlog het geval – zo'n anderhalf jaar dus. De naam "Geuldalviaduct" was oorspronkelijk bedoeld voor de grote brug over de Geulvallei vlakbij Hergenrath op de lijn Aken-Herbesthal. Geul is de Nederlandse naam voor het riviertje Göhl dat in het Frans Gueul heet. Deze brug werd later omgedoopt tot "Hammerbrücke". Thans is het viaduct van Moresnet nog steeds bekend onder de naam "Geuldalviaduct".

De plannen voor een grote brug over de vallei van Moresnet, die de kleine rivier Geul zou moeten overspannen, zijn ontworpen door MAN op de site te Gustavsburg. Het viaduct werd door niet minder dan vijf bouwbedrijven gebouwd. Tien brugelementen werden door MAN zelf vervaardigd, de overige

Pour les besoins de la ligne, on déplaça sept millions de mètres cube de terre, on fabriqua 358.000 mètres cube de ciment et on utilisa 10.300 tonnes d'acier. Au plus fort de l'activité, 44 excavatrices, 190 locomotives à vapeur et 4.500 wagonnets étaient en service. Un nombre relativement élevé de machines fut utilisé pour la construction de la ligne, à laquelle on travailla jour et nuit. Des centrales motrices modernes équipées de générateurs produisaient 440 volts pour les appareils et l'éclairage des chantiers. Mais on mit également à contribution les locomobiles (machines à vapeur fixes), qui pour l'époque étaient déjà archaïques. Les ingénieurs en chef du projet global, comme par exemple le Professeur Gaber de Karlsruhe, Docteur en Ingénierie, se déclarèrent insatisfaits du rendement des excavatrices et autres machines. Selon lui, les machines de l'époque n'étaient pas à la pointe du progrès technique.

L'ouvrage le plus grand et le plus impressionnant de toute la ligne était et est toujours sans le moindre doute le Viaduc de Moresnet. Avec sa longueur de 1.107 mètres, il resta jusqu'en 2003 le pont le plus long de Belgique. Le nom de ce viaduc est souvent source de confusions. A l'époque de sa conception et de sa réalisation, ce pont s'appelait le « Geueltalviadukt » . Lorsqu'il fut achevé, on le rebaptisa 'General Groener Brücke' (Pont du Général Groener). Ce nom ne s'est toutefois maintenu que jusqu'à la fin de la guerre, c'est à dire à peine un an et demi. A l'origine, le nom de Viaduc de la Gueule fut donné au grand viaduc qui franchit la Gueule à la hauteur de Hergenrath sur la ligne Aix-la-Chapelle - Herbesthal. Göhl est le nom allemand de la Geul (orthographe néerlandaise) ou Gueule (orthographe française). Ce viaduc fut rebaptisé plus tard « Hammerbrücke » . Aujourd'hui, le Viaduc de Moresnet est parfois encore appelé Viaduc de la Gueule.

Le projet du grand viaduc situé au-dessus de la localité de Moresnet et du petit ruisseau de la Gueule a été élaboré par l'entreprise MAN de Gustavsburg. Au total, cinq entreprises ont participé à la construction du Viaduc de Moresnet.

MAN selbst erstellt, weitere neun von der Gutehoffnungshütte (GHH), drei von der Dortmunder Union. Aufgebaut, das heißt an Ort und Stelle montiert, wurden die Brückenelemente nur von MAN und der GHH. Grund für diese Arbeitsteilung waren die bereits erwähnten Gründe zur Beschleunigung des Baus.

Die Aufträge für die Brückenpfeiler, fünf Turmpfeiler, 16 Zwischenpfeiler und zwei Widerlager gingen an die beiden Firmen Grün & Bilfinger und Dyckerhoff & Widmann. Baubeginn war im Juli 1915. Zuerst wurden wieder Baracken und Quartiere für die Arbeiter eingerichtet sowie ein Baubüro im Ort Moresnet.

Für das Material richtete die Stahlbaufirma MAN direkt unter der geplanten Brücke ein Materiallager ein. Dieses war in unmittelbarer Nähe des Bahnhofs Moresnet an die Strecke Bleyberg - Welkenrath angeschlossen. Der Bauplatz reichte jedoch nicht für alle vier Firmen. Die GHH musste eine etwa zwei Kilometer lange Baubahn bis Gemmenich einrichten. Über die ungleichen Bedingungen an der Baustelle gab es des Öfteren Diskussionen zwischen der General-Direktion in Brüssel und den Baufirmen. Schließlich musste aber doch jeder Betrieb schauen, wie er sein Material zur Baustelle bekam.

Die Betonbaufirmen bauten immer an mehreren Pfeilern gleichzeitig. Je nach Pfeilerhöhe wurden verschiedene Methoden angewandt. Die bis zu 50 Meter hohen Pfeiler mussten komplett eingerüstet werden. Für den Bau erwiesen sich die geologischen Verhältnisse in den nördlichen Ausläufern des Hohen Venn als günstig. Bereits nach einigen Metern Tiefe stießen die Betonbaufirmen auf harten Fels. Die Fundamente der Betonpfeiler wurden zehn Meter tief ausgehoben und im Fels verankert.

(Fortsetzung Seite 76)

negen door de Gutehoffnungshütte (GHH) en drie door de Dortmunder Union. De assemblage van de brugelementen ter plaatse werd daarentegen alleen uitgevoerd door MAN en de GHH. Enkel deze twee aannemers werden met de werken belast, tenslotte had men geen tijd te verliezen.

De opdrachten voor de bouw van de betonnen steunpijlers (vijf hoge en 16 kleine pijlers) en voor de brughoofden, kregen Grün & Bilfinger en Dyckerhoff & Widmann. De werken startten in juli 1915. Vooraf werden opnieuw barakken voor de arbeiders gebouwd en een kantoor in de plaats Moresnet.

Voor het materiaal had MAN direct onder de geplande brug een opslagplaats laten bouwen. Dit was, onmiddellijk in de buurt van het station van Moresnet gelegen en verbonden met de lijn Bleyberg - Welkenraat. Op de bouwplaats zelf was er niet voldoende plaats voor alle vier betrokken firma's. De GHH had zelfs een twee kilometer lange buurtspoorweg tot bij Gemmenich moeten aanleggen. Vaak waren er tussen de directie-generaal te Brussel en de bouwbedrijven discussies over de ongelijke voorwaarden waarmee de bedrijven het moesten stellen. Uiteindelijk moest dan toch elk bedrijf zelf het transport van materiaal naar de bouwplaats organiseren.

De betonbouwbedrijven bouwden altijd aan meerdere pijlers tegelijkertijd. Afhankelijk van de hoogte van de pijlers werden hiervoor verschillende methodes toegepast. Soms werden de tot 50 meter hoge pijlers volledig in de steigers gezet. De geologische verhoudingen in de meest noordelijke uitlopers van de Hoge Venen bleken gunstig voor de bouw van de pijlers. Al op enkele meters diepte bereikte men hard gesteente. De funderingen van de betonnen pijlers werden tien meter diep ingegraven en in de rotsen verankerd.

(Lees verder op pagina 76)

Dix éléments du pont furent la réalisation de l'entreprise MAN elle-même, neuf autres furent construits par la 'Gutehoffnungshütte' (GHH), et trois par la Dortmunder Union. Le montage sur place fut assuré par les entreprises MAN et GHH uniquement. Comme nous l'avons déjà mentionné, cette répartition du travail s'expliquait par la nécessité d'accélérer les travaux.

La conception des piles de pont, cinq piles de tête, 16 piles intermédiaires et deux culées échurent aux deux entreprises Grün & Bilfinger et Dyckerhoff & Widmann. Les travaux débutèrent en juillet 1915. On installa d'abord de nouveaux baraquements et lotissements pour les ouvriers ainsi qu'un bureau dans la localité de Moresnet.

Pour le matériel, l'entreprise de construction métallique MAN installa un dépôt juste en-dessous du pont en projet. Ce dépôt, qui se trouvait à proximité de la gare de Moresnet, était relié à la ligne Bleyberg - Welkenraedt. Cet espace ne suffisait toutefois pas à accueillir les quatre entreprises. La GHH dut aménager une voie de chantier longue d'environ deux kilomètres jusqu'à Gemmenich. Ces conditions inégales sur le site du chantier furent souvent une cause de débats entre la Direction Générale de Bruxelles et les entreprises. Mais il revint finalement à ces dernières de voir comment acheminer leurs matériaux jusqu'au chantier.

Les entreprises de construction en béton travaillaient toujours sur plusieurs piles à la fois. Elles utilisaient des procédés différents en fonction de la hauteur des piles. Pour les piles atteignant une hauteur de 50 mètres, il fallait réaliser une armature de béton complète. Les conditions géologiques dans la région des Hautes Fagnes s'avérèrent propices à cette construction. A seulement quelques mètres de profondeur, on trouvait déjà de la roche dure. On creusa à une profondeur de 10 mètres pour les fondations des piles de béton, qui furent fixées solidement dans la roche.

(Suite page 76)

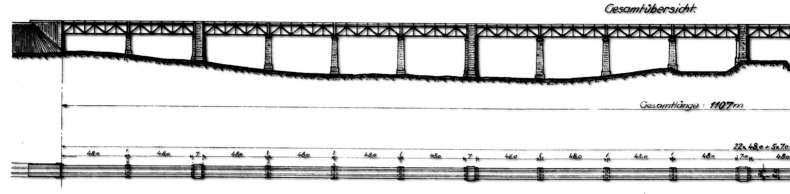

Neubaulinie: Tongern-Visé-Aachen.
Geultal-Viadukt.

Gesamtübersicht.

Gesamtlänge: 1107m

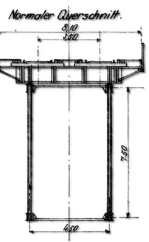

Normaler Querschnitt.

Bemerkung:
Gesamtlänge: 1107m (doppelgleisig).
Neu angelegte Eisenbahnlinie: Tongern-Visé-Gemmenich-Aachen.
Planbearbeitung: Gustavsburg, Ausführung: Gustavsburg, Gutehoffnungs-
hütte, z.kl.Teil Union, Dortmund.
    22 Öffnungen von je 48m St.W., von diesen liegen 6 Öffnungen in einer
Kurve von 1600m Radius. Steinpfeiler.
Gesamtgewicht 5940 Tonnen.
Anteil Gustavsburgs: Lieferung von 10 Öffnungen, Montage von 11 Öffn. (2924t)
Bauzeit für diese 11 Öffn. von Ende März bis 20.Okt.1916 [7 Monate].

MAN-Werk Gustavsburg.

Oben | Boven | En haut: Quelle | Bron | Source Firmenarchiv MAN AG, Augsburg

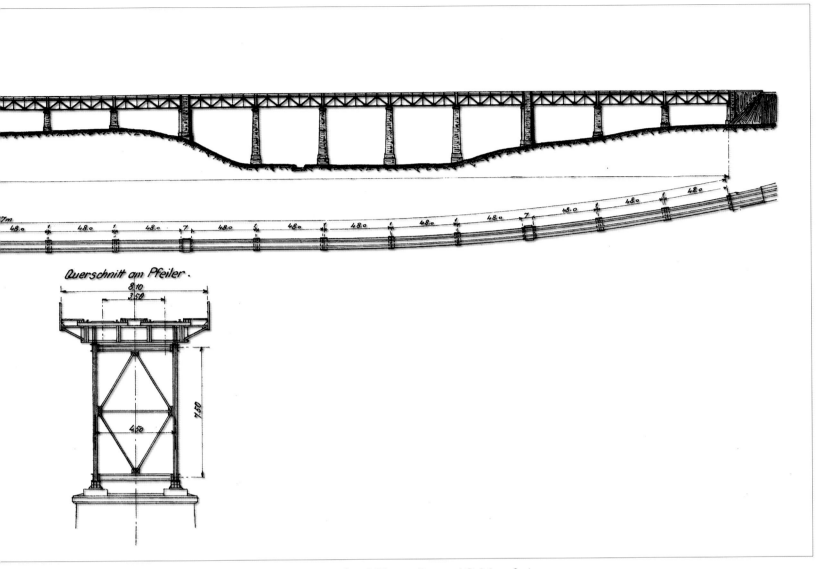

Querschnitt am Pfeiler.

Unten | Beneden | En bas: Quelle | Bron | Source Firmenarchiv Bilfinger Berger AG, Mannheim

D · Aufnahmen von der Baustelle am Viadukt von Moresnet aus dem Jahr 1916. Links der Baumaterialplatz am Bahnhof Moresnet, darunter eine Feldbahn-Dampflokomotive. Auf der rechten Seite Stahlbauer bei der Arbeit. Man beachte den gewaltigen Damm im Hintergrund, der vom Viadukt bis zum Rangierbahnhof Montzen reicht.

(Quelle: Firmenarchiv Bilfinger Berger AG, Mannheim)

NL · Opnames van de bouwplaats bij het viaduct van Moresnet uit het jaar 1916. Links de opslagplaats voor het bouwmateriaal, daaronder een stoomlocomotief van een buurtspoorweg. Op de rechterpagina zijn staalbouwers bij het werk afgebeeld. Indrukwekkend is de grote dam op de achtergrond, die tot het rangeerstation van Montzen doorloopt.

(Bron: archief Bilfinger Berger AG, Mannheim)

F · Cliché du chantier du Viaduc de Moresnet datant de 1916. A gauche, les matériaux de construction entreposés à la gare de Moresnet, en-dessous une locomotive à vapeur de campagne. A droite, des ouvriers métallurgistes au travail. On notera le remblai monumental à l'arrière-plan, qui va du viaduc jusqu'à la gare de triage de Moresnet.

(Source : archives d'entreprise de la Bilfinger Berger AG, Mannheim)

Wunsch der Stahlbaufirmen war, erste Brückenpfeiler so schnell wie möglich fertig zu stellen. So wurden zuerst die Pfeiler gebaut und erst am Ende die beiden Brückenköpfe. Für sie mussten erst große Erdmassen für die entsprechenden Bahndämme bewegt werden. Der Portland-Zement für die Betonarbeiten stammte teilweise aus Deutschland, teilweise auch vom Zementwerk in Visé. Der Kies stammte teilweise aus dem Rhein. Er wurde recht umständlich mit dem Schiff über die Niederlande nach Antwerpen transportiert und dort auf Eisenbahnwaggons umgeladen. Mit dem Zug ging es dann zu den Umladebahnhöfen Visé oder Merckhoff zwischen Aubel und Hombourg. Später kam der Kies auch aus einer Sandgrube bei Geilenkirchen im Rheinland.

Grün & Bilfinger war im April 1916, knapp neun Monate nach Arbeitsbeginn, mit dem Bau der Pfeiler fertig. Noch bevor alle Pfeiler fertig waren, begannen die Stahlbaufirmen mit dem Aufbau der Stahlträger. Die Brückenelemente wurden in den deutschen Stahlwerken weitgehend vorbereitet. Teilweise wurden die 48 Meter langen Stahlträger einmal im Werk auf- und wieder abgebaut. Der Transport zur Baustelle erfolgte dann über die Eisenbahn-Strecken Aachen - Herbesthal - Welkenrath - Moresnet. In den Arbeitsrapporten ist übrigens immer wieder von erbosten Vorarbeitern und Ingenieuren zu hören, die sich über unvollständige Lieferungen aus der Heimat beklagten. Die fehlenden Teile wurden dann meist in den eigenen Werkstätten vor Ort nachgearbeitet.

Die Brückenelemente wurden von den Stahlbaufirmen auf ganz verschiedene Arten gebaut. Je nachdem, wie hoch die Brückenelemente über der Erde montiert werden mussten, wurden entweder komplette Gerüste zur Abstützung gebaut oder nur einzelne Stützen. Meist nutzten die Firmen auf den Trägern fahrende Kräne. Sie haben die einzelnen Stahlträger aus dem Tal hoch zur Montage gehoben. Schwieriger war die Montage der Brückenelemente an der Ostseite, dort, wo die Brücke in einem leichten Bogen (Bogenhalbmesser 1.600 Meter) verläuft. Der freie Vorbau

De staalbouwers wilden zo snel mogelijk de eerste pijlers afwerken. Zo kwam het dat eerst de pijlers werden opgetrokken en pas op het einde de twee brughoofden. Hiervoor moesten grote massa's grond worden verzet. Het Portland-Cement voor de betonwerken kwam gedeeltelijk uit Duitsland en voor een gedeelte uit het nabijgelegen Wezet. De voor het aanmaken van het beton benodigde rijnkiezels werden met vrachtschepen via Nederland naar Antwerpen en van daaruit via het spoor naar de plaats van bestemming vervoerd. De treinladingen werden te Wezet of te Merckhoff tussen Aubel en Hombourg gelost. Later haalde men het voor het aanmaken van het beton benodigde zand ook uit een zandgroeve vlakbij Geilenkirchen in het Rijnland.

Grün & Bilfinger was in april 1916, bijna negen maanden na het begin van de werken, klaar met de bouw van de pijlers. Nog voordat alle pijlers klaar waren, begonnen de staalbouwers met de assemblage van de stalen constructie. De brugelementen werden in Duitse staalfabrieken grotendeels voorgemonteerd. Voor een deel werden de 48 meter lange stalen vakwerkconstructies in de fabriekshallen op- en weer afgebouwd. De elementen werden via de spoorlijnen Aken - Herbesthal - Welkenraat - Moresnet vervoerd. In de rapporten staat trouwens veel te lezen over boze ploegbazen en ingenieurs die klaagden over onvolledige leveringen uit de "Heimat". De ontbrekende elementen werden als gevolg hiervan meestal in de werkplaatsen ter plaatse gemaakt.

De brugelementen werden door de staalbouwbedrijven op verschillende manieren geassembleerd. Afhankelijk van de hoogte maakte men gebruik van steigers. Meestal gebruikten de bedrijven mobiele kranen die op de dragers konden rijden. Hiermee kon men de elementen van de grond naar boven hijsen. Moeilijker was de assemblage van de brugelementen aan de oostkant. Daar waar de brug een kleine boog (straal 1.600 meter) maakt had men speciale steigers nodig om de laatste elementen te kunnen plaatsen.

Les entreprises de construction métallique souhaitaient réaliser les premières piles au plus vite. C'est ainsi que furent d'abord construites les piles, puis seulement à la fin les deux têtes de pont. Pour ces dernières, il fallut d'abord charroyer de grandes quantités de terre afin de faire les remblais correspondants. Le ciment de Portland utilisé pour les travaux de bétonnage venait en partie d'Allemagne et aussi en partie de la cimenterie de Visé. Une partie du gravier venait du Rhin. Son transport s'avérait très incommode : il se faisait d'abord par bateau via les Pays-Bas jusqu'à Anvers, où il était transbordé dans des wagons ferroviaires. Puis le voyage continuait vers les gares de transbordage de Visé ou de Merckhoff entre Aubel et Hombourg. Plus tard, on fit venir le gravier d'une carrière de Rhénanie située près de Geilenkirchen.

L'entreprise Grün & Bilfinger acheva la construction des piles en avril 1916, soit juste neuf mois après le début du chantier. Avant même que les piles eussent été terminées, les entreprises de construction métallique commencèrent le montage des poutres d'acier. Les éléments du pont furent en grande partie préparés dans les aciéries allemandes. Les poutres longues de 48 mètres étaient partiellement montées puis démontées à l'usine. On les transportait ensuite par train jusqu'au chantier via Aix-la-Chapelle - Herbesthal - Welkenraedt - Moresnet. Les rapports font souvent état de la colère des contremaîtres et des ingénieurs qui se plaignent des livraisons incomplètes venues d'Allemagne. La plupart du temps, les pièces manquantes étaient finies sur place dans les ateliers du chantier.

Les entreprises de construction métallique recoururent à des procédés très différents pour fabriquer les éléments du pont. En fonction de la hauteur à laquelle il fallait monter ces éléments, on construisit tantôt des échafaudages complets pour un meilleur étayage, tantôt de simples supports. La plupart du temps, les entreprises utilisaient des grues mobiles sur les poutres déjà en place. Elles servaient à hisser les autres poutres jusqu'à l'endroit de leur

konnte durch den Knick nicht fortgeführt werden. Hier erstellte man spezielle Gerüste für die letzten Elemente.

Die gesamte Bauzeit für den Viadukt von Moresnet betrug 15 Monate, von Ende Juli 1915 bis Oktober 1916. Die Stahlbaufirmen erledigten in 16½ Wochen die komplette Montage der 22 Brückenelemente mit einem Gesamtgewicht von fast 6.000 Tonnen. Die Kosten für dieses Bauwerk betrugen 2,6 Millionen Mark, wobei die genauen Nachkalkulationen der Baufirmen ergaben, dass bis zu ein Viertel der Kosten für den Bau und den Betrieb der schmalspurigen Baubahnen angefallen waren. Nach der Fertigstellung des Viaduktes wurde zu Ehren des Chefs des Feldeisenbahnwesens die Brücke in „General-Groener-Brücke" getauft.

Am 15. Oktober 1916 verlegte man auf dem Viadukt die ersten Gleise. Auf dem direkt westlich angrenzenden Rangierbahnhof Montzen waren die Arbeiten noch im Gange. Der Rangierbahnhof umfasste damals ein Gelände von 80 Hektar. Die Länge betrug 3,5 Kilometer, die größte Breite 240 Meter. An der breitesten Stelle verliefen 52 Gleise nebeneinander.

Die Gleisbauarbeiten müssen sowohl von Feldeisenbahntruppen als auch von Gleisbaufirmen ausgeführt worden sein. Da auch der Gleisbau in höchster Eile vorangehen sollte, entschloss man sich, die Gleise in 18 Meter langen Stücken in überdachten Hallen vorzufertigen. Diese sehr moderne Baumethode erwies sich als äußerst wirkungsvoll und effektiv. Mit so genannten „Gleisvorstreckmaschinen" wurden die Gleisstücke dann vor Ort nur noch aneinander gelegt und verschraubt. So konnten an einem Tag bis zu fünf Kilometer Gleis verlegt werden.

In totaal duurde de bouw van het viaduct van Moresnet 15 maanden. De werken startten eind juli 1915 en duurden tot oktober 1916. Voor de assemblage van de 22 brugelementen met een totaal gewicht van bijna 6.000 ton hadden de staalbouwers slechts een kleine vier maanden nodig. De kosten voor dit bouwwerk bedroegen 2,6 miljoen mark. Achteraf bleek dat bijna een vierde van de kosten nodig was om een veldspoor voor het materiaalvervoer aan te leggen. Nadat het viaduct klaar was kreeg de brug de naam "General-Groener-Brug" als eerbetoon aan de chef van het Duitse "Feldeisenbahnwesen".

Op 15 oktober 1916 werden op het viaduct de sporen gelegd. Op het direct in het westen aangrenzende vormingsstation van Montzen waren de werken nog in volle gang. Het vormingsstation strekte zich uit over een oppervlakte van 80 hectaren. De lengte bedroeg 3,5 kilometer, de maximale breedte 240 meter. De grootste spoorbundel telde 52 sporen naast elkaar.

De spoorwerken werden waarschijnlijk overgenomen door de "Feldeisenbahntruppen" en door professionele spoorbouwbedrijven. Omdat men ook bij het leggen van de sporen grote haast had, besloot men om de 18 meter lange spoorstaven al voor het leggen op de dwarsliggers te monteren. Deze uitermate moderne methode bleek zeer effectief te zijn. De voorgemonteerde spoorelementen werden ter plaatse met zo geheten "Gleisvorstreckmaschinen" alleen nog maar aan elkaar gevoegd. Op die manier was het mogelijk om per dag vijf kilometer spoor te leggen.

montage. Plus difficile fut le montage des éléments côté est, là où le pont marque un léger virage (rayon : 1.600 mètres) qui empêchait la progression des travaux. On érigea à cet endroit des échafaudages spéciaux pour les derniers éléments.

Il fallut quinze mois au total pour construire le Viaduc de Moresnet, de fin juillet 1915 à octobre 1916. Les entreprises de construction métallique accomplirent en 16 semaines ½ le montage complet des 22 éléments du pont, d'un poids total de presque 6.000 tonnes. Le coût de cet ouvrage fut de 2,6 millions de Marks, dont près d'un quart, d'après les bilans financiers des entreprises, furent utilisés pour la construction et le fonctionnement des petites voies de chantier. Lorsque le viaduc fut achevé, on baptisa le pont en l'honneur du Chef du Réseau Ferré de Campagne 'Pont du Général Groener'.

Le 15 octobre 1916 furent posés les premiers rails sur le viaduc. A la gare de triage de Montzen, située juste à côté à l'ouest, les travaux se poursuivaient. La gare de triage occupait à l'époque une surface de 80 hectares, avec une longueur de 3,5 kilomètres et une largeur maximale de 240 mètres. Au point le plus large, on dénombrait 52 voies les unes à côté des autres.

La pose des rails a probablement été l'oeuvre commune des troupes du Réseau Ferré de Campagne ainsi que d'entreprises spécialisées dans la construction de voies ferrées. La construction des voies devait être elle aussi exécutée rapidement, il fut décidé de préfabriquer des rails par tronçons de 18 mètres dans des hangars. Cette méthode de fabrication très moderne se révéla extrêmement efficace. Il ne restait plus, à l'aide de machines à poser les rails, qu'à fixer les rails les uns au bout des autres. Ce système permettait de poser jusqu'à cinq kilomètres de rails par jour.

Oben | Boven | En haut: Quelle | Bron | Source Firmenarchiv MAN AG, Augsburg

Der ungeheure Zeitdruck, die von den Baufirmen durchdachte Konstruktion der Bauwerke und die ausgefeilte Materiallogistik waren Gründe für die nur zwei Jahre dauernde Bauzeit. Der andere Grund waren die äußerst motivierten Arbeiter und Ingenieure. Sicherlich spielten auch die überdurchschnittliche Bezahlung und die für Kriegsverhältnisse sehr gute Verpflegung und Unterkunft eine Rolle.

Der Betrieb auf der Strecke zwischen Aachen und Tongeren wurde am 14. Februar 1917 eröffnet. Die letzten Bauarbeiten waren die an der Verbindungsschleife zwischen dem Hoch- und Tiefbahnhof von Visé. Auch wenn die Militärische General-Direktion in Brüssel eigentlich eine strategische (militärische) Nutzung ausgeschlossen hatte, rollten sofort nach Eröffnung Truppentransportzüge über die Strecke. Sicherlich nicht nur, sondern auch Güterzüge mit Lebensmitteln.

De tijdsdruk door de sobere planning van de bouwwerken en de verbeterde aanvoer van het bouwmateriaal zijn de voornaamste redenen voor de heel korte periode waarin de lijn kon worden aangelegd. Een andere reden voor het succes waren de tot in de vingertoppen gemotiveerde arbeiders en ingenieurs. Natuurlijk speelde ook de buitengewoon goede betaling en de zeer goede verzorging een rol.

De opening van het traject tussen Aken en Tongeren vond plaats op 14 februari 1917. Alleen aan de verbindingsboog tussen Visé-Haut (Wezet) en Visé-Bas werd nog een tijdje gewerkt. Ook al had de militaire directie-generaal te Brussel eigenlijk een strategische (militaire) exploitatie willen uitsluiten, reden er meteen na de opening toch legertransporten op de lijn. Vanzelfsprekend was dit niet het enige vervoer, want er reden ook treinen met voedingsmiddelen.

Le peu de temps imparti aux entreprises, la construction très étudiée des ouvrages ainsi qu'une logistique matérielle très perfectionnée expliquent que le chantier n'ait duré que deux ans. On citera aussi la grande motivation des ouvriers et des ingénieurs. Les salaires au-dessus de la moyenne ainsi que la qualité du vivre et du couvert proposés par temps de guerre ont certainement joué un rôle important eux aussi.

La ligne située entre Aix-la-Chapelle et Tongres fut mise en service le 14 février 1917. Les derniers travaux furent ceux du raccordement des gares de Visé Haut et Visé Bas. Bien que la Direction Générale Militaire basée à Bruxelles eût exclu de faire un usage stratégique (donc, militaire) de la voie, on put y entendre rouler des trains de transport de troupes dès son ouverture. Certes, la voie ne servait pas qu'à cela, elle était également empruntée par des trains de marchandises chargés de vivres.

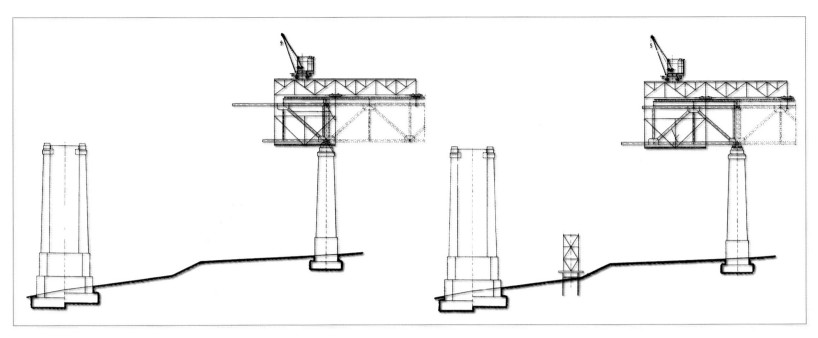

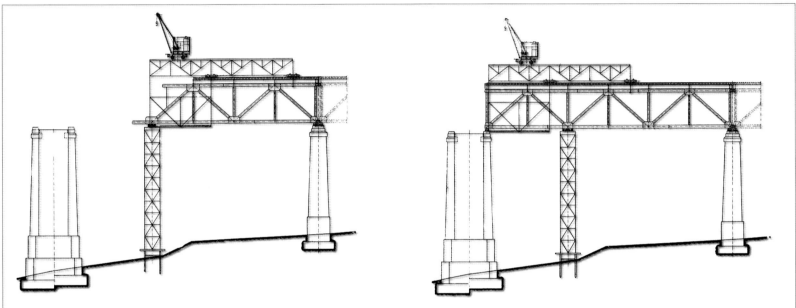

D · Die Stahlträger des Viadukts von Moresnet wurden von verschiedenen Stahlbaufirmen auf verschiedene Art und Weise montiert. Oben dargestellt ist die Baumethode der Gutehoffnungshütte Oberhausen. Die Baumethode konnte jede der beteiligten Stahlbaufirmen für sich entscheiden. In den Kurven am östlichen Teil des Viaduktes mussten Stützpfeiler gebaut werden. (Quelle: Zeitschrift „Der Bauingenieur", Heft 12 1921)

NL · De stalen dragers van het viaduct van Moresnet werden door verschillende staalbouwbedrijven gemonteerd. Ieder bedrijf had hiervoor zijn eigen techniek ontwikkeld. Boven is de methode te zien die door de Gutehoffnungshütte Oberhausen werd gehanteerd. Elk bedrijf kon vrij beslissen voor welke methode het uiteindelijk koos. In de bogen aan de oostelijke kant van het viaduct moesten steunpijlers worden gebouwd. (Bron: Tijdschrift "Der Bauingenieur", editie 12, 1921)

F · Les poutres métalliques du Viaduc de Moresnet ont été montées de différentes façons par différentes entreprises. En haut, une illustration de la méthode de construction de la Gutehoffnungshütte Oberhausen. Chaque entreprise de construction métallique engagée dans ce chantier avait toute latitude dans le choix de la méthode à utiliser. Dans les courbes côté est du viaduc, il a fallu construire des piles d'étayage. (Source : magazine 'Der Bauingenieur', Cahier 12 1921)

In der Anfangszeit waren es bis zu 120 Züge pro Tag, die den Rangierbahnhof Montzen passierten. Später wurden noch 50-60 Züge pro Tag gezählt.

Vom Bau der Strecke wurden verhältnismäßig viele Fotografien angefertigt. Alle beteiligten deutschen Baufirmen waren mit Recht stolz auf das Gesamtwerk Montzenroute. In den Werbebroschüren der Firmen tauchten diese Fotos jedoch kaum auf. Man wollte in der Nachkriegszeit besonders im Ausland nicht mit einem Kriegsprojekt werben.

Gleich nach Kriegsende im November 1918 ging die Strecke, wie auch das Land um die Montzenroute herum, in belgischen Besitz über. Die ersten Züge von West nach Ost transportierten heimkehrende Truppen. Im Jahr 1919 wurde der Rangierbahnhof Montzen von den Belgiern umgebaut und erweitert. Durch die Reparationszahlungen der Deutschen herrschte reger Betrieb auf der ehemaligen Kriegsbahn. Im April 1919 eröffnete die belgische Eisenbahn sogar den Personenverkehr auf der Strecke. Er sollte sich jedoch nicht lange halten können, denn das Land zwischen Gemmenich, Visé und Glons war und ist nur dünn besiedelt.

In het begin passeerden er zo'n 120 treinen per dag in het vormingsstation van Montzen. Later telde men nog 50-60 treinen per dag.

Van de bouw van de lijn werden redelijk wat foto's genomen. Alle betrokken Duitse firma's waren met recht fier op de aanleg van de Montzenroute. In reclamefolders van de bedrijven doken deze foto's echter nauwelijks op. Men wilde tenslotte - vooral in het buitenland - niet met een oorlogsproject als referentie rondlopen.

Onmiddellijk na het einde van de oorlog in november 1918 werd de spoorlijn, net zoals de streek waar de Montzenroute doorheen loopt, Belgisch. De eerste treinen van west naar oost waren bestemd voor terugkerende troepen. In het jaar 1919 werd het vormingsstation van Montzen door de Belgen verbouwd en uitgebreid. Dankzij de herstelbetalingen door de Duitsers heerste er grote drukte op de lijn. In april 1919 openden de eerste Belgische staatsspoorwegen de lijn voor reizigersverkeer. Omdat de streek tussen Gemmenich, Wezet en Glaaien dun bevolkt was (en nog steeds is), was dit echter maar een tijdelijk verschijnsel.

Au début, on recensa jusqu'à 120 trains par jour passant par la gare de triage de Montzen. Plus tard, ce ne furent plus que 50 à 60 trains par jour.

On prit un nombre relativement élevé de photographies de la construction de la voie. Toutes les entreprises qui y prirent part tiraient une fierté légitime de l'ensemble de l'ouvrage que représente la Route de Montzen. Mais dans les brochures publicitaires des entreprises, ces photos n'apparaissaient que rarement. Dans la période de l'après-guerre, tout particulièrement à l'étranger, on ne voulait pas faire sa promotion avec un projet militaire.

Dès la fin de la guerre en novembre 1918, cette ligne, tout comme la région de la Route de Montzen, devinrent une possession belge. Les premiers trains qui circulèrent vers l'est transportaient des troupes qui rentraient au pays. En 1919, les Belges entreprirent de transformer et d'agrandir la gare de triage de Montzen. Avec le paiement des réparations par les Allemands, l'activité fut intense sur l'ancienne voie militaire. En avril 1919, les Belges ouvrirent même la ligne au trafic des voyageurs. Mais cela ne dura pas longtemps car la région située entre Gemmenich, Visé et Glons avait, et a toujours, une faible densité de population.

D · Linke Seite: Mit einer so genannten „Gleisvorstreckmaschine (Bauart Hoch)" wurden kurz vor Ende der Bauarbeiten die Gleise verlegt. Diese für die Zeit sehr moderne Arbeitsweise führte zu einer weiteren Zeitersparnis, weil die Gleise unabhängig von der Baustelle vorbereitet werden konnten. Diese Arbeiten wurden von zwei Eisenbahn-Hilfskompanien ausgeführt. (Quelle: Firmenarchiv Bilfinger Berger AG, Mannheim)

NL · Pagina links: met een zogeheten "Gleisvorstreckmaschine (Bauart Hoch)" werden kort voor het einde van de bouwwerkzaamheden de sporen gelegd. Dankzij deze voor die tijd uitermate moderne methode konden voorgemonteerde sporen worden gelegd en moest de assemblage niet op de bouwplaats plaatsvinden. Deze werken werden uitgevoerd door "Eisenbahn-Hilfskompanien". (Bron: archief Bilfinger Berger AG, Mannheim)

F · Page de gauche : les rails furent posés juste avant la fin des travaux à l'aide d'une machine de « type Hoch ». Ce procédé très moderne pour l'époque permit de gagner du temps car les rails pouvaient être préparés indépendamment du chantier. Ces travaux sont ici effectués par deux compagnies d'aide aux chemins de fer. (Source : archives d'entreprise de la Bilfinger Berger AG, Mannheim)

D · Ansprache von Generalleutnant Groener anläßlich der Eröffnungsfahrt auf der strategischen Bahn Gemmenich - Tongeren am 28. Februar 1917.

NL · Toespraak van luitenant-generaal Groener naar aanleiding van de openingsrit op de strategische lijn Gemmenich - Tongeren op 28 februari 1917.

F · Allocution du lieutenant général Groener à l'occasion du trajet d'inauguration du tronçon stratégique Gemmenich - Tongres le 28 février 1917.

Heute schauen wir bewegten Herzens auf ein gewaltiges Werk zurück!

Mancherlei Gedanken durchziehen mich dabei, Gedanken, die auf eine gute, glänzende Zukunft unseres Vaterlandes abzielen. Es drängt mich, darüber zu Ihnen zu reden, weil ich nicht nur Männer im Feldrock und aus den Reichsämtern und Ministerien vor mir habe, sondern vor allem auch Männer der hochentwickelten deutschen Industrie.

Bei Ausblicken in die Zukunft müssen wir von der Vergangenheit ausgehen, wir können nur aufbauen auf dem, was war und was ist. Wir müssen erst erforschen, wie die Dinge sich entwickelt haben, und daraus die Folgerungen und Forderungen der Zukunft ziehen.

Rückblicke auf die Zeit vor dem Kriege erinnern uns an Verhandlungen, in denen entsetzlich viel Tinte verspritzt

ist. Schriftwechsel haben sich jahrelang hingezogen. Es hat sieben Jahre gedauert, bis die Rheinbrücke bei Bingen geboren wurde. Es hat sieben Jahre gedauert, bis man sich entschlossen hatte, in das Land östlich der Weichsel eine wichtige Bahn zu bauen. Zwei mühsam geborene Dinge! Das Kind, das wir heute feiern, wurde zwischen dem 16. und 18. Dezember geboren, also in zwei Tagen! Es ist meine ernste Mahnung an alle, die es angeht, daß wir aus diesem Kriege die Erkenntnis mit nach Hause nehmen, daß man nicht reden und schreiben darf, sondern daß man handeln muß.

M.H.! Es kam der Krieg, überraschend für jeden von uns und insbesondere für mich. Ich war in Urlaub. Es kamen Telegramme um Telegramme, und als sie immer schlimmer wurden, wurde es zuletzt doch notwendig, nach Hause zu fahren. Unsere Mobilmachung und unser Aufmarsch verlief wie bekannt, programmmäßig, ohne daß irgend etwas störend dazwischen kam. Das verdanken wir der glänzenden Grundlage, die uns ausgezeichnete Männer geschaffen haben. Männer im bunten Rock und im Bürgerkleide, jene Herren, die in den Jahren 1880 bis 1900 die Militär-Transport-Ordnung und das Drum und Dran geschaffen haben. Wie mir gestern von einem der Teilnehmer erzählt wurde, entstand sie zum Teil in Tegernsee bei fröhlichem Leben. An der Spitze dieser Männer war lange Zeit der Chef der Eisenbahn-Abteilung des Generalstabes und späterer Eisenbahnminister von Budde. Das Ergebnis hat gezeigt, daß die Grundlagen durchaus gesund sind. Auch der weitere Verlauf des Feldzuges hat bestätigt, daß wir absolut auf dem rechten Wege waren und sind. Diesen Weg müssen wir festhalten und dürfen ihn uns von niemand beeinträchtigen lassen. Ich hoffe, daß alle die Herren, die mit mir gearbeitet haben, Offiziere und Herren der Eisenbahnverwaltung, für die Zukunft die Gewähr bieten, daß nicht gerüttelt wird an der festen Disziplin und Ordnung unseres militärischen Eisenbahnwesens. Sie muß vielmehr gesteigert werden von Jahr zu Jahr und immer mehr. Auf dieser Disziplin beruht alles. Sie macht mir meine „alte Liebe" so wert. Wenn ich einen Befehl gab, so wußte ich, daß er durchgeführt wurde. Ich konnte mich verlassen auf alle meine Leute. Was an Ehre und Ruhm im Kriege auf mich gefallen ist, verdanke ich daher lediglich meinen Mitarbeitern. Alles was an Anerkennung mir zuteil wurde, gilt für diese mit. So auch alles, was heute Anerkennendes gesagt wurde.

Ich sage nichts Neues, wenn ich die Bedeutung der Eisenbahnen im Kriege betone, doch dürfte es nicht ohne Nutzen

sein, Streiflichter auf diese Bedeutung zu werfen und sie an einigen Bespielen näher zu erläutern.

Da ist zunächst Tannenberg. Eine der Grundlagen des Erfolges von Tannenberg bilden die Truppenverschiebungen mittels der Eisenbahnen, in erster Linie der Transport eines Armeekorps, das in anderer Richtung angesetzt, auf Grund der Nachrichten umgeleitet wurde nach neuen Zielen. Weitere Truppen wurden mit der Eisenbahn aus konzentrischen Richtungen herangeführt zur Umfassungsschlacht.

Nach der Schlacht an der Marne war es ein Wettlauf nach der Küste auf beiden Seiten. Die Franzosen und wir machten diesen Wettlauf mit den Eisenbahnen. Bei dieser Gelegenheit sind unbesetzte Bahnen in Belgien und Frankreich, über die seit ihrer Räumung durch den Gegner noch nicht ein Militärzug gerollt war, zum ersten Mal mit Zügen deutscher Truppen befahren worden. Große Verschiebungen von einem Heeresflügel zum anderen waren das Motto der Operationen.

Einige Monate später kam die Masurenschlacht. Große Kräfte wurden herangeführt zu einer Umfassung des nördlichen Flügels. Daß diese Umfassung zwar gelang, aber doch nicht tiefer hineingeführt hat in russisches Gebiet, als es tatsächlich der Fall war, war die Folge von Umständen aller Art, insbesondere des Winters, der das Vorwärtskommen der Kolonnen in hohem Maße erschwerte. Auch waren die Anmärsche des linken Flügels von den Eisenbahn-Endpunkten zu weit.

Gorlice ist der Typ einer Eisenbahnoperation großen Stils, mit plötzlich veränderten Fahrrichtungen und Schwenkungen. Zur größten Überraschung des Feindes ist es gelungen, die deutschen Truppen bis dicht hinter die Angriffsfront mit der Eisenbahn zu bringen, sodaß weite Anmärsche auf Landstraßen fortfielen.

Das waren sämtlich strategische Operationen. Die Aufmärsche an der Donau und gegen Rumänien tragen etwas anderen Charakter. Es waren Bereitstellungen in bestimmten Aufmarschräumen, die gegeben waren.

Ich komme nun zur taktischen Bedeutung der Eisenbahnen. Man hat darüber in Büchern viel gelesen, jedoch kein Wort von dem, was in diesem Kriege ausgeführt wurde. Ich erinnere an den Kampf im Artois im Frühjahr 1915. Hier wurde der Durchbruch der Franzosen durch rechtzeitiges Eingreifen der Verstärkungen, die herangeführt wurden, im Keime

erstickt. Ich erinnere an die Herbstschlacht in der Champagne, wo nach wenigen Wochen mit Hilfe der herangeführten deutschen Korps der Erstlingserfolg der Franzosen zunichte gemacht wurde. Die russischen Durchbruchsversuche in Wolhynien und bei Kowno sind schlagende Beweise für die taktische Bedeutung und für die Ausnutzung der Eisenbahnen. Ich sage taktische Bedeutung, das könnte angefochten werden. Ich sehe aber in der Heranführung von Verstärkungen in die Front hinein ein taktisches Manöver, nichts anderes, als was im Frieden geübt wird beim Frontalangriff über die Ebene hinweg. Das Heranführen der rückwärtigen Truppenreserven ist absolut keine strategische Handlung. Noch erinnern möchte ich an die viermonatige Schlacht an der Somme, die ich eine Eisenbahnschlacht nennen möchte. Wiederholen muß ich, daß Truppen die Schlacht schlagen müssen, die Eisenbahnen können nicht schlagen. Die Eisenbahnen sind aber zur modernen Frontalschlacht ein Mittel, das sie allein ermöglicht. Ich kann nicht alles erzählen, was mit den Eisenbahnen passiert ist, während der vier Monate. Ich kann, um Ihnen ein Bild zu geben, nur sagen, daß an einem bestimmten Tage eine Truppenmacht auf den Bahnen saß, die annähernd der Macht entspricht, mit der die Anfangskämpfe 1870 geschlagen wurden. Ununterbrochen, Tag für Tag, sind Divisionen auf Divisionen zu und weggerollt, wieder zu und wieder weggerollt. Das werden alle wissen, die beteiligt waren. Wenn ich Ihnen alles das erzähle und in's Gedächtnis zurückrufe, so verfolge ich damit bestimmte Absichten. Ich möchte, daß Sie alle, m. H.!, in das deutsche Volk die Erkenntnis hinaustragen, daß man überhaupt nicht mehr moderne Operationen oder taktische Entscheidungen mittelst der Menschenbeine auszuführen vermag. Dazu gehören unweigerlich Eisenbahnen. Wo keine Eisenbahnen vorhanden sind, kann man nicht führen, kann man nicht schlagen. Wollte man das, so müsste man zurückkehren zu den alten Zeigen. Mit Millionenheeren wird man nur mittelst der Eisenbahn fertig.

Wir stehen im letzten Akt dieses schrecklichen Krieges. Welche Aufgaben werden in diesem letzten Akt den Eisenbahnen zufallen? Wir wissen von unsern Feinden, daß schon längst die größten Verkehrsnöte in ihren Gebieten herrschen. Verkehrsnot ist in Frankreich, aber auch in England. Wer die Zeitungen verfolgt, hat darüber keinen Zweifel. Diese Verkehrsnot sollen unsere U-Boote entscheidend steigern. Was folgt daraus für uns? Die ernste Mahnung, daß wir nicht auch in dauernde Verkehrsnöte geraten.

Daß wir alle Mittel und Hebel in Bewegung setzen, um den Verkehr, der sich im Kriege entwickelt hat und von Tag zu Tag steigt, zu bewältigen. Dazu ist nötig, daß nur fährt, was unbedingt nötig ist. Nicht eine Tonne und nicht ein Mensch mehr darf bewegt werden, als für die Durchführung des Krieges und die Versorgung des deutschen Volkes notwendig ist. Diese Erkenntnis ist noch nicht in alle Köpfe gedrungen. So kommen wir nicht durch. Wir müssen alles tun, um die Eisenbahnen zu entlasten. Kein Wagen darf einen Tag unnötig herumstehen, kein Tonnen-Kilometer unnötig auf der Bahn geleistet werden.

Der Verlauf des Krieges hat ferner zur Evidenz bewiesen, daß wir auch Wasserstraßen brauchen, vor allem für die ganze Kriegswirtschaft, vielleicht weniger für die reine Kriegführung. Wir müssen alles tun, um die Eisenbahnen und Wasserstraßen zu bauen. Wir dürfen nicht mehr so knauserig sein, wie vor dem Kriege, und uns streiten. Wir müssen Mittel finden, um das Höchste zu erreichen, in dem was ich als die „lebendige Kraft des Volkes" bezeichnen möchte. Sie setzt sich zusammen aus der wehrfähigen Mannschaft – wehrfähig ist jeder, der überhaupt in der Lage ist, eine Waffe zu tragen –, aus Millionen Menschen mal Eisenbahnen. Je weniger Eisenbahnen, desto mehr Mannschaften, desto größere Verluste. Je mehr Eisenbahnen, desto geringer Verluste im ganzen, mit desto geringeren Kräften sind große, entscheidende Schlachten zu schlagen. Das ist eine Wechselwirkung zwischen Menschenkraft und Eisenbahnen, von der ich felsenfest überzeugt bin.

Wir brauchen Wasserstraßen und Eisenbahnen, um unsere Kriegswirtschaft zu sichern. Worauf gründet sich diese? Auf Kohle und Eisen. Diese beiden müssen wir jederzeit und stündlich absolut sicher befördern und auf Vorrat legen können.

Ich komme zum Schluss und habe die Bitte an alle, die hier anwesend sind, daß sie jetzt, während des Krieges und nach dem Kriege hinaustragen in das deutsche Volk, die Erkenntnis der Notwendigkeit des Handelns auf dem Gebiete der Verkehrswirtschaft. Eisenbahnen und wieder Eisenbahnen bauen ist das Erfordernis. Dabei keine Bahn, einem "Abgeordneten Schulze" zuliebe, keine vermittelt von hohen Protektoren; wir brauchen Bahnen zur militärischen und wirtschaftlichen Erstarkung der Volkskraft, in erster Linie ein hochentwickeltes, leistungsfähiges Eisenbahnnetz zur Verteidigung unseres Vaterlandes. Keine Behörde darf andere Gesichtspunkte

voranstellen. Das ist meine Überzeugung. Ich habe die Pflicht in mir gefühlt, dieser Überzeugung heute Ausdruck zu geben. Sie gilt einem Interesse, einem Zweck: der Verteidigung unseres Vaterlandes jetzt und immerdar.

Ich komme nun zurück zu meiner „alten Liebe". Sie dürfen überzeugt sein, wenn man so zusammen gearbeitet hat, wie wir, im Frieden und im Kriege, im Generalstab, mit den Eisenbahntruppen, mit den Eisenbahnbehörden, mit den vielen sonstigen Behörden, nicht zuguterletzt mit den Eisenbahnverwaltungen, so bindet das zusammen. Wenn man so zusammengewirkt hat mit der deutschen Industrie, so fühlt man sich immer zu ihr hingezogen. Sie hat im Kriege gezeigt, was sie zu leisten imstande ist. In kürzester Frist wurden die größten zerstörten Bauwerke wiederhergestellt. Das darf nicht wieder verloren gehen im Schlendrian des Friedens. Das müssen wir festhalten, und wenn der Frieden auch wieder 40 oder 50 Jahre dauert.

Wollen wir vorwärts kommen, so kommt es auch im Frieden in allererster Linie darauf an, den rechten Kopf auf den rechten Fleck zu bringen, den Kopf nicht nach dem Dienstalter auszusuchen, nicht nach Methode und Tradition. Das deutsche Volk braucht seine Köpfe, die müssen aus dem Volke herausgeholt werden. Daran möchte jeder denken, wenn es sich darum handelt, Eisenbahnen und Wasserstraßen auf die größte Höhe zu bringen.

Ich danke Ihnen nochmals für alles, was Sie mir waren und weiter sein werden. Ich trinke auf meine „alte Liebe".

D · Am westlichen Ende des Rangierbahnhofs Montzen entstand mit der Kriegsbahn Aachen - Tongeren eine Verbindung zur Strecke Battice - Homburg - Plombières. In der Station Hindel trafen diese beiden Strecken in einem Kreuzungsbauwerk aufeinander. Der Name dieser Station ist in der Geschichte nicht eindeutig. Die Station wird einmal „Homburg-Ost", manchmal aber auch „Hindel" genannt. Auch der Autor dieser Postkarte war sich scheinbar nicht sicher und bedruckte die Karte mit beiden Namen. (Quelle: Sammlung Filip Caerels)

NL · Ten westen van het rangeerstation van Montzen kwam met de spoorlijn Aken - Tongeren een verbinding met de lijn Battice - Homburg - Plombières. In het station Hindel kwamen deze twee lijnen samen. De naam van dit station is niet helemaal duidelijk. Soms heet de stopplaats "Homburg-Ost", soms "Hindel". Ook de auteur van deze zichtkaart wist het blijkbaar niet goed en vermeldde op de kaart beide benamingen. (Bron: verzameling Filip Caerels)

F · Avec la construction de la voie militaire Aix-la-Chapelle - Tongres est née à l'extrémité ouest de la gare de triage de Montzen un raccordement à la ligne Battice - Hombourg - Plombières. A la station Hindel ces deux voies se croisaient dans un ouvrage d'intersection. Le nom de cette station est historiquement incertain. Elle est tantôt appelée 'Hombourg Est', mais également 'Hindel'. L'auteur de la carte postale lui-même n'en était apparemment pas sûr et imprima les deux noms sur la carte. (Source : collection particulière Filip Caerels)

Hombourg-Station Hindel

Visé   La Gare provisoire.

D · Wie Homburg war auch Visé ein Kreuzungsbahnhof. Hier traf die Strecke Aachen - Tongeren mit der Strecke Maastricht - Lüttich zusammen. Durch eine Verbindungsschleife war die obere mit der unteren Strecke verbunden. Im Bild der provisorische Bahnhof von Visé-Tief (Visé-Bas). Im Hintergrund rechts ist die obere Strecke Aachen - Tongeren zu erkennen. Hinter dem Gebäude befindet sich die Brücke über die Maas. Die Aufnahme dürfte um das Jahr 1920 herum entstanden sein. (Quelle: Sammlung Robert Lucas)

NL · Even als te Homburg was er ook in Wezet een kruisingsstation. Hier kwamen de lijnen Aken - Tongeren en Maastricht - Luik samen. Door een ruime verbindingsboog werd de bovenste lijn met die eronder verbonden. Op de foto het provisorische station Visé-Bas. Op de achtergrond is de hoger gelegen lijn Aken - Tongeren goed herkenbaar. Achter het gebouw bevindt zich de brug over de Maas. De opname is vermoedelijk uit het jaar 1920. (Bron: verzameling Robert Lucas)

F · La gare de Visé, tout comme celle de Hombourg, se trouvait elle aussi à une intersection. C'est là que se croisaient les lignes Aix-la-Chapelle - Tongres et Maestricht - Liège. Les voies du haut et du bas étaient reliées toutes les deux par une voie de raccordement. L'image montre la gare provisoire de Visé-Bas. A l'arrière-plan, on distingue la voie du haut Aix-la-Chapelle - Tongres. Derrière le bâtiment se trouve le pont franchissant la Meuse. Ce cliché a probablement été pris vers 1920. (Source : collection particulière Robert Lucas)

D · Entlang der Neubaustrecke Gemmenich - Tongeren wurden neben dem großen Rangierbahnhof Montzen und dem Kreuzungsbahnhof Visé auch einige kleine Ausweich- und Überholbahnhöfe gebaut. Zum Beispiel die Stationen Bassenge (linke Seite oben), Sint-Martens-Voeren (linke Seite unten) und Warsage (unten). In den Plänen der Militärs waren diese Bahnhöfe zunächst nur als Betriebsbahnhöfe gedacht. Es wurde jedoch bei der Planung daran gedacht, die Bahnhöfe später in Friedenszeiten zu erweitern.

Bis zum Ende des Ersten Weltkrieges waren diese Stationen nur mit Dienstpersonal für den Militärzugbetrieb besetzt. Nachdem die Strecke in belgischen Besitz überging, wurden die Stationen im Februar 1921 zu vollständigen Bahnhöfen mit Personenverkehr erweitert. Das dünn besiedelte Land um die Strecke herum konnte die Stationen jedoch nicht lange erhalten. Sie wurden im Juni 1957 wieder geschlossen.

(Quelle: Sammlung Filip Caerels)

NL · Langs de nieuwe verbinding Gemmenich - Tongeren werden behalve het rangeerstation te Montzen en het kruisingsstation te Wezet ook een aantal kleinere stations ingepland waar snelle treinen wachtende of tragere treinen konden voorbijrijden. Voorbeelden hiervan zijn de stations van Bitsingen (pagina links, boven), Sint-Martens-Voeren (pagina links, beneden) en Weerst (beneden). Op de kaarten van de militairen stonden deze stations slechts als dienstgebouw vermeld. Wel werd eraan gedacht om deze stations na het einde van de oorlog uit te breiden.

Tot aan het einde van de Eerste Wereldoorlog waren deze stations alleen bemand om de militaire transporten te kunnen verzorgen. Nadat de lijn Belgisch eigendom werd, werden de stations in februari 1921 uitgebreid tot volwaardige stations. Gezien de dunne bevolkingsdichtheid van de streek bleken deze snel overbodig. In 1957 reed als gevolg van de slechte rendabiliteit de laatste reizigerstrein op dit traject.

(Bron: verzameling Filip Caerels)

F · Le long de la nouvelle ligne Gemmenich - Tongres ont été construites, en plus de la grande gare de triage de Montzen et de la gare de croisement de Visé, quelques autres petites gares de délestage et de dépassement. C'est le cas des stations de Bassenge (page de gauche en haut), Fourons Saint Martin (page de gauche en bas) et Warsage (en bas). A l'origine, les militaires destinaient ces stations à de simples fonctions de régulation du trafic. Mais le projet prévoyait aussi leur extension pour la période de l'après-guerre.

Jusqu'à la fin de la Première Guerre Mondiale, on n'avait affecté à ces stations que du personnel en charge de l'exploitation des trains militaires. Lorsque cette ligne devint une possession belge, on transforma ces stations en février 1921 en gares ferroviaires pour trafic de voyageurs. La faible densité de population de ce secteur situé autour de la ligne n'a pas permis à ces gares de se maintenir longtemps en tant que telles. Elles furent fermées en juin 1957.

(Source : collection Filip Caerels)

D · Als die deutschen Soldaten 1914 die Stadt und somit auch den Bahnhof von Antwerpen-Centraal unter ihre Kontrolle brachten (Bild rechts), wurde das pulsierende Leben des Bahnhofs vorübergehend zum Stillstand gebracht. Wichtig für die Deutschen: sofort wurden einige belgische Hinweistafeln durch deutsche ersetzt. (Quelle: Sammlung Andreas Knipping)

Unten im Bild deutsche Soldaten auf einer Dampflokomotive in Brüssel (Quelle: Archiv Alfred Gottwaldt, Berlin)

NL · Toen de Duitse soldaten in 1914 de stad en ook het station van Antwerpen-Centraal onder controle hadden (foto rechts), werd het plots stil in de spoorwegkathedraal. Belangrijk voor de Duitsers: onmiddelijk werden de Belgische opschriften vervangen door Duitse "Hinweistafeln". (Bron: verzameling Andreas Knipping)

Beneden op de foto Duitse soldaten op een stoomlocomotief te Brussel. (Bron: archief Alfred Gottwaldt, Berlijn)

F · Lorsque les soldats allemands prirent le contrôle de la ville d'Anvers et, par la même occasion, de la gare d'Anvers-Central en 1914 (image de droite), la forte animation qui y régnait fut provisoirement interrompue. Les Allemands mirent un point d'honneur à remplacer immédiatement quelques panneaux indicateurs belges par des panneaux allemands. (Source : collection particulière Andreas Knipping)

En bas de l'image, des soldats allemands sur une locomotive à vapeur à Bruxelles. (Source : archives Alfred Gottwaldt, Berlin)

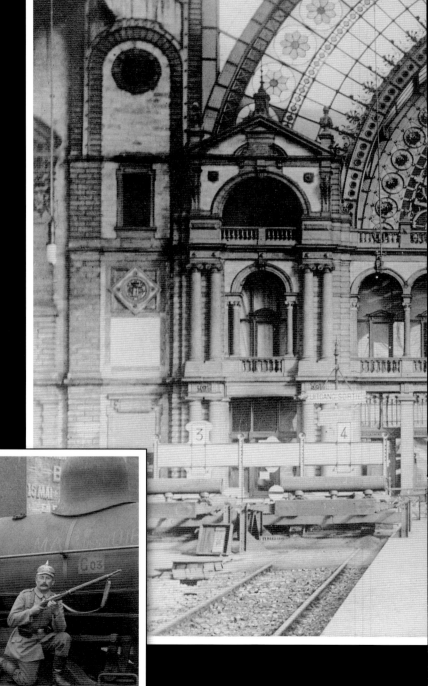

Die Dampflokzeit
Het stoomtijdperk | L'ère des locomotives à vapeur

D · Über 100 Jahre dominierten Dampflokomotiven den Eisenbahnbetrieb,
wobei Belgien dem deutschen Nachbarn
lange Jahre technisch voraus war. Der
Traktionswechsel von Dampf auf Diesel
und Strom erfolgte in Belgien rund zehn
Jahre früher. Im Bild rechts Dampflokomotive 906 im Bahnhof von Löwen
(Foto: K. J. Harder, Sammlung Hugo
De Bot). Das Bild wurde 1942 aufgenommen und speziell für dieses Buch
künstlerisch bearbeitet.

NL · Meer dan 100 jaar waren op de
Montzenroute stoomlocomotieven in
dienst. Technisch gezien was België wel
verder ontwikkeld dan Duitsland. De
overschakeling van stoom op elektriciteit gebeurde in België tien jaar voordat
dit in Duitsland het geval was. Op de
foto rechts: Stoomlocomotief 906 in het
station van Leuven (foto: K. J. Harder,
verzameling Hugo De Bot). De foto werd
genomen in het jaar 1942 en speciaal
voor dit boek bewerkt.

F · Pendant plus de 100 ans, les locomotives à vapeur occupèrent une place
prédominante dans les chemins de fer,
et la Belgique fut, de longues années
durant, plus avancée techniquement
que son voisin allemand. Le passage de
la vapeur au diesel et à l'électricité s'est
fait en Belgique environ 10 ans plus tôt.
A droite : locomotive à vapeur 906 à la
gare de Louvain (photo : K. J. Harder,
collection particulière Hugo De Bot). Le
cliché a été pris en 1942 et retravaillé
pour les besoins de ce livre.

D · Verzeichnis der „Locomotiven und Tender" der „Königlichen Eisenbahn-Direction Köln (linksrheinische)". In diesem über 300 Seiten starken Buch waren alle Dampflokomotiven im Bestand der verschiedenen Bahngesellschaften im Rheinland verzeichnet, die im Dezember 1885 der Eisenbahndirektion Köln unterstanden. (Sammlung Thomas Barthels)

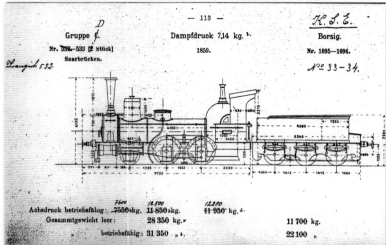

Treibrad-Durchmesser	1164 + 130 mm	Heizfläche im Feuerkasten	5,68 qm
Laufrad-	842 + 130 "	" in den Rohren	96,74 "
Tenderrad-	940 + 130 "	" im Ganzen	102,42 "
Cylinder-	406 mm	Rostfläche	1,08 "
Kolbenhub	610 "	System der Steuerung	Stephenson
Siederohre, Anzahl	182 Stück	Maximal-Zugkraft	2770 kg
" äusserer Durchmesser	45 mm	Adhäsion	28800 "
" Länge	4194 mm	Preis	54000 Mk.

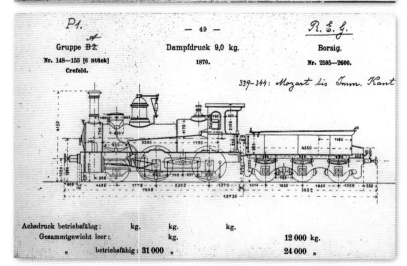

Treibrad-Durchmesser	1438 + 130 mm	Heizfläche im Feuerkasten	6,40 qm
Laufrad-	920 + 130 "	" in den Rohren	78,21 "
Tenderrad-	945 + 130 "	" im Ganzen	84,61 "
Cylinder-	406 mm	Rostfläche	1,43 "
Kolbenhub	559 "	System der Steuerung	Allan
Siederohre, Anzahl	171 Stück	Maximal-Zugkraft	2640 kg
" äusserer Durchmesser	49 mm	Adhäsion	21000 "
" Länge	3388 mm	Preis	48230 Mk.

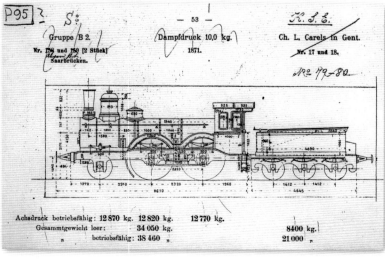

Treibrad-Durchmesser	1875 + 130 mm	Heizfläche im Feuerkasten	6,46 qm
Laufrad-	1074 + 130 "	" in den Rohren	91,01 "
Tenderrad-	936 + 130 "	" im Ganzen	97,47 "
Cylinder-	430 mm	Rostfläche	1,74 "
Kolbenhub	560 "	System der Steuerung	Stephenson
Siederohre, Anzahl	160 Stück	Maximal-Zugkraft	2580 kg
" äusserer Durchmesser	49 mm	Adhäsion	25590 "
" Länge	4034 mm	Preis	54937 "

Hzfl. ist mit 45 Rohr-Dm gerechnet.

NL · De lijst van de "Locomotiven und Tender" van de "Königlichen Eisenbahn Direction Köln (linksrheinische)". In dit meer dan 300 pagina's tellende boek was iedere stoomlocomotief geregistreerd die eigendom was van één van de vele spoorwegmaatschappijen in het Rijnland en die in december 1885 onder de regie stonden van de spoorwegdirectie te Keulen. (Verzameling Thomas Barthels)

F · Registre des « Locomotives et tenders » de la « Direction Royale des Chemins de Fer de Cologne (linksrheinische) ». Dans ce gros livre de plus de 300 pages étaient recensées toutes les locomotives à vapeur du parc des différentes sociétés de chemin de fer de Rhénanie, qui en 1885 dépendaient de la direction des chemins de fer de Cologne (collection particulière Thomas Barthels).

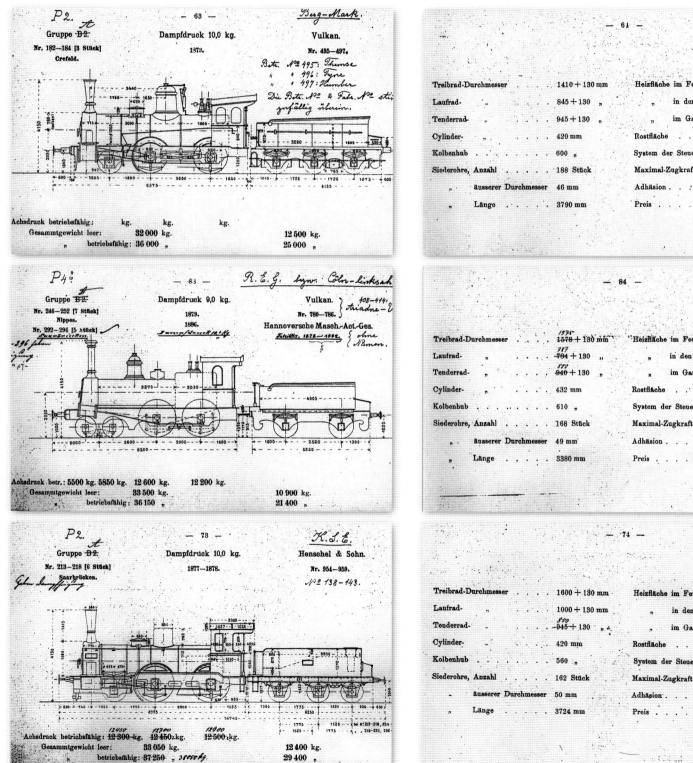

D · Die Preußische Baureihe G 8
war sicherlich eine der vielseitigsten
Dampflokomotiven ihrer Zeit. Im Bild
oben die G 8¹, die zweite Bauserie dieser
Gattung. Von ihr wurden fast 5.000
Lokomotiven für die KPEV gebaut. (Foto:
Werksfoto Henschel & Sohn, Cassel,
Sammlung Alfred Gottwaldt, Berlin)

NL · De Pruisische G8 was
waarschijnlijk een van de veelzijdigste
stoomlocomotieven van haar tijd. Op
de foto boven de G 8¹, de tweede reeks
van deze serie. Van dit type werden bijna
5.000 stuks gebouwd voor de KPEV. (Foto:
Henschel & Sohn, Cassel, verzameling
Alfred Gottwaldt, Berlijn)

F · La série de fabrication prussienne G 8
fut certainement l'une des locomotives à
vapeur les plus polyvalentes de son époque.
En haut, la G 8¹, deuxième née de la série.
On en construisit presque 5.000 de ce type
pour la KPEV (photo d'usine Henschel &
Fils, Cassel, collection particulière Alfred
Gottwaldt, Berlin).

D · Als Folge der beiden Weltkriege sind deutsche Dampflokomotiven nach Belgien gekommen. Entweder wurden sie von den deutschen Truppen zurückgelassen oder sie dienten als Reparationszahlungen nach dem Ersten Weltkrieg. Die meisten dieser „Waffenstillstandslokomotiven" wurden jedoch 1952/53 wieder an Deutschland zurückgegeben.

Oben im Bild und rechte Seite oben (im Bahnhof Lier) die ehemalige Preußische G 8, später Baureihe 55. In Belgien wurde die Dampflokomotive als Baureihe 81 geführt. Rechte Seite unten die ehemalige Baureihe 74, nun als 93017 bei der belgischen Eisenbahn in Lier. (Fotos: Oben Sammlung Alfred Gottwaldt, Berlin, rechte Seite Basil Roberts, 1950, Sammlung Jef Van Olmen)

NL · Als gevolg van de beide wereldoorlogen kwamen Duitse locomotieven in België terecht. Ofwel werden ze achtergelaten door de Duitse troepen ofwel werden ze gewoonweg niet terug gegeven na de Eerste Wereldoorlog of als compensatie behouden. Een groot deel van de "wapenstilstandslocomotieven" werd in 1952/53 weer aan Duitsland terug gegeven.

Boven op de foto en op de rechterpagina (in het station van Lier) is de toenmalige G 8, nadien reeks 55 te zien. Deze stond in België bekend als type 81. Beneden op de rechterpagina: de vroegere reeks 74, nu 93017 bij de Belgische spoorwegen – opgenomen te Lier. (Foto's: boven, verzameling Alfred Gottwaldt, Berlijn; rechterpagina Basil Roberts, 1950; verzameling Jef Van Olmen)

F · Suite aux deux guerres mondiales, des locomotives à vapeur allemandes se sont retrouvées en Belgique. Elles furent soit abandonnées par les troupes allemandes, soit utilisées comme moyens de réparation après la Première Guerre Mondiale. Mais la plus grande partie de ces « locomotives d'armistice » ont été rendues à l'Allemagne en 1952/1953.

En haut sur la photo et sur la page de droite en haut (en gare de Lierre), l'ancienne G 8 prussienne, qui deviendra la série 55. En Belgique, cette locomotive à vapeur fut utilisée sous le nom de série 81. Page de droite en bas : l'ancienne série 74, connue aujourd'hui comme la 93017 dans les chemins de fer belges, à Lierre (photos : collection particulière Alfred Gottwald, Berlin, page de droite Basil Roberts, 1950, collection particulière Jef Van Olmen).

Aachen Hauptbahnhof, 1964 (Foto | Foto | Photo: Rolf Siedler, Sammlung | verzameling | archives Guido Rademacher)

D · Die Bilder dieser Doppelseite entstanden 1964 und 1965 auf zwei Bahnreisen von Deutschland nach England. Heribert Menzel machte diese Aufnahmen in Aachen und Lüttich. Oben die belgische 29 165 in Aachen Hauptbahnhof. In Lüttich Guillemins fährt gerade der F-Zug 26 „Diamant" (Antwerpen - Köln, hier als Triebwagen VT 08) aus. Lüttich wurde bereits 1955 elektrifiziert, der Aachener Raum ab 1966. In Aachen schieben zu dieser Zeit noch Dampflokomotiven der Baureihe 93 die Züge die Steigung zum Buschtunnel hinauf.

NL · De foto's op deze dubbele pagina werden tijdens twee treinreizen van Duitsland naar Engeland in 1964 en 1965 door Herbert Menzel in Aken en Luik genomen. Boven de Belgische reeks 29 in Aken-Centraalstation. In Luik-Guillemins vertrekt net de F-trein 26 "Diamant" (Antwerpen - Keulen, hier als motorwagenstel). De bovenleiding bereikte Luik al in 1955, de streek rond Aken kwam pas in 1966 onder de draad. In Aken duwen in die tijd nog stoomlocomotieven de treinen op naar de helling richting Buschtunnel.

F · Les photos de cette double page ont été prises en 1964 et 1965 lors de deux voyages en train d'Allemagne en Angleterre. Heribert Menzel a pris ces clichés à Aix-la-Chapelle et à Liège. En haut, la 29 165 belge à la gare centrale d'Aix-la-Chapelle. Le train de grande ligne 26 'Diamant' (Anvers - Cologne, ici comme voiture motrice VT 08) quittant la gare de Liège-Guillemins. Liège a été électrifiée dès 1955, la région d'Aix-la-Chapelle à partir de 1966. A cette époque, des locomotives à vapeur de la série 93 poussent encore les trains dans la montée du Tunnel de Busch.

D · Im Jahr 1965 eine ähnliche Situation, aber es hat sich etwas getan. Aus dem F-Zug 26 „Diamant" wurde der TEE 26 „Diamant". Und, wie man sieht, macht nicht nur Heribert Menzel ein Foto von diesem eindrucksvollen Zug (Bild oben). Nicht nur diese Verbindung wurde mit dem modernen Dieseltriebwagen VT 11.5 gefahren, sondern auch der TEE 168 „Ruhr - Paris", der den Bahnhof von Lüttich verlässt. In Aachen scheint die Zeit derweil fast stehen geblieben zu sein. Wieder stehen zwei Dampflokomotiven hinter einem Schnellzug helfend bereit.

NL · In 1965 is er een vergelijkbare situatie, maar er is iets kennelijk iets veranderd. F-trein 26 "Diamant" is veranderd in TEE 26 "Diamant". En ... Herbert Menzel staat er niet alleen met zijn camera naar te kijken (foto boven). Niet alleen op deze verbinding werd met de moderne dieselmotorrijtuigen VT 11.5 gereden, maar ook met de TEE 168 "Ruhr-Paris" die het station van Luik net verlaat. Het lijkt alsof de tijd in Aken is blijven stilstaan. Weer staan twee stoomlocomotieven als "duwende helpers" achter een sneltrein.

F · Une situation identique datant de 1965, mais les choses ont changé. Le train 26 'Diamant' est devenu le TEE 26 'Diamant'. Et comme on le voit, Heribert Menzel n'est pas le seul à prendre une photo de ce train impressionnant (photo du haut). Cette ligne ne fut pas la seule à être utilisée par la motrice diesel moderne VT 11.5, ce fut aussi le cas du TEE 168 'Ruhr - Paris', que l'on voit ici quitter la gare de Liège. Pendant ce temps à Aix-la-Chapelle, le temps semble presque s'être arrêté. Deux locomotives à vapeur se retrouvent derrière un train rapide, prêtes à aider.

D · Auf der gerade elektrifizierten Strecke Mönchengladbach - Aachen fotografierte Rolf Siedler 1968 einen Güterzug bei der Ausfahrt aus Aachen-West Richtung Montzen. An der Spitze eine belgische 55er, damals noch als Reihe 205 geführt. Am Ende des Güterzuges zwei deutsche Dampflokomotiven. (Sammlung Guido Rademacher)

NL · Op de net geëlektrificeerde lijn tussen Mönchengladbach en Aken fotografeerde Rolf Siedler in 1968 een goederentrein bij vertrek uit Aken-West richting Montzen. Deze trein werd getrokken door een Belgische 55, toen nog reeks 205. Achteraan de trein twee Duitse stoomlocomotieven. (Verzameling Guido Rademacher)

F · Sur la voie nouvellement électrifiée Mönchengladbach - Aix-la-Chapelle, Rolf Siedler a fait en 1968 ce cliché d'un train de marchandises à la sortie d'Aix-la-Chapelle Ouest en direction de Montzen. A sa tête, une 55 belge, à l'époque encore utilisée sous le nom de série 205. En queue du train de marchandises, deux locomotives à vapeur allemandes (collection particulière Guido Rademacher).

D · Das Bahnbetriebswerk Aachen-West wurde mit dem Bau des gleichnamigen Bahnhofs 1910 angelegt. Bis zum Jahr 1971 waren hier zahlreiche Dampflokomotiven für den Betrieb auf der Montzenroute und den anderen von Aachen ausgehenden Strecken beheimatet. Dazu zählten die deutschen Dampflok-Baureihen 50 und 55. Besonders die Baureihe 50 war sehr oft vor den Güterzügen der Region zu sehen. Aber auch der fast immer notwendige Schiebedienst auf der Rampe Richtung Gemmenich gehörte zu ihren Aufgaben.

1971 endete offiziell der Dampflokbetrieb im Raum Aachen. Danach waren noch bis 1976 im benachbarten Stolberg (Rheinland) einige Dampflokomotiven stationiert. Im Jahr 1986 wurde das Bahnbetriebswerk Aachen-West dann stillgelegt. Zu diesem Zeitpunkt waren noch über 60 Fahrzeuge, meist Diesellokomotiven und Triebwagen, in Aachen-West beheimatet.

Das Bild rechts wurde im August 1970 von Nico Spilt aufgenommen. Es zeigt sehr schön den Wandel der Zeiten. Noch sind einige Dampflokomotiven zu sehen, aber die Diesellokomotiven stehen schon bereit.

NL · De stelplaats Aken-West werd tijdens de bouw van het gelijknamige rangeerstation in 1910 gebouwd. Tot in het jaar 1971 waren er tal van stoomlocomotieven die het verkeer op de Montzenroute en op de andere lijnen in de streek rond Aken moesten verzorgen. De Duitse reeksen 50 en 55 hadden hier hun thuishaven. Vooral de locomotieven van reeks 50 kon men in die regio heel vaak voor goederentreinen zien. Maar ook de bijna altijd noodzakelijke duwdiensten op de helling richting Gemmenich behoorden tot hun taak.

In 1971 kwam er officieel een einde aan het stoomtijdperk in de regio Aken. Daarna waren er tot 1976 alleen nog maar enkele stoomlocomotieven in het naburige Stolberg (Rijnland) gestationeerd. In 1986 werd de stelplaats Aken-West uiteindelijk gesloten. Op dit moment waren er nog slechts 60 rijtuigen, meestal diesellocomotieven en motorwagens aanwezig.

De foto rechts werd in augustus 1970 opgenomen door Nico Spilt. Mooi herkenbaar is er de technische vooruitgang. Nog zijn er een aantal stoomlocomotieven te herkennen, maar de diesels staan al klaar om hen te vervangen.

F · Le poste d'exploitation ferroviaire d'Aix-la-Chapelle Ouest a été installé en même temps que la construction de la gare du même nom, en 1910. Jusqu'en 1971, de nombreuses locomotives à vapeur utilisées pour la Route de Montzen et pour les autres lignes au départ d'Aix-la-Chapelle y furent rattachées. En faisaient partie les séries allemandes de locomotives à vapeur 50 et 55. La série 50 en particulier fut souvent utilisée pour les trains de marchandises de la région. Faisait également partie de leurs missions le service de poussage, presque toujours nécessaire, sur la rampe en direction de Gemmenich.

L'exploitation des locomotives à vapeur dans la région d'Aix-la-Chapelle s'arrêta officiellement en 1971. Jusqu'en 1976, quelques locomotives à vapeur furent encore stationnées dans la ville voisine de Stolberg (Rhénanie). Ensuite, le poste d'exploitation d'Aix-la-Chapelle Ouest a été fermé en 1986. A cette époque, plus de 60 véhicules, pour la plupart des locomotives diesel et des voitures motrices, étaient encore domiciliées à Aix-la-Chapelle Ouest.

La photo de droite a été prise par Nico Spilt en août 1970. Elle montre très bien que les temps sont en train de changer. On peut encore voir quelques locomotives à vapeur, mais les locomotives diesel sont déjà prêtes à servir.

D · Weitere Aufnahmen von Nico Spilt, August 1970. Sie zeigen den regen Betrieb im Bahnhof Aachen-West. Nicht selten waren die schweren Züge mit zwei Dampflokomotiven der Baureihe 50 bespannt. Alle Fotos dieser Doppelseite stammen von Nico Spilt.

NL · Nog meer opnames van Nico Spilt uit 1970 die een goed overzicht bieden van de exploitatie op het rangeerstation in het station Aken-West. Geregeld werden de zware treinen getrokken door twee stoomlocomotieven van reeks 50. Alle foto's op deze pagina zijn van Nico Spilt.

F · D'autres photos de Nico Spilt datant d'août 1970. Elles montrent la forte activité à la gare d'Aix-la-Chapelle Ouest. Il n'était pas rare que les trains lourds soient attelés à deux locomotives à vapeur de la série 50. Toutes les photos de cette double page sont de Nico Spilt.

NL · Door een gelukkig toeval heeft Jan Schuermans op de stelplaats Aken-West iets bijzonders kunnen fotograferen. In 1970 stonden in de ringlocloods al diesellocomotieven naast de stoomlocomotieven. Na onderhoudswerken moest men locomotief en tender van een reeks 50 weer aankoppelen. De locomotief werd door middel van een windas op de draaischijf getrokken en gedraaid. Nadien stond de spoorarbeiders een niet alledaagse taak te wachten: ze moesten de 78 ton wegende 50 in de loods duwen. De tender werd met behulp van een diesselloc gerangeerd.

F · Un heureux hasard a permis à Jan Schuermans de photographier une scène tout à fait exceptionnelle au centre d'exploitation d'Aix-la-Chapelle Ouest. En 1970, les locomotives diesel côtoyaient déjà les locomotives à vapeur dans la rotonde d'Aix-la-Chapelle Ouest. Après des travaux d'entretien, il fallut réassembler une locomotive de série 50 et son tender. On amena la locomotive en question à l'aide d'un treuil à câble sur la plaque tournante, où on la fit pivoter. C'est alors que plus d'une douzaine d'ouvriers eurent pour tâche ingrate de pousser jusqu'au hangar la locomotive à vapeur lourde d'environ 78 tonnes. Le tender quant à lui fut garé à l'aide d'une locomotive diesel.

D · Der Zufall hat geholfen, dass Jan Schuermans im Bahnbetriebswerk Aachen-West etwas Besonderes fotografieren konnte. Im Jahr 1970 standen neben den Dampflokomotiven auch schon Diesellokomotiven im Ringlokschuppen von Aachen-West. Nach Wartungsarbeiten mussten Lokomotive und Tender einer Baureihe 50 wieder zusammengefügt werden. Die eigentliche Lokomotive wurde über eine Seilwinde auf die Drehscheibe gezogen und gedreht. Anschließend hatten über ein Dutzend Arbeiter die undankbare Aufgabe, die etwa 78 Tonnen schwere Dampflokomotive in den Schuppen zu schieben. Der Tender wurde dann mittels einer Diesellok rangiert.

D · Drei Aufnahmen von Dr. Günther Barths aus dem Hauptbahnhof Aachen. Oben links 051 565 bei der Durchfahrt durch den Bahnhof (1972). Oben rechts der sehr kurze Güterzug Richtung Welkenrath, gezogen von NMBS/SNCB 8411 (1973). Darunter begegnen sich die damals modernste Elektrolokomotive, die Baureihe 103, und eine der letzten Aachener Dampflokomotiven, eine Baureihe 50 (1975).

NL · Drie opnames genomen door dr. Günther Barths op het hoofdstation van Aken. Boven links 051 565 bij de doortocht van het station in 1972. Boven rechts de vrij korte goederentrein richting Welkenraat, getrokken door NMBS 8411 (1973). Beneden ontmoeten de toen modernste elektrische locomotief (reeks 103) en een van de laatste stoomlocomotieven in het Akense, een reeks 50 (1975), elkaar.

F · Trois photos du Dr. Günther Barths pris depuis la gare centrale d'Aix-la-Chapelle. En haut à gauche, une 051 565 lors de sa traversée de la gare (1972). En haut à droite, le très court train de marchandises en direction de Welkenraedt tiré par une SNCB 8411 (1973). En-dessous se croisent la locomotive électrique de série 103, très moderne pour l'époque, et l'une des dernières locomotives à vapeur d'Aix-la-Chapelle, une série 50 (1975).

Die modernen Lokomotiven
De moderne locomotieven I De locomotives modernes

D · In Belgien brach die eisenbahntechnische Neuzeit früher an als in Deutschland. Bereits 1949 wurden erste Elektro- und Diesellokomotiven in größeren Stückzahlen gebaut. Treten wir ein in ein weiteres Kapitel Lokomotivtechnik. Im Bild eine Baureihe 16 (damals 160) bei der Einfahrt in den Aachener Hauptbahnhof. Diese Mehrsystemlokomotive wurde damals neu auf der Strecke Lüttich - Aachen - Köln eingesetzt. (Foto: Rolf Siedler, 1966, Sammlung Guido Rademacher)

NL · In België was men iets vooruitstrevender dan in Duitsland wat betreft de technische innovatie. Al in 1949 werden er eerste elektrische locomotieven en diesellocomotieven gebouwd. Wij belanden alweer in een nieuw tijdperk van de technische innovaties bij de locomotieven. Op de foto is een reeks 16 (toen 160) bij het binnenrijden van het hoofdstation van Aken te zien. Deze meersysteemloc werd toen op de lijn Luik - Aken - Keulen in dienst gesteld. (Foto: Rolf Siedler, 1966, verzameling Guido Rademacher)

F · La Belgique a connu les temps modernes des chemins de fer plus tôt que l'Allemagne. Dès 1949 furent construites de premières locomotives électriques et diesel en grand nombre. Entrons dans un nouveau chapitre de la technique des locomotives. La photo montre une série 16 (à l'époque 160) à son entrée en gare d'Aix-la-Chapelle Gare Centrale. A l'époque, cette locomotive polyvalente fut pour la première fois mise en service sur la ligne Liège - Aix-la-Chapelle - Cologne (photo : Rolf Siedler, 1966, collection particulière Guido Rademacher).

D · Oben: 123 070 im Hauptbahnhof Aachen. Da diese Elektrolok keine Mehrsystemlok ist, kann sie im Hauptbahnhof Aachen nur auf den besonderen Gleisen mit 3 kV-Spannung fahren. (Foto: Rolf Siedler, 1966, Sammlung Guido Rademacher)

NL · 123 070 in het hoofdstation van Aken. Omdat het geen meersysteemloc is, kan deze locomotief alleen rijden op de sporen met 3-kV-spanning. (Foto: Rolf Siedler, 1966, verzameling Guido Rademacher)

D · Die 1955 von der BN (La Brugeoise et Nivelles) gebaute Reihe 23 ist das Multitalent der NMBS/SNCB. Heutzutage zieht die weiterentwickelte Variante der Baureihe 22 vornehmlich Güterzüge oder schwere Güterzüge, dann wohl in Doppeltraktion. Die NMBS/SNCB bestellte einst 83 Exemplare dieses Typs. Ab und zu zeigt sich, dass die 23 auch eine Vergangenheit als Personenzuglok hatte. Wenn bei der belgischen Bahn Not am Mann ist, greift sie auf diese Maschinen zurück. Mit ihren runden Seitenfenstern erinnert sie an die 22. Aber im Gegensatz zu ihrer älteren Vorgängerin wurde die 23 mit drei zusätzlichen Lüftungsgrills unterhalb der Fenster ausgestattet, mit denen auch die 25 versehen wurde. Bezeichnend für die 25 ist, dass ein Lüftungsgrill auf Kosten eines Rundfensters „in zweiter Reihe" eingesetzt wurde. Zu dieser Lokfamilie gehört auch die 26, die erneut einen Lüftungsgrill hinzubekam und nur noch zwei Rundfenster hat. Die 23er können lediglich auf einem 3-kV-Netz fahren, haben aber wie ihre Schwestern dieselbe Höchstgeschwindigkeit von 130 km/h. Mit 1.740 kW ist die Leistung die gleiche wie bei den Typen 22 und 25. Nur der jüngste Spross der Familie, die 26er, hat eine Leistungsspitze von 2.590 kW. Mit ihren 92 Tonnen ist die 23 wohl die schwerste aus der Familie.

NL · De in 1955 door de BN (La Brugeoise et Nivelles) gebouwde reeks 23 is het multitalent van de NMBS. Tegenwoordig trekt een verder ontwikkelde variant van reeks 22 meestal goederentreinen of zware goederentreinen – dan wel in dubbele tractie. Ooit bestelde de NMBS 83 exemplaren van deze reeks. Af en toe blijkt dat de 23 ook een verleden als locomotief voor reizigerstreinen had. Wanneer het bij de spoorwegen alle hens aan dek is, halen ze de 23 uit de kast. Met haar ronde ramen doet ze wel denken aan de 22. Maar in tegenstelling tot haar oudere voorgangster heeft de 23 er drie luchtroosters onder de ramen bijgekregen waarmee ook de 25ers werden uitgerust. Kenmerkend voor de 25 is dat het bijkomende luchtrooster ten koste van een rond raampje "in tweede rij" werd geplaatst. Tot deze locfamilie hoort ook reeks 26 die er opnieuw een luchtrooster bijkreeg en dus nog maar over twee ronde ramen beschikt. De 23ers kunnen alleen op een 3-kV-net rijden, maar hebben net als hun zusjes een topsnelheid van 130 km/h. Het vermogen van 1.740 kW is identiek aan dat van de 22 en de 25. Alleen de jongste uit deze familie, de 26, heeft een vermogen van maximaal 2.590 kW. Met haar 92 ton is de 23 dan wel weer de zwaarste uit haar familie.

F · La série 23 construite en 1955 par la BN (La Brugeoise et Nivelles) est le petit bijou de la SNCB. De nos jours, la variante la plus sophistiquée de la série 22 tire avant tout des trains de marchandises ou des trains lourds – dans ce cas, plutôt en traction double. La SNCB en commanda jadis 83 exemplaires. De temps en temps, la 23 se rappelle à notre bon souvenir comme locomotive pour trains de voyageurs. Les jours où le matériel vient à manquer, les chemins de fer belges n'hésitent pas à lui faire reprendre du service. Avec ses fenêtres latérales rondes, elle rappelle la 22. Mais à la différence de son aïeule, la 23 a été équipée de trois calandres d'aération supplémentaires placées en-dessous des fenêtres, tout comme ce fut le cas de la 25. Signe caractéristique de la 25 : la pose d'une calandre d'aération s'est faite aux dépens d'un hublot 'en deuxième rangée'. La 26 fait aussi partie de cette famille, avec l'ajout d'une calandre d'aération et seulement deux hublots. Les séries 23 ne peuvent circuler que sur un réseau alimenté de 3 kV, mais elles ont comme leurs soeurs une vitesse maximale de 130 km/h. Avec 1.740 kW, elles développent les mêmes capacités que les types 22 et 25. Seule la toute dernière descendante de la famille, la 26, développe une capacité maximale de 2.590 kW. Avec ses 92 tonnes, la 23 est sans doute la plus lourde de la famille.

F · En haut : la 123 070 à la gare centrale d'Aix-la-Chapelle. Cette locomotive électrique n'étant pas polyvalente, elle ne peut circuler à la gare centrale d'Aix-la-Chapelle que sur les voies spéciales équipées d'une alimentation à 3 kV (photo : Rolf Siedler, 1966, collection particulière Guido Rademacher).

1181 · Antwerpen · 1991

1202 · Mouscron · 1990

1341 · Antwerpen · 2003

2363 · Aachen · 1979

D · Das deutsch-belgische Grenzgebiet zwischen Aachen und Lüttich hatte immer schon eine große Vielfalt an Lokomotiven zu bieten. Einige belgische Lokomotiven fuhren früher über Aachen bis Köln. Deutsche Dieselloks zogen Güterzüge bis Antwerpen. Die nächsten Seiten geben zunächst einen Überblick über die belgischen Elektro- und Diesellokomotiven. Technische Daten zu den Lokomotiven finden Sie auf Seite 130. Alle Fotos dieser Doppelseite stammen von Werner Consten.

NL · De Duits-Belgische grensregio tussen Aken en Luik was altijd een ontmoetingsplaats voor verschillende locomotieven van heinde en verre. Een aantal Belgische locomotieven reed vroeger via Aken naar Keulen. Duitse diesels trokken goederentreinen tot Antwerpen. Volgende pagina's geven een overzicht van de Belgische elektrische locomotieven en van de diesels. Technische gegevens van de locomotieven zijn op pagina 130 te vinden. Alle foto's op deze twee pagina's werden genomen door Werner Consten.

F · La zone frontalière germano-belge entre Aix-la-Chapelle et Liège a toujours offert une grande diversité de locomotives. Quelques locomotives belges passaient autrefois par Aix-la-Chapelle pour se rendre à Cologne. Des locomotives diesel allemandes tiraient les trains de marchandises jusqu'à Anvers. Les pages suivantes donnent d'abord une vue d'ensemble des locomotives électriques et diesel belges. Les données techniques sur ces locomotives se trouvent page 130. Toutes les photos de cette double page sont de Werner Consten.

D · Die belgischen Eisenbahnen setzten schon sehr früh auf Elektrolokomotiven. Dabei hat das kleine Land seit jeher das Problem, dass rund herum andere Stromsysteme verwendet werden. In Deutschland 15 kV, in den Niederlanden 1,5 kV und in Frankreich 25 kV. Das eigene Bahnstromsystem wird mit 3 kV betrieben. Die belgischen Eisenbahnen haben daher relativ viele Mehrsystem-Elektrolokomotiven im Bestand. Es sind die Baureihen 11, 12, 13, 15, 16, 18 und 25.5. Technische Daten zu den Lokomotiven finden Sie auf Seite 130. Alle Fotos dieser Doppelseite stammen aus der Sammlung von Werner Consten.

NL · De Belgische spoorwegen maakten al vrij vroeg gebruik van elektrische locomotieven. Dit ondanks het feit dat er rondom België andere stroomsystemen gebruikt werden. In Duitsland 15 kV wissel- en in Nederland 1,5 kV gelijkstroom. In Frankrijk bedroeg de spanning 25 kV. In België bedroeg de spanning 3 kV gelijkstroom. De Belgische spoorwegen hebben om die redenen al vroeg gebruik gemaakt van meersysteem-locomotieven. Het patrimonium bestaat uit de reeksen 11, 12, 13, 15, 16, 18 en 25.5. Technische gegevens van de locomotieven zijn op pagina 130 te vinden. Alle foto's op deze twee pagina's: verzameling Werner Consten.

1503 · Brüssel | Brussel | Bruxelles · 1982

2001 · Berneau · 2003

1603 · Eilendorf · 1994

2105 · Dolhain-Gileppe · 1999

1801 · Stolberg (Rheinland) · 1993

2239 · Aachen · 1981

F · Les chemins de fer belges ont misé très tôt sur les locomotives électriques. Mais ce petit pays est depuis confronté au problème posé par les différents systèmes d'alimentation électrique en vigueur dans les pays voisins : en Allemagne 15 kV, aux Pays-Bas 1,5 kV et en France 25 kV. L'alimentation du réseau belge se fait à 3 kV. C'est pourquoi les chemins de fer belges disposent dans leur parc d'un nombre relativement élevé de locomotives électriques polyvalentes. Il s'agit des séries 11, 12, 13, 15, 16, 18 et 25.5. Les données techniques sur ces locomotives se trouvent page 130. Toutes les photos de cette double-page sont de la collection particulière de Werner Consten.

2507 · Brüssel | Brussel | Bruxelles · 1981

2750 · Aachen · 1984

2555 · Brüssel | Brussel | Bruxelles · 1992

2801 · Kortenberg · 1996

2601 · Remersdaal | Remersdael · 1992

2920 · Mechelen · 1981

5101 · Kortrijk · 1980

7744 · Oostende · 2003

D · Die älteren belgischen Diesellokomotiven zeichnen sich durch ein markantes Aussehen aus. Fast alle Typen wurden in den fünfziger und sechziger Jahren des vergangenen Jahrhunderts entwickelt und gebaut. Erst 1999 wurde mit der Baureihe 77/78 eine neu konzipierte Diesellokomotive beschafft. Technische Daten zu den Lokomotiven finden Sie auf Seite 130. Alle Fotos dieser Doppelseite stammen aus der Sammlung von Werner Consten.

NL · De oudere generatie Belgische diesellocomotieven heeft een markant uiterlijk. Bijna alle reeksen werden in de jaren '50 en '60 van de vorige eeuw ontwikkeld en gebouwd. Pas in 1999 werd met reeks 77/78 een nieuw ontwikkelde dieselloc aangeschaft. Technische gegevens van de locomotieven zijn op pagina 130 te vinden. Alle foto's op deze twee pagina's: verzameling Werner Consten.

F · Les anciennes locomotives diesel belges se caractérisent par leur ligne hors du commun. Presque tous les types ont été conçus et construits dans les années cinquante et soixante du siècle dernier. Ce n'est qu'en 1999, avec la série 77/78, qu'a été construite une locomotive diesel entièrement redéfinie. Les données techniques sur ces locomotives se trouvent page 130. Toutes les photos de cette double-page sont de la collection particulière de Werner Consten.

6077 · Raeren · 1992

D · Besonders beliebt bei Eisenbahnfreunden aus aller Welt sind die Diesellokomotiven vom Typ „NoHAB", hier die Reihen 52, 53 und 54. Sie wurden ab 1955 in Lizenz der schwedischen Firma NoHAB in Belgien gebaut. NoHAB wiederum baute in Lizenz der nordamerikanischen Firma EMD. Technische Daten zu den Lokomotiven finden Sie auf Seite 130. Alle Fotos dieser Doppelseite stammen aus der Sammlung von Werner Consten.

NL · Bijzonder populair bij spoorliefhebbers uit de hele wereld zijn de diesellocomotieven van het type NoHAB, hier de reeksen 52, 53 en 54. Deze werden vanaf 1955 onder licentie van het Zweedse NoHAB in België gebouwd. NoHAB zelf had de licentie van het Noordamerikaanse bedrijf EMD. Technische gegevens van de locomotieven zijn op pagina 130 te vinden. Alle foto's op deze twee pagina's: verzameling Werner Consten.

5209 · Bertrix · 1980

5401 · Philippeville · 1992

5215 · Leuven · 2003

5530 · Aachen · 2004

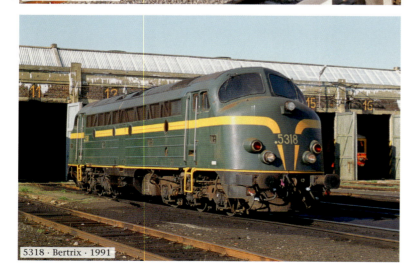

5318 · Bertrix · 1991

5937 · Botzelaar · 1988

F · Les locomotives diesel de type 'NoHAB' sont particulièrement prisées des amateurs de chemins de fer du monde entier – ici les séries 52, 53 et 54. Elles furent construites en Belgique à partir de 1955 sous licence de l'entreprise suédoise NoHAB. NoHAB elle-même construisait ses machines sous licence d'EMD, une entreprise nord-américaine. Les données techniques sur ces locomotives se trouvent page 130. Toutes les photos de cette double-page sont de la collection particulière de Werner Consten.

6005 · Salzinnes · 1982

6405 · Liège · 1981

6104 · Kortijk · 1983

6501 · Antwerpen · 1992

6274 · Henri-Chapelle · 2004

8442 · Aachen · 1979

139 559-9 · Aachen-Rothe Erde · 2006(GM)

145 042-8 · Aachen-West · 2006(LB)

140 423-5 · Aachen-West · 2005(LB)

150 100-6 · Aachen-Rothe Erde · 2000(WC)

143 937-1 · Herzogenrath · 1992(WC)

151 157-5 · Aachen-West · 2005(LB)

D · Für den Güterverkehr zwischen dem Ruhrgebiet beziehungsweise Köln und Aachen wurden in den vergangenen Jahren von der Deutschen Bahn AG unterschiedliche Elektrolokomotiven eingesetzt. Nur die Baureihe 184 hat in der Vergangenheit auch Züge nach Belgien befördert. Da die Güterstrecke zwischen Aachen-West und Montzen nicht elektrifiziert ist, findet man in Aachen-West immer wartende und abgestellte Elektrolokomotiven verschiedener Baureihen. Technische Daten zu den Lokomotiven finden Sie auf Seite 130. Die Fotos dieser Doppelseite stammen von Lucas Böckmann(LB), Werner Consten(WC), Gerhard Meven(GM) und Stefan von der Ruhren(SV).

NL · Voor het goederenverkeer van of naar het Ruhrgebied of op het traject Keulen - Aken kiest men bij de Deutsche Bahn AG voor de meest uiteenlopende elektrische locomotieven. Enkel en alleen reeks 184 heeft in het verleden ook al eens een trein naar België getrokken. Omdat het traject Aken-West - Montzen niet is geëlektrificeerd, zijn er in het station Aken-West altijd wachtende elektrische locomotieven te zien. De technische gegevens van de locomotieven zijn op pagina 130 te vinden. De foto's op deze twee pagina's werden genomen door Lucas Böckmann(LB), Werner Consten(WC), Gerhard Meven(GM) en Stefan von der Ruhren(SV).

152 013-9 · Aachen-West · 2006(LB)

184 112-1 · Aachen · 1979(WC)

155 129-0 · Aachen-West · 2006(LB)

185 246-6 · Aachen-West · 2006(LB)

182 022-4 · Aachen · 2004(SV)

189 037-5 · Aachen-West · 2005(LB)

F · Ces dernières années, la Deutsche Bahn AG a utilisé les locomotives électriques les plus variées pour les besoins du trafic de marchandises entre la Ruhr ou Cologne et Aix-la-Chapelle. Seule la série 184 a également tiré des trains vers la Belgique par le passé. Comme la voie marchande entre Aix-la-Chapelle Ouest et Montzen n'est pas électrifiée, on trouve toujours à Aix-la-Chapelle Ouest des locomotives électriques de différents types, en attente ou mises au garage. Les données techniques sur ces locomotives se trouvent page 130. Les photos de cette double page sont de Lucas Böckmann(LB), Werner Consten(WC), Gerhard Meven(GM) et Stefan von der Ruhren(SV).

212 057-4 · Aachen · 2000(WC)

225 027-2/225 023-1/225 026-4 · Aachen-West · 2006(LB)

294 758-8 · Aachen-West · 2005(LB)

241 805-1 · Aachen-West · 2005(GM)

D · Diesellokomotiven der Deutsche Bahn AG: Von den deutschen Lokomotiven tragen die heutigen Baureihen 225 und 241.8 die Hauptlast des Betriebes auf der Montzenroute. Die Reihe 225 (früher 215) ist seit 1991 auf der Linie im Dienst. Sieben Stück dieser Baureihe wurden speziell mit der Zugsicherungstechnik Deutschlands, Belgiens und der Niederlande ausgestattet. Sie führten die Güterzüge früher manchmal bis Antwerpen. Immer wieder waren auch die leichten Diesellokomotiven der Baureihe 212 und 294 (früher 290) zwischen Aachen-West und Montzen anzutreffen. Die Diesellokomotiven der Baureihe 241 wurden vor einigen Jahren mit stärkeren Motoren ausgestattet. Wegen ihrer hohen Leistung haben sie sich auf dem Abschnitt zwischen Aachen-

West und Montzen hervorragend bewährt. Technische Daten zu den Lokomotiven finden Sie auf Seite 130. Fotos: Lucas Böckmann(LB), Werner Consten(WC) und Gerhard Meven(GM).

NL · Diesellocomotieven van de Deutsche Bahn AG: Van de Duitse locomotieven verzorgen grotendeels de reeksen 225 en 241.8 het verkeer op de Montzenroute. Reeks 225 (vroeger 215) is sinds 1991 op deze lijn in dienst. Zeven stuks hiervan zijn speciaal met de beveiligingstechniek van Duitsland, België en Nederland uitgerust. Vroeger reden deze locomotieven vaak door tot Antwerpen. Af en toe waren er ook de lichte diesels van de reeksen 212 en 294 te zien op het traject Aken-West - Montzen. De locomotieven van reeks

241 kregen enkele jaren geleden een sterkere motor. Omwille van hun grote vermogen doen ze het uitstekend op de hellingen in het Akense. Technische gegevens van de locomotieven zijn op pagina 130 te vinden. De foto's op deze twee pagina's werden genomen door Lucas Böckmann[LB], Werner Consten[WC] en door Gerhard Meven[GM].

F · Locomotives diesel de la Deutsche Bahn AG: parmi les locomotives allemandes, les séries actuelles 225 et 241.8 portent l'essentiel du trafic de la Route de Montzen. Depuis 1991, c'est la série 225 (l'ancienne 215) qui est en service sur cette ligne. Sept machines de cette série ont été spécialement équipées des

systèmes de sécurité allemand, belge et néerlandais. Il leur est arrivé autrefois de conduire les trains de marchandises jusqu'à Anvers. On rencontrait, et l'on rencontre encore, les petites locomotives diesel des séries 212 et 294 (l'ancienne 290) entre Aix-la-Chapelle Ouest et Montzen. Les locomotives diesel de la série 241 ont été équipées de moteurs plus puissants ces dernières années. Leurs performances élevées leur ont permis de s'imposer sans conteste sur le tronçon situé entre Aix-la-Chapelle Ouest et Montzen. Les données techniques sur ces locomotives se trouvent page 130. Photos : Lucas Böckmann[LB], Werner Consten[WC] et Gerhard Meven[GM].

D · Immer häufiger findet man auf europäischen Gleisen Lokomotiven von privaten, also nicht-staatlichen Eisenbahnverkehrsunternehmen (kurz EVU). Diese EVU buchen die Trassen bei den Schienennetzbetreibern wie DB Netz (Deutschland), ProRail (Niederlande) und Infrabel (Belgien). Sie transportieren häufig bestimmte Güter eines Industriezweiges oder Containerzüge durch mehrere europäische Länder. Manche Lokomotiven sind so ausgestattet, dass sie problemlos durch mehrere Länder fahren können. Technische Daten zu den Lokomotiven finden Sie auf Seite 132. Die Fotos dieser Doppelseite stammen von Lucas Böckmann[LB], Werner Consten[WC], Gerhard Meven[GM] und Stefan von der Ruhren[SV].

NL · Steeds vaker zijn er op de Europese spoorwegen ook locomotieven van private spoorwegmaatschappijen (geen overheidsbedrijven dus) te zien. Deze reserveren een traject bij de beheerders van de spoorinfrastructuur (DB Netz, Duitsland; ProRail, Nederland; Infrabel, België). Ze hebben heel vaak wagens met speciale goederen of internationale containertreinen aan de haak. Enkele locomotieven zijn uitgerust om in meerdere landen te kunnen rijden. Technische gegevens van de locomotieven zijn op pagina 132 te vinden. De foto's op deze twee pagina's werden genomen door Lucas Böckmann[LB], Werner Consten[WC], Gerhard Meven[GM] en Stefan von der Ruhren[SV].

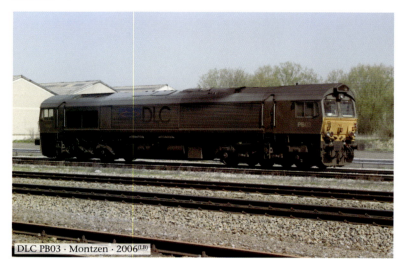

DLC PB03 · Montzen · 2006[LB]

R4C European Bulls 185 549-3 · Aachen-West · 2005[LB]

R4C PB05 · Aachen-West · 2005[LB]

R4C 145-CL 002 · Düren · 2004[GM]

DLC ES 64 U2-101 · Aachen-Rothe Erde · 2003[WC]

SNCF 36010 · Montzen · 2005[SV]

F · De plus en plus, on trouve sur les voies européennes des locomotives appartenant à des entreprises de trafic ferroviaire privées, donc non étatiques. Elles réservent les lignes auprès des centres d'exploitation ferroviaires tels que DB Netz (Allemagne), ProRail (Pays-Bas) et Infrabel (Belgique). Elles transportent souvent les marchandises spécifiques d'un secteur industriel ou bien des trains de containers à travers plusieurs pays européens. Certaines d'entre elles sont équipées de façon à pouvoir circuler sans problème dans plusieurs pays. Les données techniques sur ces locomotives se trouvent page 132. Les photos de cette double page sont de Lucas Böckmann[LB], Werner Consten[WC], Gerhard Meven[GM] et Stefan von der Ruhren[SV].

SBB Cargo 482 019-7 · Aachen · 2005[GM]

Connex 185-CL 003 · Aachen · 2003[SV]

SBB Cargo 421 387-2 · Aachen-West · 2006[LB]

HKG 145-CL 015 · Aachen · 2002[SV]

R4C MRCE 185 545-1 · Aachen-West · 2006[LB]

NS 6513 · Beek-Elsloo · 2004[SV]

Technische Daten | Technische gegevens | Caractéristiques techniques (1)

EVU[1]	Baureihe (Typ)[2]	Achsfolge[3]	Traktion[4]	Leistung[5]	Vmax[6]	Länge[7]	Gewicht[8]
NMBS/SNCB	11	Bo'Bo'	$E^{(3/1.5kV\ DC)}$	3150	160	18,6	85
NMBS/SNCB	12	Bo'Bo'	$E^{(3kV\ DC,\ 25kV\ AC)}$	3130	160	18,6	85
NMBS/SNCB	13	Bo'Bo'	$E^{(3kV\ DC,\ 25kV\ AC)}$	5200	200	19,1	90
NMBS/SNCB	15 (150)	Bo'Bo'	$E^{(3/1,5kV\ DC,\ 25kV\ AC)}$	2620	160	17,7	78
NMBS/SNCB	16 (160)	Bo'Bo'	$E^{(3/1,5kV\ DC,\ 15/25kV\ AC)}$	2780	160	17,7	83
NMBS/SNCB	18	C'C'	$E^{(3/1,5kV\ DC,\ 15/25kV\ AC)}$	4320	180	22,1	113
NMBS/SNCB	20	Co'Co'	$E^{(3kV\ DC)}$	5150	160	19,5	110
NMBS/SNCB	21	Bo'Bo'	$E^{(3kV\ DC)}$	3000	160	18,6	84
NMBS/SNCB	22 (122)	Bo'Bo'	$E^{(3kV\ DC)}$	1740	130	18	87
NMBS/SNCB	23 (123)	Bo'Bo'	$E^{(3kV\ DC)}$	1740	130	18	92
NMBS/SNCB	25 (125)	Bo'Bo'	$E^{(3kV\ DC)}$	1740	130	18	84
NMBS/SNCB	25.5 (125.1/140)	Bo'Bo'	$E^{(3/1.5kV\ DC)}$	1740	130	18	84
NMBS/SNCB	26 (126)	Bo'Bo'	$E^{(3kV\ DC)}$	2590	100/130	17,3	82
NMBS/SNCB	27	Bo'Bo'	$E^{(3kV\ DC)}$	4150	160	18,7	84
NMBS/SNCB	28 (120)	Bo'Bo'	$E^{(3kV\ DC)}$	1985	130	17,1	84
NMBS/SNCB	27 (101)	Bo'Bo'	$E^{(3kV\ DC)}$	1474	100	12,9	81,5
NMBS/SNCB	51 (200)	Co'Co'	$D^{(Cockerill)}$	1450	120	20,2	117
NMBS/SNCB	52 (202) (NoHAB)	Co'Co'	$D^{(General\ Motors)}$	1265	120	18,9	108
NMBS/SNCB	53 (203) (NoHAB)	Co'Co'	$D^{(General\ Motors)}$	1265	120	18,9	108
NMBS/SNCB	54 (204) (NoHAB)	Co'Co'	$D^{(General\ Motors)}$	1350	120	18,9	108
NMBS/SNCB	55 (205)	Co'Co'	$D^{(General\ Motors)}$	1360	120	19,6	110
NMBS/SNCB	59 (201)	Bo'Bo'	$D^{(Cockerill)}$	1275	120	16,2	87,2
NMBS/SNCB	60 (210)	Bo'Bo'	$D^{(Cockerill)}$	1020	120	17,2	78
NMBS/SNCB	61 (210.2)	Bo'Bo'	$D^{(Cockerill)}$	1020	120	17,2	78
NMBS/SNCB	62 (212)	Bo'Bo'	$D^{(General\ Motors)}$	1030	120	16,8	81
NMBS/SNCB	64 (211)	Bo'Bo'	$D^{(Cockerill)}$	1020	120	17,2	82
NMBS/SNCB	65 (213)	Bo'Bo'	$D^{(General\ Motors)}$	1035	120	16,8	79
NMBS/SNCB	66 (222)	Bo'Bo'	$D^{(MAN)}$	750	80	13,4	72
NMBS/SNCB	77	Bo'Bo'	$D^{(Anglo-Belge-Company)}$	1150	100	15,6	87,4
NMBS/SNCB	84.2 (250.1)	C	$D^{(AFB)}$	400	50	10,2	55,8
DB[15]	139/140 (E 40)	Bo'Bo'	$E^{(15kV\ AC)}$	3700	110	16,5	83/85
DB[15]	143 (243 DR)	Bo'Bo'	$E^{(15kV\ AC)}$	3720	120	16,5	82
DB[15]	145	Bo'Bo'	$E^{(15kV\ AC)}$	4200	140	18,9	80
DB[15]	150 (E 50)	Co'Co'	$E^{(15kV\ AC)}$	4500	100	19,5	126/128
DB[15]	151	Co'Co'	$E^{(15kV\ AC)}$	6300	120	19,5	118
DB[15]	152 (ES 64 F „EuroSprinter")	Bo'Bo'	$E^{(15kV\ AC)}$	6400	140	19,6	88
DB[15]	155 (250 DR)	Co'Co'	$E^{(15kV\ AC)}$	5400	125	19,6	123
DB[15]	182 (ES 64 U2 „Taurus")	Bo'Bo'	$E^{(15/25kV\ AC)}$	6400	230	19,3	85
DB[15]	184 (E 410 „Europa-Lok")	Bo'Bo'	$E^{(3/1,5kV\ DC,\ 15/25kV\ AC)}$	3240	160	17	84
DB[15]	185 (TRAXX F 140 AC1/2)	Bo'Bo'	$E^{(15/25kV\ AC)}$	5600	140	18,9	82
DB[15]	189 (ES 64 F4)	Bo'Bo'	$E^{(3/1,5kV\ DC,\ 15/25kV\ AC)}$	6400	140	19,6	88
DB[15]	212 (V 100)	B'B'	$D^{(Maybach/MAN/DB)}$	990	100	12,3	63
DB[15]	225 (V 160/215)	B'B'	$D^{(MAN/MTU)}$	1840	140	16,4	79
DB[15]	241.8 (132 DR „Ludmilla")	Co'Co'	$D^{(Kolomna/Caterpillar/Krupp)}$	2940	100	20,8	120
DB[15]	290-294 (V 90)	B'B'	$D^{(Deutz)}$	820	80	14,3	79

Erklärungen | verklaringen | explications:
[1] Bahngesellschaft | spoorwegmaatschappij | entreprise ferroviaire
[2] Baureihe (Typ) | reeks (type) | série (type)
[3] Achsfolge | asindeling | disposition des essieux
[4] Traktion | tractie | traction

[5] Leistung (kW) | vermogen (kW) | puissance (kW)
[6] Vmax (km/h) | max. snelheid (km/u) | vitesse maximale (km/h)
[7] Länge (m) | lengte (m) | longueur (m)
[8] Gewicht (t) | gewicht (t) | masse à vide (t)
[9] Baujahr | bouwjaar | année de construction
[10] Ausmusterung | buiten dienst gesteld | remplacé

Baureihe [2]	Baujahr[9]	Ausmusterung[10]	Anzahl[11]	Einsatzgebiet[12]	Hersteller[13]
11	1985-86	-	12/12	B/NL	La Brugeoise et Nivelles (BN)[14]/ACEC Charleroi
12	1986	-	12/12	B/F	La Brugeoise et Nivelles (BN)[14]/ACEC Charleroi
13	1997-2001	-	60/60	CH/B/F/L	GEC Alsthom
15	1962-63	2002-	5/4	B/F/NL	La Brugeoise et Nivelles (BN)[14]/ACEC Charleroi
16	1966	2005-(#1603)	8/7	CH/B/D/F/NL	La Brugeoise et Nivelles (BN)[14]/ACEC Charleroi/Siemens
18	1973-74	1997-99	6/0	B/D/F/NL	La Brugeoise et Nivelles (BN)[14]/Alsthom
20	1975-77	1992-(#2020)	25/24	B	La Brugeoise et Nivelles (BN)[14]/ACEC Charleroi
21	1984-88	-	60/60	B	La Brugeoise et Nivelles (BN)[14]/ACEC Charleroi
22	1953-54	2004-	50/17	B	La Brugeoise et Nivelles (BN)[14]/ACEC Charleroi
23	1955-57	2003-	83/81	B	La Brugeoise et Nivelles (BN)[14]/ACEC Charleroi
25	1960-61	-	14/7	B	La Brugeoise et Nivelles (BN)[14]/ACEC Charleroi
25.5	1960-61	-	8/8	B/NL	La Brugeoise et Nivelles (BN)[14]/ACEC Charleroi
26	1964/69	1992(#2616)	35/34	B	La Brugeoise et Nivelles (BN)[14]/ACEC Charleroi
27	1981-84	-	60/60	B	La Brugeoise et Nivelles (BN)[14]/ACEC Charleroi
28	1949	1991-1998	3/0	B	Baume & Marpent/ACEC Charleroi
29	1949	1979-1983	20/0	B	Baume & Marpent/ACEC Charleroi
51	1961-63	1995-03	93/0	B	Cockerill
52	1955	1989-	17/8	B	Anglo-Franco-Belge (AFB)
53	1955	1983-	20/15	B	Anglo-Franco-Belge (AFB)
54	1957	1982-	8/3	B/D	Anglo-Franco-Belge (AFB)
55	1961-62	1969-	42/34	B/D	La Brugeoise et Nivelles (BN)[14]
59	1954-55	1969-02	55/0	B/D	Cockerill
60	1961/64	1982-88	91/0	B	Cockerill
61	1965	1981-85	15/0	B	Cockerill
62	1961-66	1999-	136/81	B	La Brugeoise et Nivelles (BN)[14]
64	1962	1981-83	6/0	B	Ateliers Belges Réunies
65	1965	1981-83	6/0	B	La Brugeoise et Nivelles (BN)[14]
66	1962-63	1980-81	3/0	B	Ateliers Belges Réunies
77	1999-	-	145/145	B/D/NL	Vossloh (Siemens)
84.2	1962	1994-	35/2	B/D	Ateliers Belges Réunies
139/140	1954-73	1984-	879/358	D	Krauss-Maffei (AEG/BBC/SSW/Henschel)
143	1982-90	1990-	646/624	D	VEB LEW
145	1998-2000	1999-	81/80	D	Adtranz
150	1957-73	1999-2003	194/0	D	Krauss-Maffei (AEG/BBC/SSW/Henschel)
151	1972-78	1997-	170/167	D	Krauss-Maffei/Krupp
152	1997-2001	-	170/170	D	Siemens/Krauss-Maffei
155	1974-84	1999-	173/124	D	VEB LEW
182	2001	-	25/25	D/A	Siemens/Krauss-Maffei
184	1965-1967	1981-	5/1	B/D/F/L	Krupp/AEG/BBC
185	2000-	-	244/244	A/CH/D/L	Adtranz/Bombardier
189	2002-	-	100/100	A/CH/D/NL	Siemens/Krauss-Maffei
212	1962-65	1984-2001	381/381	B/D[16]	Deutz/Henschel/Jung/MaK
225	1968-71	-	75/75	B/D/NL[17]	Krupp
241.8	1973/1997	-	5/5	B/D[16]	Werk „Oktoberrevolution" Lugansk
290-294	1964-74	-	256/256	B/D[16]	MaK (Maschinenfabrik Kiel)

[11] Anzahl gebaut/noch in Betrieb 2006 | gebouwde stuks/ nog in dienst 2006 | nombre construit/effectif en service 2006

[12] Einsatzgebiet | inzetgebied | terrain d'action

[13] Hersteller | constructuer | constructeur

[14] später | later | après BN Spoorwegmaterieel en Metaalconstructies | Constructions Ferroviaires et Métalliques (BN)

[15] DB = Deutsche Bahn AG/DB Cargo/Railion

[16] nur | alleen | justement Aachen-West - Montzen

[17] 225 023 - 225 029 = Memor (B) + ATB (NL)

[18] Gesamtstückzahl bei allen Bahngesellschaften | Aantal voertuigen van alle spoorwegmaatschappijen samen | Parc de locomotives de l'ensemble des sociétés de chemin de fer

Technische Daten | Technische gegevens | Caractéristiques techniques (2)

EVU[1]	Baureihe (Typ)[2]	Achsfolge[3]	Traktion[4]	Leistung[5]	Vmax[6]	Länge[7]	Gewicht[8]
SBB Cargo	421 (Re 4/4 II (SBB))	Bo'Bo'	$E^{(15kV\ AC)}$	4700	140	15,4	80
SBB Cargo	482 (TRAXX F 140 AC)	Bo'Bo'	$E^{(15/25kV\ AC)}$	5600	140	18,9	82
DLC	Class 66 (EMD JT42CWR)	Co'Co'	$D^{(General\ Motors)}$	2238	120	21,4	126
DLC	ES 64 U2 (ES 64 U2 „Taurus")	Bo'Bo'	$E^{(15/25kV\ AC)}$	6400	230	19,3	85
DLC	185.5 (TRAXX F 140 AC2)	Bo'Bo'	$E^{(15/25kV\ AC)}$	5600	140	18,9	82
Rail4Chem	145-CL	Bo'Bo'	$E^{(15kV\ AC)}$	4200	140	18,9	80
Rail4Chem	185-CL (TRAXX F 140 AC1/2)	Bo'Bo'	$E^{(15/25kV\ AC)}$	5600	140	18,9	82
Rail4Chem	185.5 (TRAXX F 140 AC1/2)	Bo'Bo'	$E^{(15/25kV\ AC)}$	5600	140	18,9	82
Rail4Chem	ES 64 U2 (ES 64 U2 „Taurus")	Bo'Bo'	$E^{(15/25kV\ AC)}$	6400	230	19,3	85
Rail4Chem	Class 66 (EMD JT42CWR)	Co'Co'	$D^{(General\ Motors)}$	2238	120	21,4	126
CFL	3000 (SNCB 13)	Bo'Bo'	$E^{(3kV\ DC,\ 25kV\ AC)}$	5200	200	19,1	90
CFL	1800 (SNCB 55)	Co'Co'	$D^{(General\ Motors)}$	1175	120	19,6	110
Connex	185-CL (TRAXX F 140 AC)	Bo'Bo'	$E^{(15/25kV\ AC)}$	5600	140	18,9	82
HKG	145-CL (TRAXX F 150 AC)	Bo'Bo'	$E^{(15kV\ AC)}$	4200	140	18,9	80
NS	BB 6500	Bo'Bo'	$D^{(MTU)}$	1180	120	14,4	80
SNCF	36000 (Astride Multiservice)	Bo'Bo'	$E^{(3/1,5kV\ DC,\ 25kV\ AC)}$	6000	200	19,3	88

Erklärungen | verklaringen | explications:
[1] Bahngesellschaft | spoorwegmaatschappij | entreprise ferroviaire
[2] Baureihe (Typ) | reeks (type) | série (type)
[3] Achsfolge | asindeling | disposition des essieux
[4] Traktion | tractie | traction

[5] Leistung (kW) | vermogen (kW) | puissance (kW)
[6] Vmax (km/h) | max. snelheid (km/u) | vitesse maximale (km/h)
[7] Länge (m) | lengte (m) | longueur (m)
[8] Gewicht (t) | gewicht (t) | masse à vide (t)
[9] Baujahr | bouwjaar | année de construction
[10] Ausmusterung | buiten dienst gesteld | remplacé

Baureihe[2]	Baujahr[9]	Ausmusterung[10]	Anzahl[11]	Einsatzgebiet[12]	Hersteller[13]
421	1967-85	-	20/20	D/CH	SLM/BBC/MFO/SAAS
185	2000-	-	50/50[18]	D/CH	Adtranz/Bombardier
Class 66	1999-	-	45/45[18]	D/B/NL	General-Motors/EMD
ES 64 U2	2001	-	75/75[18]	A/CH/D	Siemens/Krauss-Maffei
185.5	2000-	-	63/63[18]	D/F	Adtranz/Bombardier
145-CL	1998-2000	1999-	31/31[18]	D	Adtranz
185-CL	2000-	-	9/9[18]	A/CH/D	Adtranz/Bombardier
185.5	2000-	-	63/63[18]	A/CH/D	Adtranz/Bombardier
ES 64 U2	2001	-	75/75[18]	D/A	Siemens/Krauss-Maffei
Class 66	1999-	-	45/45[18]	D/B/NL	General-Motors/EMD
3000	1998-99	-	20/20	B/L	GEC Alsthom
1800	1963-64	1994-	20/18	B/L	La Brugeoise et Nivelles (BN)[14]
185-CL	2000-	-	9/9[18]	D/F	Adtranz/Bombardier
145-CL	1998-2000	-	31/31[18]	D	Adtranz
BB 6500	1993-94	-	20/20	B/NL	MaK (Maschinenfabrik Kiel)
36000	2002	-	30/30	B/F/L	GEC Alsthom

[11] Anzahl gebaut/noch in Betrieb 2006 | gebouwde stuks/
nog in dienst 2006 | nombre construit/effectif en service 2006
[12] Einsatzgebiet | inzetgebied | terrain d'action
[13] Hersteller | constructuer | constructeur
[14] später | later | après BN Spoorwegmaterieel en Metaalcons
tructies | Constructions Ferroviaires et Métalliques (BN)

[15] DB = Deutsche Bahn AG/DB Cargo/Railion
[16] nur | alleen | justement Aachen-West - Montzen
[17] 225 023 - 225 029 = Memor (B) + ATB (NL)
[18] Gesamtstückzahl bei allen Bahngesellschaften | Aantal
voertuigen van alle spoorwegmaatschappijen samen | Parc
de locomotives de l'ensemble des sociétés de chemin de fer

D · Der Begriff „Montzenroute" umfasst mehr als nur den Streckenabschnitt zwischen Aachen-West und Montzen. Der Begriff steht vielmehr für eine Stammstrecke mit Verzweigungen an jedem Ende. In Aachen-West teilt sich die Montzenroute in östlicher Richtung auf in die Strecken nach Gremberg und Köln-Eifeltor (über Düren), nach Neuss (über Mönchengladbach) und nach Duisburg (über Mönchengladbach und Krefeld). Auf der Strecke Aachen - Mönchengladbach verkehren etwa 25 Güterzüge täglich, auf der Strecke Aachen - Köln etwa 65.

Auf belgischer Seite verzweigt sich die Montzenroute ab Visé, Bilzen und Hasselt. In Visé geht es südlich in die Industriestadt Lüttich. Von Bilzen aus geht es nördlich in die Industriegebiete von Genk. Über Hasselt läuft der Verkehr gebündelt nach Aarschot. Dort verzweigen sich die Strecken erneut. Der eine Verkehrsstrom führt nord-westlich über Lier nach Antwerpen. Der andere läuft über Löwen und Mechelen nach Gent und zur Küste nach Zeebrugge.

Der Streckenabschnitt mit der höchsten Güterzugdichte und dem interessantesten Bahnbetrieb ist aber zweifellos die Teil-

NL · Onder de noemer "Montzenroute" valt meer dan alleen het gedeelte van de spoorlijn tussen Aken-West en Montzen. "De Montzenroute" – is een lijn met talrijke vertakkingen. Vanaf Aken-West zijn er vertakkingen naar Gremberg en Keulen-Eifeltor en in Mönchengladbach naar Neuss en Duisburg. Op de lijn Aken - Mönchengladbach rijden er dagelijks zo'n 25 goederentreinen, op de lijn Aken - Keulen ongeveer 65.

In België zijn er vertakkingen van de Montzenroute ter hoogte van Wezet, Bilzen en Hasselt. In Wezet is er een aansluiting met de industriestad Luik. In Bilzen is er een verbindingslijn waarover de treinen de industriezones van Genk kunnen bereiken. In Hasselt is er de doortocht mogelijk naar Aarschot. En dan is er weer een vertakking: ten noorden richting Lier, ten zuiden richting Leuven en Mechelen voor rechtstreekse treinen met bestemming Zeebrugge.

Het drukst bereden gedeelte is zonder enige twijfel het gedeelte tussen Aken-West in Duitsland en het rangeerstation van Montzen in België. De afstand tussen die twee goederenstations bedraagt onge-

F · Le terme de « Route de Montzen » comprend davantage que le seul tronçon situé entre Aix-la-Chapelle Ouest et Montzen. Il désigne plutôt une ligne principale avec ses bifurcations à chaque extrémité. A Aix-la-Chapelle Ouest, la Route de Montzen se ramifie vers l'est en trois lignes : vers Gremberg et Cologne-Eifeltor (via Düren), vers Neuss (via Mönchengladbach) et vers Duisburg (via Mönchengladbach et Krefeld). Sur la ligne Aix-la-Chapelle - Mönchengladbach circulent quotidiennement environ 25 trains de marchandises, et environ 65 sur la ligne Aix-la-Chapelle - Cologne.

Côté belge, la Route de Montzen se ramifie à partir de Visé, Bilsen et Hasselt. A Visé, la ligne continue au sud vers la ville industrielle de Liège. A partir de Bilsen, elle continue au nord vers la région industrielle de Genk. Les trains roulent sans ramification via Hasselt vers Aerschot, où les voies bifurquent à nouveau. D'un côté, les trains circulent au nord-est via Lierre vers Anvers, et de l'autre, via Louvain et Malines vers Gand et jusqu'à la côte à Zeebrugge.

Mais le tronçon comprenant la plus grande densité de trafic de marchandises et l'ex-

Der Grenzverkehr
Het grensverkeer | Le trafic frontalier

Botzelaar (Foto | Foto | Photo: Lucas Böckmann, 2006)

strecke zwischen Aachen-West in Deutschland und dem Rangierbahnhof Montzen in Belgien. Dieser Abschnitt ist zirka elf Kilometer lang und wird von den Güterzügen in ungefähr 25 Minuten durchfahren. Der Streckenteil zwischen Gemmenich und Montzen ist zwar für die Elektrifizierung vorgesehen, momentan aber noch ohne Fahrleitung. Dies bedeutet, dass die Leistungen in Aachen-West und Montzen zum größten Teil unterbrochen werden. Der weitaus kleinste Teil der Züge fährt grenzüberschreitend und ohne Traktionswechsel über diesen Abschnitt hinaus.

Zwischen Aachen-West und Montzen verkehren werktäglich bis zu 90 Güterzüge über die deutsch-belgische Grenze. Bei diesem Grenzverkehr gibt es betriebstechnisch eine Reihe einzigartiger Besonderheiten zu beobachten. Wie beschrieben führt auf deutscher Seite die Fahrleitung bis an das Ostportal des Gemmenicher Tunnels, während von belgischer Seite aus die Elektrifizierung bereits im Rangierbahnhof von Montzen endet.

veer elf kilometer. Om de 25 minuten passeert er een trein. Tussen Gemmenich en Montzen is men begonnen met elektrificatiewerken, maar tegenwoordig is men nog niet verder geraakt dan het opstellen van de masten. Dit betekent dat de treinen in Aken-West en in Montzen meestal een pauze moeten inlassen. Alleen een heel klein aantal treinen rijdt zonder van locomotief te moeten wisselen direct de grens over.

Tussen Aken-West en Montzen passeren op een gewone werkdag 90 goederentreinen de Duits-Belgische grens. Dit is echter niet zo eenvoudig als het op het eerste gezicht lijkt. Aan Duitse kant reiken de stroomdraden tot even in de tunnel van Botzelaar. In België moet al vanaf Montzen op diesel worden gereden.

ploitation ferroviaire la plus intéressante est sans conteste la partie située entre Aix-la-Chapelle Ouest en Allemagne et la gare de triage de Montzen en Belgique. Ce tronçon est long de 11 kilomètres environ et sa traversée se fait en 25 minutes. Pour la section située entre Gemmenich et Montzen, on prévoit certes d'installer l'électrification, mais il manque encore un raccordement au réseau électrique, ce qui veut dire que l'efficacité de la ligne se retrouve largement freinée à Aix-la-Chapelle Ouest et à Montzen. Seule une toute petite partie des trains parvient à franchir la frontière et à aller au-delà de ce tronçon sans remorquage.

Les jours ouvrables, jusqu'à 90 trains de marchandises passent la frontière germano-belge dans les deux sens entre Aix-la-Chapelle Ouest et Montzen. Ce trafic frontalier offre sur le plan de l'exploitation technique toute une série de particularités que l'on ne rencontre nulle part ailleurs. Comme nous l'avons dit, la ligne électrique va côté allemand jusqu'au portail est du Tunnel de Botzelaer, tandis que côté belge l'électrification s'interrompt dès la gare de triage de Montzen.

In Deutschland beträgt die Fahrleitungsspannung 15 kV Wechselstrom, in Belgien hingegen 3 kV Gleichstrom. Die Landesgrenze verläuft im Gemmenicher Tunnel. Die Signalisierung ändert sich auf belgischer Seite aber bereits rund 500 Meter vor der Landesgrenze. Die Hoheitskennzeichnung der Strecke ändert sich schon 1.000 Meter vor der Grenze.

Im Tunnel ist eine für beide Länder einzigartige Konstruktion anzutreffen. Im Rahmen der Renovierung des 1872 gebauten Tunnels im Jahr 1991 wurde das nördliche B-Gleis mit einem zur Tunnelmitte hin versetztem Gleis für Züge mit Lademaßüberschreitung ergänzt. Über dieses können seitdem besonders hoch oder überbreit beladene Güterzüge verkehren. Dazu zählen zum Beispiel Militärzüge oder Sattelauflieger im kombinierten Ladungsverkehr. Auf der Strecke zwischen Aachen-West und Montzen wird nach deutschem Prinzip auf dem rechten Streckengleis gefahren. Züge, die dieses dritte Gleis nutzen müssen, fahren in Richtung Aachen-West daher auf dem falschen Gleis. Grundsätzlich ist die Strecke komplett für Gleiswechselbetrieb ausgelegt. Hierbei ist zu berücksichtigen, dass die Züge ab Montzen in Richtung Aachen-West bis zum Gemmenicher Tunnel für belgische Verhältnisse „falsch" fahren, nämlich auf dem rechten Gleis. Der Streckengleiswechsel findet im Bahnhof Montzen statt. Auf beiden Seiten der Grenze machen die Fahrdienstleiter immer wieder vom Gleiswechselbetrieb Gebrauch. Besonders dann, wenn ein hohes Zugaufkommen herrscht.

Gesteuert wird der Abschnitt Aachen-West bis zum Gemmenicher Tunnel vom Stellwerk in Aachen-West. Auf belgischer Seite gibt es zwar bei Botzelaer ein Stellwerk, doch meist wird der Betrieb von Montzen bis zum Gemmenicher Tunnel ferngesteuert. Zwischen Botzelaer und Montzen existieren darüber hinaus drei automatisch gesteuerte Blockabschnitte. Auch bei der Zugsicherungstechnik gibt es Besonderheiten: Zwar liegt für die belgische Baureihe 55 und die deutsche Baureihe 241.8 die grenzüberschreitende Zulassung für diesen Korridor vor, doch sind beide Baureihen nicht mit dem jeweils im Nachbarland üblichen Zugsicherungssystem ausgestattet. Sie fahren also ohne die Zugsicherung „Indusi/PZB90" in Deutschland und „Memor" in Belgien. Bei der deutschen Diesellokomotive der Baureihe 225 (früher 215) gibt es eine speziell ausgestattete Serie (023-029), die zusätzlich Memor-Informationen interpretieren kann und somit über Montzen hinaus fahren darf. Darüber hinaus verkehren einige wenige private Eisenbahnverkehrsunternehmen mit entsprechend zugelassenen und

In Duitsland wordt gereden op 15 kV wisselstroom, in België op 3 kV gelijkstroom. De rijksgrens ligt trouwens in de tunnel van Botzelaar. De scheiding van het seinsysteem ligt daarentegen 500 meter voor de Duitse grens. De overgang van het NMBS- naar het DB-net bevindt zich op ruim 1.000 meter voor de grens.

In de tunnel van Botzelaar bevindt zich een voor beide landen unieke constructie. In het kader van de sanering werd de in 1872 gebouwde tunnel in 1991 voorzien van een derde spoor dat meer naar het midden van de tunnelkoker toe gelegen is. Dit werd aangelegd om transporten met uitzonderlijke afmetingen (militaire transporten) door de tunnel mogelijk te maken. Tussen Aken-West en Montzen wordt er normaalgezien rechts gereden – volgens het Duitse systeem dus. Treinen die op het derde spoor moeten rijden, moeten richting Aken op het verkeerde spoor rijden. In principe is de hele lijn zo aangelegd dat de treinen over het traject tussen Aken-West en Montzen van spoor kunnen wisselen. Alleen moet men er rekening mee houden dat de treinen komende vanuit Montzen en rijdende richting Aken-West tot bij de tunnel van Botzelaar op het rechterspoor rijden. Alle treinen moeten dus in Montzen van spoor veranderen. Aan beide kanten van de grens wordt er steeds weer gebruik van de mogelijkheid om treinen op beide sporen te laten rijden – vooral als er een grote drukte is op de lijn.

Het gedeelte van Aken-West tot aan de tunnel van Botzelaar wordt beveiligd door de seinpost van Aken-West. Aan Belgische kant is er wel een seinpost bij Botzelaar maar de meeste treinen worden door de dispatching in Montzen overgenomen. Tussen Botzelaar en Montzen zijn er bijkomend drie automatisch beveiligde secties. Bijzonderheden zijn er ook bij de treinbeveiligingssystemen: Hoewel de Belgische reeks 55 net zoals de Duitse reeks 241.8 een grensoverschrijdende toelating heeft om op het gedeelte Aken-West - Montzen te mogen rijden, zijn die twee reeksen niet met het systeem van hun buurland uitgerust. Zij rijden dus zonder de treinbeveiliging "Indusi/PZB90" in Duitsland en zonder "Memor" in België.

En Allemagne, la tension du réseau est de 15 KW de courant alternatif, alors qu'en Belgique elle est de 3 KW de courant continu. La frontière passe dans le Tunnel de Botzelaer. Mais la signalisation électrique s'arrête côté belge environ 500 mètres avant la frontière. Quant à la signalisation territoriale, elle change sur cette ligne 1.000 mètres avant la frontière.

A l'intérieur du tunnel se trouve une construction unique en son genre dans les deux pays. En 1991, dans le cadre de la rénovation du tunnel construit en 1872, la voie B située côté nord fut complétée par une voie posée au milieu du tunnel et spécialement conçue pour le transport des trains aux dimensions exceptionnelles. Les trains de marchandises particulièrement hauts ou au chargement trop large peuvent y circuler depuis cette date. Sont concernés par exemple les convois militaires ou encore les semi-remorques utilisés pour le transport du fret combiné. Sur la ligne Aix-la-Chapelle Ouest - Montzen, la circulation se fait conformément à la réglementation allemande sur la voie de droite. Les trains qui doivent emprunter cette troisième voie en direction d'Aix-la-Chapelle Ouest roulent donc à contresens. En principe, cette voie est équipée d'un système complet d'aiguillage. Cela étant les trains allant dans le sens Montzen - Aix-la-Chapelle Ouest jusqu'au Tunnel de Botzelaer roulent, du point de vue belge, sur la mauvaise voie, c'est à dire sur celle de droite. Le changement de voie par aiguillage s'opère à la gare de Montzen. De part et d'autre de la frontière, les chefs de sécurité font un usage permanent de ce système d'aiguillage, tout particulièrement en cas de trafic intense.

Km 44,372/S,775
328/322 + 348/342
Lf 7 (8)
Km 44,170
CX 17
Km 43,776
Lf 6 (8)
Poste de signalisation
seinhuizen Botzelaar
Km 43,9
C 17
Km 43,766
K 17/328,348
Km 43,422
KX 17/328,348
Km 43,0
kx 17
Km 42,5
B 425/AX 425
Gleis | spoor | voie B   Gleis | spoor | voie A
B 414/BX 414
Km 41,4
AX 414/A 414
B 402/BX 402
Montzen
Km 38,3
E 16
Km 38,7
F/FX 16
B 390
Km 40,2
AX 402/A 402
Viaduct Moresnet
1.106 m
EX 16
Km 38,3
GX16
Km 38,S
Km 39,0
AX 390

ausgestatteten Lokomotiven auch grenzüberschreitend über große Entfernungen.

Durch die starke Steigung von Aachen-
West bis zum Tunnel bei Gemmenich von
25 ‰ werden Güterzüge ab einer Grenz-
last von 1.515 Tonnen ab dem Bahnhof
Aachen-West immer nachgeschoben. Das
Nachschieben erfolgt meist durch deutsche Elektrolokomotiven. Ob ein Zug
mit geringerem Gewicht nachgeschoben wird, entscheidet der
Fahrdienstleiter in Aachen-
West nach Abwägung der
verschiedenen Faktoren
wie Witterung und
Zuglokomotive.

Nachgeschoben werden
die Züge, wenn die Kupp-
lungen bei einem größeren
Zuggewicht reißen könnten oder wenn
die Zuglokomotive nicht genug Leistung
erbringt. Die Leistung der Baureihen 241.8
(in Einzeltraktion) und der belgischen
Baureihe 55 (in Doppeltraktion) würde
für diese Steigung durchaus ausreichen.
Die Schiebelokomotiven stoppen vor dem
Gemmenicher Tunnel und kehren, je
nach Situation, auf demselben (falschen)
oder richtigen rechten Gleis nach Aachen-
West zurück. Auf der Gegenseite führt das
entsprechende Gefälle vom Gemmenicher
Tunnel in Richtung Aachen-West zu einem
signalisierten Zwangshalt vor dem Tunnel.
Alle Züge sollen hier zur Bremsprobe zum
Stillstand kommen. Zwischen Visé und
Gemmenich steigt die Strecke fast konti-
nuierlich mit maximal 10 ‰ an. Diese Stei-
gung stellt die Lokomotiven vor keinerlei
Probleme.

Drie loctypes
verzorgen op dit
moment het verkeer
op dit traject: bij de Duitse
reeks 225 (vroeger 215) is er een
speciaal uitgeruste serie (023-029) die
naast Duitse ook de gegevens van het Belgische Memor-systeem kan interpreteren. Dit
heeft tot gevolg dat de locomotieven met
deze nummers ook verder dan Montzen
mogen rijden. Bovendien zijn er enkele
privé-bedrijven die over aangepaste locomotieven beschikken, die niet aan de grens
hoeven te stoppen.

Door de steile helling van Aken-West tot
aan de tunnel van Botzelaar (25 ‰) is het
noodzakelijk dat goederentreinen met een
totaal gewicht van meer dan 1.515 ton
worden opgeduwd vanaf Aken-West. Voor
het opduwen worden Duitse elektrische
locomotieven ingezet. Of er ook minder
zware treinen moeten worden opgeduwd,
beslist de dispatching in het station
Aken-West – afhankelijk van de weersom-
standigheden. De zware treinen worden
alleen maar opgeduwd om het risico op
een breuk van de koppelingen te vermin-
deren. Bovendien speelt het vermogen
van de trekkende locomotief een rol. Het
vermogen van de Duitse 241.8 en van twee
Belgische 55'ers is op deze helling normaalgezien voldoende. De duwlocomotieven
stoppen voor de tunnel van Botzelaar en
keren op hetzelfde spoor terug (afhankelijk van de verkeerssituatie) naar Aken-
West. Op het tegenspoor moeten treinen
komende vanuit Montzen voor de tunnel
stoppen voor een remtest. Tussen Wezet
en Gemmenich is er een constante steiging
van 10 ‰. Dit is echter geen probleem
voor de locomotieven.

Le tronçon situé entre Aix-la-Chapelle
Ouest et le Tunnel de Botzelaer est
commandé depuis le poste d'aiguillage
d'Aix-la-Chapelle Ouest. Certes, il existe
également côté belge un poste d'aiguillage
à la hauteur de Botzelaer, mais la plupart
du temps, le trafic de Montzen jusqu'au
Tunnel de Botzelaer est commandé à
distance. En outre, il y a entre Botzelaer
et Montzen trois sections à commande
automatique. Le système de sécurité des
trains présente lui aussi des particularités :
si les trains belges de type 55 et les trains
allemands de type 241.8 ont l'autorisation de franchir la frontière au niveau de
ce couloir, chacune de ces deux séries de
fabrication n'est pourtant pas équipée du
système en vigueur dans le pays voisin.
Les trains circulent donc sans les systèmes
'Indusi/PZB90' en Allemagne, et 'Memor'
en Belgique. Pour la locomotive diesel
allemande de type 225 (anciennement :
215), il existe une série spécialement
équipée (023-029), capable d'interpréter
les informations du système Memor, et qui
peut donc circuler au-delà de Montzen.
D'autre part, un petit nombre de sociétés
de chemin de fer privées qui sont elles aussi
équipées de ce système peuvent passer la
frontière pour des destinations plus loin-
taines.

La forte pente de 25 ‰ existant entre
Aix-la-Chapelle Ouest et le Tunnel de
Botzelaer oblige à pousser les trains de
marchandises à partir d'un poids de 1.515
tonnes au départ d'Aix-la-Chapelle Ouest.
Cette opération se fait la plupart du
temps à l'aide de locomotives électriques
allemandes. Le chef de sécurité d'Aix-la-
Chapelle Ouest peut dans certains cas,
décider de faire pousser des trains plus
légers en fonction de différents facteurs
tels que les conditions météorologiques
ou encore le type de locomotive utilisée.
Les trains sont poussés quand en raison
d'un poids trop élevé les attelages pour-
raient menacer de rompre ou bien quand
la locomotive n'est pas suffisamment
performante. Les performances offertes par
la série de construction 241.8 (en traction
unique) et de la série belge 55 (en traction
double) seraient en principe nettement
suffisantes pour cette pente. Les locomotives de pousse s'arrêtent devant le Tunnel
de Botzelaer et retournent à Aix-la-Chapelle
Ouest, en fonction des situations sur la
même voie (à contresens) ou sur la voie
de droite. De l'autre côté, la descente du
Tunnel de Botzelaer en direction d'Aix-la-
Chapelle Ouest oblige à un arrêt signalisé
devant le tunnel, où tous les trains sont
soumis à un test de freinage. Entre Visé
et Gemmenich la voie monte de manière
presque continue à un maximum de 10 ‰.
Cette pente ne pose aucun problème aux
locomotives.

Km 0,3 P206/205
Aachen-West
Km 0,3 P206/205
Km 1,8 A/B
Km 0,6 R201
Km 0,6 R205/206
Km 2,0 WV A/B
Km 1,0 WV P206/205
Km 1,2 P 206/205
Km 2,8 A/B
Km 3,2 341/321
Km 3,7 320
Überleitstelle Gemmenich
Km 4,0 WV 341/321
Km 4,640 cx/c 17
Km 4,548 Ts 1
Km 4,2 341/321
Gemmenicher Tunnel / Tunnel van Botzelaar / Tunnel de Botzelaer
Km 4,643 322/320⁴ + 342/320⁶
Landesgrenze Km 5,380
Frontière nationale / landsgrens km 44,766

D · Meldestelle Aachen-West, Juni 2006. Dienstbeginn für Lokführer Harald M. ist heute 18:30 Uhr. Kurz nach Dienstbeginn meldet er sich beim Fahrdienstleiter in Aachen-West dienstbereit. Auf dem Plan stehen heute noch mehrere Fahrten nach Montzen und zurück sowie eine Nachschiebeleistung für einen D-Zug von Aachen Hauptbahnhof hinauf zum Buschtunnel.

Zunächst ist Warten angesagt. Der Güterzug, den Harald M. nach Montzen bringen soll, hat laut Auskunft der Betriebsleitzentrale in Duisburg "+80". Das bedeutet, der Zug hat zurzeit 80 Minuten Verspätung. Für einen Güterzug ist das nichts Besonderes. Zug FE 44964 kommt aus Österreich über Passau nach Aachen. Sein Ziel ist Antwerpen-Noord.

Auch nach einer Stunde Warten in den Aufenthaltsräumen der Meldestelle gibt es nichts Neues von Zug FE 44964. Es herrscht ein ständiges Kommen und Gehen. In Spitzenzeiten werden von Aachen-West bis zu 50 Lokführer auf die Strecken geschickt. Gremberg, Oberhausen-Osterfeld, Duisburg, Mönchengladbach oder eben Montzen heißen die Ziele der Güterzüge. Welcher Lokführer welchen Zug übernimmt, ist theoretisch festgelegt. Doch die Praxis macht den Planern des Öfteren einen Strich durch die Rechnung. Kollege Dieter K. meldet sich um 19:45 Uhr beim Fahrdienstleiter an. Kurz darauf spuckt das Faxgerät einen neuen Güterzugfahrplan aus. „Oh, wieso denn das, was soll ich denn da?" fragt sich Dieter K. Sein Dienst wurde umdisponiert.

21:07

Um 20:50 Uhr klingelt das Telefon. Harald M. bekommt Bescheid: Sein Zug ist in Aachen-West angekommen. Die erste Fahrt kann also beginnen. Wenn alles gut geht, ist um 5:40 Uhr Dienstschluss. Harald M. nimmt sich ein Handy aus dem Bestand der Meldestelle und geht zur Rangierleitung. Dort erhält er die Frachtpapiere des Güterzuges. Ein dicker Stapel Unterlagen mit einer Kordel verschnürt. „Dieses Päckchen werfen wir nachher den Belgiern in Montzen vor die Füße" sagt er mit einem Lächeln auf den Lippen.

Er geht an die Rampe des Güterschuppens. Hier standen eben noch sechs 225er und

NL · Dispatching Aken-West, juni 2006. Treinbestuurder Harald M. staat klaar voor vertrek. Vandaag begint hij om 18.30 uur. Even later meldt hij zich bij de dispatching in Aken-West. Vandaag moeten nog enkele ritten naar Montzen en terug worden verzorgd en een opduwdienst van een sneltrein van Aken Hbf naar de Buschtunnel staat ook nog op het programma.

Nu is het nog even wachten. De goederentrein die Harald M. naar Montzen moet brengen, heeft volgens de centrale dispatching in Duisburg "+80". Dat betekent dat deze trein 80 minuten vertraging heeft. Voor een goederentrein is dit echter niet uitzonderlijk. Trein FE 44964 komt vanuit Oostenrijk via Passau naar Aken. Eindbestemming van deze trein is Antwerpen-Noord.

21:23

Ook na een uur in de wachtzaal van de dispatching te hebben gewacht is er nog geen nieuws van FE 44964. Er is wel drukte. Tijdens de piekuren staan in Aken-West 50 machinisten klaar. De bestemmingen van de goederentreinen luiden: Gremberg, Oberhausen-Osterfeld, Duisburg, Mönchengladbach of – zoals in dit geval – Montzen. Welke machinist welke trein krijgt staat in theorie vast. In de praktijk niet. Vaak loopt een of ander mis. Collega Dieter K. meldt zich om 19.45 uur aan bij de dispatching. Even later komt er een fax met een nieuwe dienstregeling binnen. "O, waarom dit, wat moet ik daarmee", vraagt Dieter K. Hij kreeg een nieuwe toegewezen.

Om 20.50 uur gaat de telefoon. Harald M. wordt op de hoogte gebracht: Zijn trein is net aangekomen in Aken-West. Nu kan hij aan zijn rit beginnen. Als alles volgens schema verloopt is hij om 5:40 klaar met zijn ploegdienst. Harald M. neemt een GSM van de dispatching mee en gaat naar de rangeerpost. Hier ontvangt hij de vrachtpapieren voor de goederentrein - een dik pakje documenten. "Dit pakje gooien we straks de Belgen voor de voeten", zegt hij met een glimlach.

Hij gaat naar de goederenloods. Hier stonden daarnet nog zes 225ers en een "Ludmilla", reeks 241.8. Harald M. stapt op een van de 225ers. Even kijken of alles in orde is en dan worden de motoren gestart.

F · Direction des machines d'Aix-la-Chapelle Ouest, juin 2006. Le mécanicien Harald M. prend aujourd'hui son service à 18h30. Il se présente au chef de sécurité d'Aix-la-Chapelle Ouest et l'informe qu'il est prêt. Sur la feuille de service figurent encore pour aujourd'hui plusieurs allers et retours à Montzen, ainsi que la poussée d'un rapide d'Aix-la-Chapelle Gare Centrale jusqu'au Tunnel de Busch.

Une attente est annoncée. D'après les informations de la centrale de direction basée à Duisbourg, le train de marchandises que Harald M. doit acheminer à Montzen a '+80'. Cela signifie que le train a pour l'instant 80 minutes de retard. Pour un train de marchandises, cela n'a rien d'exceptionnel. Le train FE 44964 est en provenance d'Autriche et à destination d'Aix-la-Chapelle via Passau. Son terminus sera Anvers Nord.

Après une heure d'attente dans les locaux de la Direction des machines, on est toujours sans nouvelles du train FE 44964. Les allées et venues se multiplient. Aux heures de pointe, on envoie jusqu'à 50 mécaniciens d'Aix-la-Chapelle Ouest sur les voies. Les destinations des trains de marchandises s'appellent Gremberg, Oberhausen-Osterfeld, Duisbourg, Mönchengladbach ou justement Montzen. En théorie, on fixe à l'avance quel mécanicien doit conduire quel train. Mais la pratique remet souvent en question tout le travail de planification effectué. Le collègue Dieter K. s'annonce au chef de sécurité à 19h45. Peu après, le fax crache un nouvel horaire des trains de marchandises. 'Oh, mais comment ça ? Qu'est-ce qu'on me demande de faire ?', se demande Dieter K. Son service vient d'être modifié.

A 20h50, le téléphone sonne. On informe Harald M. que son train est arrivé à Aix-la-Chapelle Ouest. Le premier voyage peut donc commencer. Si tout se passe bien, Harald M. terminera son service à 5h40. Harald M. prend un téléphone portable de la réserve de la Direction des machines et se rend à la Direction du triage. Là, on lui remet les papiers de connaissement du train de marchandises. Une grosse pile de documents reliés par un cordon. 'On jettera cette paperasse tout à l'heure aux pieds des Belges à Montzen', dit-il le sourire aux lèvres.

Il se rend sur la rampe du dépôt. Il y avait là à l'instant encore six modèles 225 et une 'Ludmilla' de la série de fabrication 241.8. Harald M. monte dans l'une des deux dernières locomotives. Il les inspecte brièvement toutes les deux et parvient non sans peine à les démarrer dans un nuage de fumée. 'Voie 32 à chef de sécurité, à vous',

eine „Ludmilla", die Baureihe 241.8. Harald M. steigt in eine der letzten beiden Lokomotiven ein. Die beiden Loks werden kurz inspiziert und unter einigen Mühen mit großer Rauchentwicklung gestartet. „Gleis 32 für Fahrdienstleiter bitte kommen", ruft Harald M. über den Zugbahnfunk. Die Doppeleinheit setzt sich in Bewegung. Nach wenigen Minuten Hin- und Herfahren steht Harald M. mit seinen Dieselmaschinen am Zug FE 44964. Ankuppeln muss er selbst. Einzige Hilfe für ihn ist ein Rangierer, der am Schluss des Zuges die Bremsprobe kontrolliert.

Es ist mittlerweile 21:23 Uhr und schon etwas dämmerig, es herrscht richtig Betrieb in Aachen-West. Drei Güterzüge Richtung Montzen werden fertig gemacht, auf den Nebengleisen stehen weitere Güterzüge bereit zur Ausfahrt nach Köln. Vor dem Bahnhof wartet bereits eine DLC-Lok mit einem Containerzug auf die Einfahrt. Sie muss noch warten, kein Gleis ist frei. Besonders in den Nächten von Freitag auf Samstag platzt der Bahnhof schon mal aus allen Nähten. Manchmal müssen Güterzüge eine Stunde auf die Einfahrt warten, egal aus welcher Richtung.

Der Güterzug von Harald M. ist heute 1.210 Tonnen schwer. In den Begleitpapieren stehen weitere, für ihn wichtige Daten: Bremsgewicht, Zuglänge, Gefahrgut. Die zwei 225er werden den Zug ohne Schiebelok die Steigung nach Gemmenich hinauf bekommen. Das geht gerade noch. Kollege Franz S. hat als erster Ausfahrt Richtung Montzen. Seine beiden 225er beginnen zügig die direkt hinter dem Bahnhof ansteigende Fahrt nach Gemmenich, dem Scheitelpunkt der Strecke. Keine drei Minuten später erhält Harald M. die Ausfahrt. „Wir fahren jetzt auf dem falschen Gleis" sagt Harald M. ruhig. Was für den Laien seltsam klingt, ist für die Lokführer Alltag. Die Strecke Aachen-West - Montzen ist komplett zweigleisig. Jedes Gleis darf in jede Richtung befahren werden. Unser Zug nimmt also jetzt auf dem linken Gleis die Fahrt nach Montzen in Angriff. Harald M. war klar, dass wir den kurz vorher gestarteten Kollegen bald sehen werden, weil unser Zug leichter ist. Und genauso ist es dann auch. Auf der geraden Strecke entlang der Bleyberger Straße sehen wir den voran fahrenden Güterzug im Dämmerlicht auf dem Nachbargleis.

Unser Tempo ist zurzeit nur 45 km/h. Mehr ist bei dem Zuggewicht nicht drin. Der Zug wird auf der 25 ‰-Steigung kontinuierlich langsamer: 45 ... 43 ... 40. Kollege Franz S. hat es noch schwerer, denn schließlich kommen wir seinem Zug immer näher. Doch dann ist für uns erst einmal Schluss.

Dit is alles behalve dan eventjes de sleutel omdraaien. Zwarte rookwolken stijgen op en de motor komt met veel lawaai op toeren. "Spoor 32 voor dispatching a.u.b.", roept Harald M. De twee aan elkaar gekoppelde locomotieven vertrekken. Na enkele minuten heen- en weerrijden staat Harald M. met zijn zware diesels bij trein FE 44964. Voor het aankoppelen moet hij zelf zorgen. Enige hulp krijgt hij van een rangeerder die aan het einde van de trein de remtest doet.

Het is inmiddels even voor half tien en de avond valt geleidelijk. Er is veel drukte op het station Aken-West. Drie goederentreinen staan te wachten op hun vertrek; op de zijsporen staan nog meer treinen klaar voor vertrek naar Keulen. Buiten het station wacht een locomotief van vervoerder DLC met een containertrein, want er is nog geen spoor vrij. Vooral tijdens de nacht van vrijdag op zaterdag barst het station soms uit zijn voegen. Af en toe moeten de goederentreinen een uur op het binnenrijden wachten.

21:45

De goederentrein van Harald M. heeft vandaag 1.210 ton aan de haak. In zijn documenten staan de voor hem belangrijke gegevens. Remweg, lengte van de trein, gevaarlijke goederen. De twee 225ers zullen hun zware last zonder opduwloc bergop naar Gemmenich brengen. Dat zal op het nippertje lukken. Collega Franz S. vertrekt als eerste richting Montzen. Zijn twee 225ers beginnen vlot aan de klim naar Gemmenich – de top van de helling. Geen drie minuten later mag ook Harald M. vertrekken. „Wij rijden nu op het verkeerde spoor", zegt hij rustig. Wat voor een leek raar klinkt is voor een machinist een alledaags verhaal. De lijn Aken-West - Montzen is doorgaans dubbelsporig. Op elk spoor mag in elke richting worden gereden. Onze trein begint dus op het linkerspoor aan de rit naar Montzen. Voor Harald M. is het duidelijk dat we de vóór ons gestarte collega gauw zullen zien omdat onze trein minder zwaar is. En wat komen moet dat komt. Op het lange rechte stuk langs de Bleyberger Straße zien we de vóór ons rijdende geoderentrein in de vallende duisternis op het rechterspoor rijden.

annonce-t-il par radio. L'unité double se met en mouvement. Quelques minutes et allées et venues plus tard, Harald M. est en position avec ses machines diesel en tête du train FE 44964. Il doit lui-même accrocher les wagons. La seule aide dont il dispose est celle d'un employé du triage qui contrôle le test de freinage en queue de train.

Il est maintenant 21h23, la nuit commence à tomber, et il y a beaucoup d'activité à Aix-la-Chapelle Ouest. On prépare trois trains de marchandises à destination de Montzen; sur les voies d'à côté attendent d'autres trains prêts à partir pour Cologne. Devant la gare une locomotive DLC avec son attelage de containers attend de pouvoir entrer. Elle doit encore attendre, aucune voie n'est libre. Tout particulièrement dans la nuit du vendredi au samedi, la gare est pleine à craquer. Il arrive que des trains soient obligés d'attendre une heure avant de pouvoir entrer, peu importe leur provenance. Le train de marchandises de Harald M. a aujourd'hui un poids de 1.210 tonnes. Les papiers d'accompagnement contiennent d'autres données d'importance pour lui : poids de freinage, longueur du train, marchandises à haut risque. Les deux 225 arriveront à franchir la montée en direction de Gemmenich sans locomotive de pousse. De justesse. C'est son collègue Franz S. qui sort le premier pour aller à Montzen. Ses deux 225 entament rapidement le chemin en pente qui commence juste après la gare en direction de Gemmenich, le point culminant du trajet. A peine trois minutes plus tard, Harald M. reçoit l'autorisation de sortir.

« Nous roulons maintenant à contresens » dit Harald M. tranquillement. Ce qui peut paraître étrange au novice fait partie du quotidien du mécanicien. La ligne Aix-la-Chapelle Ouest - Montzen est à deux voies de bout en bout. Chaque voie peut être empruntée dans les deux sens. Notre train entame donc son trajet vers Montzen sur la voie de gauche. Harald M. se doutait bien que nous ne tarderions pas à voir le collègue parti juste avant parce que notre train est plus léger. Sur le tronçon rectiligne qui longe la rue Bleyberg nous voyons dans la pénombre le train de marchandises qui avance sur la voie d'à côté.

Nous roulons pour l'instant à une vitesse de 45 km/h. Vu le poids du train, on ne peut pas faire mieux. Sur la pente à 25 ‰, le train ralentit constamment : 45 ... 43 ... 40. Mais pour le collègue Franz S., c'est encore plus dur car nous nous rapprochons de plus en plus de son train. Mais pour nous, le voyage s'arrête provisoirement. Notre train est stoppé au signal n° 341.

Unser Zug wird am Signal 341 zum Halten gebracht. Der andere Zug darf erstmal auf dem richtigen Gleis in aller Ruhe Richtung Montzen fahren. Wir werden im Blockabstand folgen.

Wir stehen also auf dem falschen Gleis am Bahnwärterhaus von Reinartzkehl und warten. Es ist ein seltsames Gefühl, weil wir schließlich auf dem ‚falschen‘ Gleis stehen. „Gleich muss die Lok richtig arbeiten. Aus dem Stand heraus die 25 ‰-Steigung zu packen, ist für die beiden Lokomotiven schwer" sagt Harald M. Für den Fahrdienstleiter aus Aachen-West ist unser Zug weg und vergessen. Er hat nun wieder etwas mehr Platz im Bahnhof.

Nach zehn Minuten Wartezeit erhalten wir „Fahrt frei" durch den Gemmenicher Tunnel. Wir wechseln vom falschen auf das rechte Gleis. Im Tunnel wird der Zug dann deutlich schneller. Wir haben den Scheitelpunkt der Strecke erreicht. Ab jetzt geht es nur noch bergab bis Montzen. Direkt hinter dem Tunnel eine Bremsprobe. Dies ist Vorschrift. Mittlerweile auf belgischem Gebiet angekommen, stehen rechts und links der Gleise belgische Signale. Für Harald M. ist dies kein Problem. Er wurde speziell für diese Strecke ausgebildet. Weiter als Montzen darf er aber nicht fahren.

Die Fahrt ist jetzt deutlich leiser. Der Güterzug rollt mit 60 km/h zügig auf das Viadukt von Moresnet zu. Auf der 55 Meter hohen Brücke bietet sich uns ein herrlicher Ausblick auf Moresnet und die umliegende Landschaft. Direkt hinter der Brücke kommen schon die Einfahrsignale des großen Rangierbahnhofs Montzen. Nach 25 Minuten Fahrt steht der Zug und wartet auf die Einfahrt in die Rangiergleise. Langsam, sehr langsam poltert der Zug über die Weichen: Geschwindigkeitsbegrenzung auf 10 km/h. Am großen Hauptgebäude wartet schon ein belgischer Rangierer. Wir werfen die Frachtpapiere aus dem Führerhausfenster, während wir auf unser Gleis rollen. Ein belgischer Eisenbahner nimmt das Paket grüßend entgegen. So ist das hier üblich. Unser Zug hält genau neben dem Zug von Franz S. Auch er hat es geschafft. Wie immer, schließlich wird vorher genau berechnet, ob die Diesellokomotiven die Steigung schaffen.

Harald M. muss nun wieder aussteigen und seine beiden Loks abkuppeln. Nun geht es am westlichen Stellwerk vorbei auf ein Abstellgleis. Nacheinander werden alle angekommenen deutschen Lokomotiven wieder an die Ostseite des Rangierbahnhofs geleitet. Es ist jetzt 22:35 Uhr. Harald M. sucht seine Rückleistung. „Vielleicht fahren wir auch leer zurück, das kann man nie wissen". Doch dann geht es auf eines der

Onze snelheid is op dit moment 45 km/h. Meer is met zo'n last aan de haak niet mogelijk. De trein wordt op de helling van 25 ‰ continu trager: 45, 43, 40. Collega Franz S. heeft het nog een stuk moeilijker, want wij naderen zijn trein zienderogen. Dan is het voor ons eventjes gedaan. Onze trein wordt bij het sein met nummer 341 gestopt. De andere trein mag nu eerst op het juiste spoor richting Montzen rijden. Wij volgen op blokafstand.

Wij staan dus op het verkeerde spoor aan het seinhuis van Reinartzkehl te wachten. Het is een raar gevoel omdat we op het verkeerde spoor staan te wachten. "Straks moet de locomotief zwaar werken. Op een helling van ‚nul' vertrekken is moeilijk voor de locomotieven", zegt Harald M. Voor de dispatching in Aken-West is zijn trein al lang verleden tijd. Er is nu weer wat ruimte op het station vrijgekomen.

Na tien minuten te hebben gewacht krijgen we het vertreksein om de tunnel van Botzelaar te mogen passeren. We wisselen op het juiste spoor. In de tunnel wordt de trein dan duidelijk sneller. We hebben de top bereikt. Vanaf nu gaat het alleen nog maar bergaf tot Montzen. Direct achter de tunnel volgt een verplichte remtest. Inmiddels – aangekomen op Belgisch territorium – staan rechts en links van de sporen Belgische lichtseinen. Geen probleem voor Harald M. Hij werd speciaal voor deze lijn bijgeschoold. Verder dan Montzen mag hij echter niet rijden.

Het gedreun van de motoren is nu wat minder lawaaierig dan daarnet. De goederentrein rijdt met 60 km/h over het viaduct van Moresnet. Vanuit de 55 meter hoge brug heeft de machinist een adembenemend panorama op het mooie landschap. Onmiddelijk achter de brug flikkeren al de eerste seinen van het grote vormingsstation van Montzen. Na een rit van 25 minuten staat de trein even stil en wacht op het sein voor het binnenrijden van het station. Traag rijdt de trein over de wissels. Snelheidsbeperking 10 km/h. Bij het grote hoofdgebouw wacht al een Belgische rangeerder. Wij werpen de vrachtpapieren uit de bestuurderscabine terwijl we op "ons" spoor rijden. Een Belgische spoorbediende neemt het pakje vriendelijk in

L'autre train peut tranquillement continuer en direction de Montzen sur la bonne voie. Nous allons le suivre en tenant l'intervalle réglementaire.

Nous sommes donc sur la mauvaise voie à la hauteur de la maison du garde-barrière de Reinartzkehl et attendons. C'est un sentiment étrange que d'être vraiment sur la 'mauvaise' voie. 'La locomotive va tout de suite devoir montrer ce qu'elle sait faire. Franchir une pente à 25 ‰ sans élan est une chose difficile à réaliser pour les deux locomotives' dit Harald M. Pour le chef de sécurité d'Aix-la-Chapelle Ouest, notre train est déjà loin et oublié. Il dispose maintenant d'un peu plus de place à la gare.

Après une attente de dix minutes, nous obtenons 'l'autorisation de départ' pour la traversée du Tunnel de Botzelaer. Nous passons de la 'mauvaise' voie sur la voie de droite. Dans le tunnel, le train prend nettement de la vitesse. Nous avons atteint le point culminant du trajet. A partir de maintenant, nous amorçons la descente jusqu'à Montzen. Test de freinage juste à la sortie du tunnel, conformément au règlement. Nous sommes entre-temps arrivés sur le territoire belge, de part et d'autre des voies on remarque la signalisation belge. Pour Harald M., cela ne pose aucun problème. Il a reçu une formation spéciale pour ce tronçon. Mais il n'est pas autorisé à aller au-delà.

Le voyage est maintenant bien plus silencieux. Le train de marchandises roule à une vitesse de 60 km/h vers le Viaduc de Moresnet. Du pont haut de 55 mètres s'offre à nous une vue splendide sur Moresnet et la campagne environnante. Juste à la sortie du pont commence la signalisation pour l'entrée dans la grande gare de triage de Montzen. Après un trajet de 25 minutes, le train est immobilisé et attend de pouvoir effectuer son entrée sur les voies de triage. Lentement, très lentement il passe à grand bruit sur les aiguillages : la vitesse est limitée à 10 km/h. Devant le grand bâtiment principal attend déjà un employé belge du service de triage. Nous lançons les papiers de connaissance par la fenêtre de la cabine tout en continuant à rouler sur notre voie. Un cheminot belge réceptionne le paquet en nous saluant. C'est l'usage ici. Notre train s'arrête juste à côté du train de Franz S. Mission accomplie pour lui aussi. Rien d'étonnant à cela : on évalue toujours avant avec précision si les locomotives peuvent franchir la pente.

Harald M. doit maintenant redescendre et décrocher ses deux locomotives. Puis l'on se dirige vers une voie de garage en

vielen Gleise an einen bereit stehenden Zug mit VW-Autoteilen, nicht sehr lang und auch nicht schwer. Aber die Rückfahrt nach Aachen-West ist kein Problem, weil die Steigung von belgischer Seite zum Tunnel nur 10 ‰ beträgt.

Wieder kommt ein Bündel Frachtpapiere mit in die Lok. Harald M. prüft, ob alles korrekt ist, und schon ist die Ausfahrt zur Rückfahrt geschaltet. Da das Zuggewicht für die beiden Lokomotiven kein Problem ist, sind wir zügig mit 60 km/h unterwegs. Kurz vor dem Gemmenicher Tunnel eine Bremsprobe. Wenn der Lokführer merkt, dass der Zug deutlich langsamer wird, ist alles klar, und es geht durch den Tunnel abwärts nach Aachen-West. Auf der Rampe wird der Zug kurz vor Aachen-West auf 40 km/h abgebremst. „Aus Lärmschutz-gründen" sagt Harald M. „Obwohl das Abbremsen auch ganz schön laut ist, und hier stehen ja auch schon Häuser". Die Einfahrt in den Aachener Westbahnhof ist frei. Wir fahren ein auf Gleis 23. Jetzt nur noch abkuppeln und beim Fahrdienst-leiter melden. Der weiß noch nicht, wie es weitergeht. Er muss erst in der Duis-burger Betriebsleitzentrale nachfragen, was als nächstes gefahren werden soll. Nach zehn Minuten warten ist klar: ein weiterer Güterzug wird hinauf nach Montzen gefahren.

22:40

So wird das diese Nacht noch einige Male gehen. 70 % der Güterzüge werden nachts über die Montzenroute gefahren. Die Dienstzeiten der Lokführer sind dann schon mal zehn, elf oder zwölf Stunden lang, wenn alles gut geht. Denn es kann immer was dazwischen kommen. Wie es weitergeht, weiß immer nur die Betriebs-leitzentrale in Duisburg. Und denen fehlt manchmal der Durchblick, sagen die Lokführer mit einem leicht genervten Gesichtsausdruck. (Fotos: Thomas Barthels, 2006)

ontvangst. Onze trein stopt precies naast die van Franz S. Ook hij heeft zijn trein veilig naar de plaats van bestemming gebracht. Net als altijd, want tenslotte werd op voorhand nauw berekend of de locomo-tieven de helling naar Gemmenich alleen en zonder opduwlocomotief aankunnen.

Harald M. moet nu even uitstappen en zijn twee diesels loskoppelen van de trein. Nu moet hij voorbij het westelijke seinhuis op een zijspoor. Een voor een worden de gearriveerde Duitse locomotieven weer terug naar de oostelijke kant van het spoorbundel geloodst. Nu is het 23.35 uur. Harald M. is op zoek naar zijn retourtrein. "Misschien hangen ze ons ook niets aan de haak dat weet je op voorhand nooit", zegt hij. Dan moet hij toch terug naar een van de vele sporen. Er staat een trein met VW-auto-onderdelen klaar voor hem en zijn zware diesels. De terugreis naar Aken-West is geen enkel probleem omdat de stijging maar 10 ‰ bedraagt.

Opnieuw komt er een pakje met vracht-papieren dat mee op de stuurpost moet. Harald M. controleert of alles correct is en dan mag hij al vertrekken. Omdat het gewicht van de trein geen probleem voor de locomotieven is, zijn we vlot met 60 km/h op weg naar huis. Even voor de tunnel van Botzelaar volgt weer een remtest. Als de treinbestuurder vaststelt dat de trein trager rijdt, is alles in orde. Dan mag hij doorrijden naar Aken-West. Op de helling naar Aken remt de trein en rijdt met 40 km/h verder. "Anders zou er te veel lawaaihinder zijn", legt Harald M. uit. Alhoewel het remmen ook flink wat lawaai veroorzaakt en er nog een aantal huizen staan. Aken-West is "vrij". Wij rijden het station binnen op spoor 23 - nu nog even loskoppelen en de dispatching verwittigen. Die weet nog niet hoe het verder gaat. De dispatcher moet eerst bij de centrale dispatching in Duisburg informeren wat er nu aan de haak komt. Na tien minuten wachten staat vast dat er een tweede goederentrein naar Montzen moet worden gebracht.

Dit zal niet voor de laatste keer zijn deze nacht. 70 % van de treinen rijden 's nachts op de Montzenroute. De shifts van de machinisten duren dan af en toe tien, elf of zelfs twaalf uren en dat alleen als alles volgens schema verloopt. Wat de volgende opdracht is, dat weten ze alleen bij de centrale dispatching in Duisburg. En daar hebben ze geregeld moeilijkheden, weten de treinbestuurders die er niet altijd om kunnen lachen. (Foto's: Thomas Barthels, 2006)

passant devant le poste d'aiguillage ouest. On dirige les unes après les autres toutes les locomotives allemandes qui viennent d'arriver sur le côté est de la gare de triage. Il est maintenant 22h35. Harald M. cherche sa mission de retour. 'Peut-être ferons-nous le voyage retour à vide, on ne le sait jamais à l'avance'. Mais il prend bientôt les commandes d'un train chargé de pièces détachées de Volkswagen, déjà prêt sur l'une des nombreuses voies, pas très long ni trop lourd. De toute façon, le retour vers Aix-la-Chapelle Ouest ne pose pas de problème puisque côté belge, la pente jusqu'au tunnel n'est que de 10 ‰.

On réceptionne une nouvelle pile de papiers de connaissement dans la loco-motive. Harald M. vérifie que tout est en ordre et le retour s'amorce déjà. Comme le poids du train ne pose pas de problème, nous effectuons tout le trajet à 60 km/h. Juste avant le Tunnel de Botzelaer, test de freinage. Quand le mécanicien remarque un net ralentissement, il comprend tout de suite pourquoi et poursuit sa descente par le tunnel en direction d'Aix-la-Chapelle Ouest. Sur la rampe juste avant Aix-la-Chapelle Ouest, la vitesse du train est réduite à 40 km/h. 'Par mesure antibruit' dit Harald. 'Bien que le freinage soit lui aussi très bruyant, et il y a déjà des maisons ici'. La voie est libre pour entrer en gare d'Aix-la-Chapelle Ouest. Nous entrons sur la voie 23. Il ne reste plus qu'à décro-cher et à se signaler au chef de sécurité. Il ne connaît pas lui-même la suite des événements. Il doit d'abord demander à la Centrale d'exploitation de Duisbourg quel chargement doit ensuite être acheminé. Au bout de dix minutes arrive la réponse attendue : il faut monter un nouveau train de marchandises jusqu'à Montzen.

22:42

La même chose va encore se répéter plusieurs fois cette nuit. 70 % des trains de marchandises sont acheminés à Montzen de nuit. Le temps de service des mécaniciens s'élève à dix, onze ou douze heures dans le meilleur des cas. Car il peut toujours arriver quelque chose. Seule la Centrale d'exploitation de Duisbourg connaît la suite des événements. Et ils ne s'y connaissent pas toujours très bien, disent les mécaniciens d'un air légèrement irrité. (Photos : Thomas Barthels, 2006)

Lokomotiven und Betrieb

D · Wie sehen typische Güterzüge auf der Montzenroute aus? Wir haben versucht, auf dieser Doppelseite eine Übersicht zu geben. Viele Züge der Montzenroute haben als Start- oder Zielbahnhof Antwerpen-Noord (Autos und Autoteile, Gas, Öl und Container). Andere wichtige Ziele auf belgischer Seite sind Kinkempois (Stahl bzw. Coils) und Genk (Autos und Autoteile). Kohle wird zum Beispiel vom Hafen Gent nach Mannheim befördert, Kalk von der Maas ins Ruhrgebiet. Neben den Ganzzügen mit nur einem Transportgut gibt es aber auch zahlreiche gemischte Güterzüge auf der Montzenroute. Alle Fotos dieser Doppelseite stammen von Markolf Gudjons.

NL · Wat zijn de kenmerken van de typische goederentreinen op de Montzenroute? Wij hebben getracht dit in een overzicht weer te geven. Een groot aantal treinen vertrekken of komen aan in Antwerpen-Noord (auto's, auto-onderdelen, gas, stookolie en containers). Andere belangrijke bestemmingen in België zijn Kinkempois (staal en coils) en Genk (auto's en auto-onderdelen). Steenkool wordt bijvoorbeeld van de Gentse haven naar Mannheim getransporteerd. Kalktransporten zijn er vanuit het Maasland naar het Ruhrgebied. Naast deze treinen rijden er ook een aantal treinen met verschillende wagentypes op de Montzenroute. Alle foto's op deze twee pagina's werden genomen door Markolf Gudjons.

Botzelaar · Stahl | Staal | Acier

Montzen · Fahrzeugteile | Auto-onderdelen | Pièces détachées

Visé · Autos | Auto's | Voitures

Remersdaal | Remersdael · Flüssiggas | Vloeibaar gas | Gaz liquide

Bressoux · Stahl | Staal | Acier

Aachen-West · Militär | Leger | Militaire

F · A quoi ressemblent les trains de marchandises types de la Route de Montzen ? Cette double page se propose d'en donner un aperçu. De nombreux trains de la Route de Montzen ont comme gare de départ ou d'arrivée Anvers Nord (voitures et pièces détachées, gaz, pérole et containers). Les autres destinations importantes côté belge sont Kinkempois (acier et coils) et Genk (voitures et pièces détachées). Le charbon, par exemple, est transporté du port de Gand vers Mannheim, le calcaire de la Meuse jusqu'à la Ruhr. A côté des trains qui ne transportent qu'un type de marchandise, on trouve également de nombreux trains mixtes sur la Route de Montzen. Toutes les photos de cette double page sont de Markolf Gudjons.

Montzen · Güterzug | Goederentrein | Train de marchandises

Sint-Martens-Voeren | Fourons-Saint-Martin · Kohle | Kolen | Charbon

Montzen · Kalk | Kalk | Calcaire

Montzen · Container | Container | Conteneur

Botzelaar · Getreide | Graan | Céréales

Moresnet · Öl | Petroleum | Pétrole

Das Streckenalbum
De lijn in kaart gebracht | La carte de lignes

D · Die Montzenroute umfasst mehr als nur den Streckenabschnitt von Aachen-West bis Tongeren. Auf den folgenden Seiten haben wir deshalb nicht nur diesen Abschnitt in Karten und Bildern festgehalten, sondern auch das Netzwerk rund um die Linie 24. Bild rechts: frostige Stimmung in Aachen-West. Die beiden Gleise links und das einzelne rechts führen hoch zum Gemmenicher Tunnel. Das zweite und dritte Gleis von rechts führt zum Aachener Hauptbahnhof. (Foto: Thomas Barthels, 2006)

NL · De Montzenroute is niet alleen beperkt tot het gedeelte van Aken-West tot Tongeren. Op de volgende pagina's hebben we daarom niet alleen de lijn in kaart gebracht maar ook het net dat aansluit op lijn 24. Op de foto rechts: wintersfeer in Aken-West. De twee sporen links en het spoor helemaal rechts zijn de "aanloop" naar de tunnel van Botzelaar. Via het tweede en het derde spoor rechts bereiken de treinen Aken-Centraalstation via de nieuwe stopplaats Aken-Schanz. (Foto: Thomas Barthels, 2006)

F · La Route de Montzen englobe davantage que le simple tronçon allant d'Aix-la-Chapelle Ouest à Tongres. C'est pourquoi les pages suivantes proposent des cartes et des photos non seulement de ce tronçon, mais aussi de l'ensemble du réseau situé tout autour de la ligne 24. Photo de droite : froid glacial à Aix-la-Chapelle Ouest. Les deux voies de gauche ainsi que la voie isolée de droite montent vers le Tunnel de Botzelaer. Les deuxième et troisième voies en partant de la droite vont en direction de la gare centrale d'Aix-la-Chapelle (photo : Thomas Barthels, 2006).

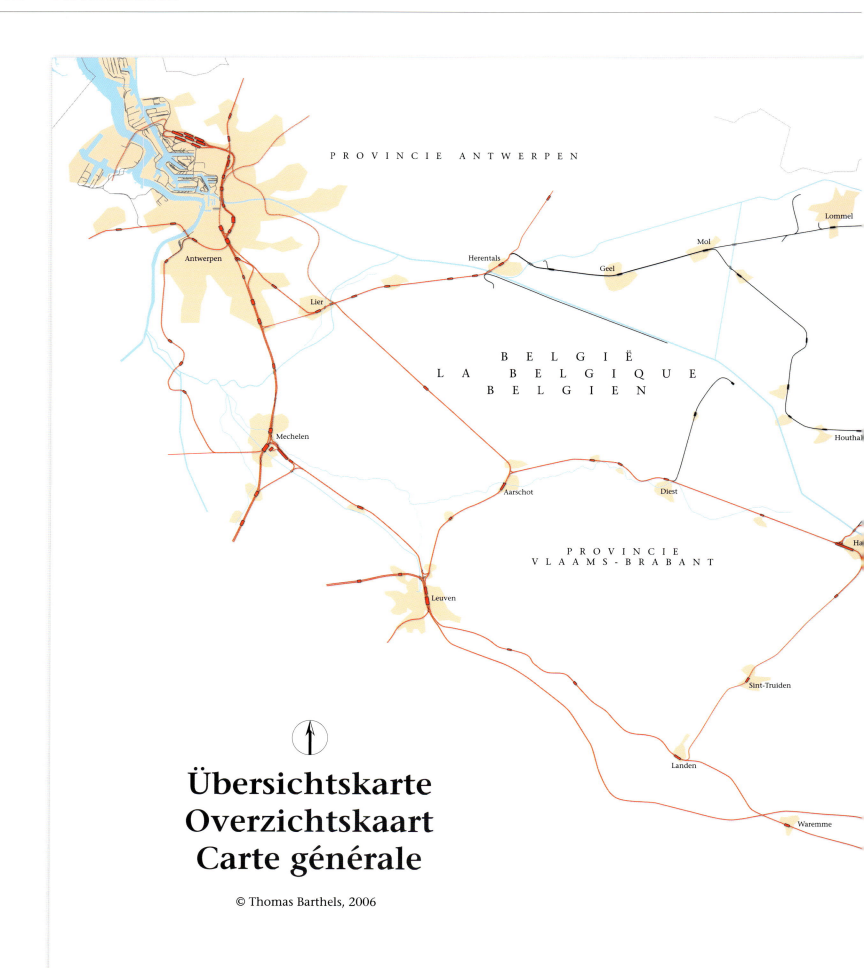

Übersichtskarte
Overzichtskaart
Carte générale

© Thomas Barthels, 2006

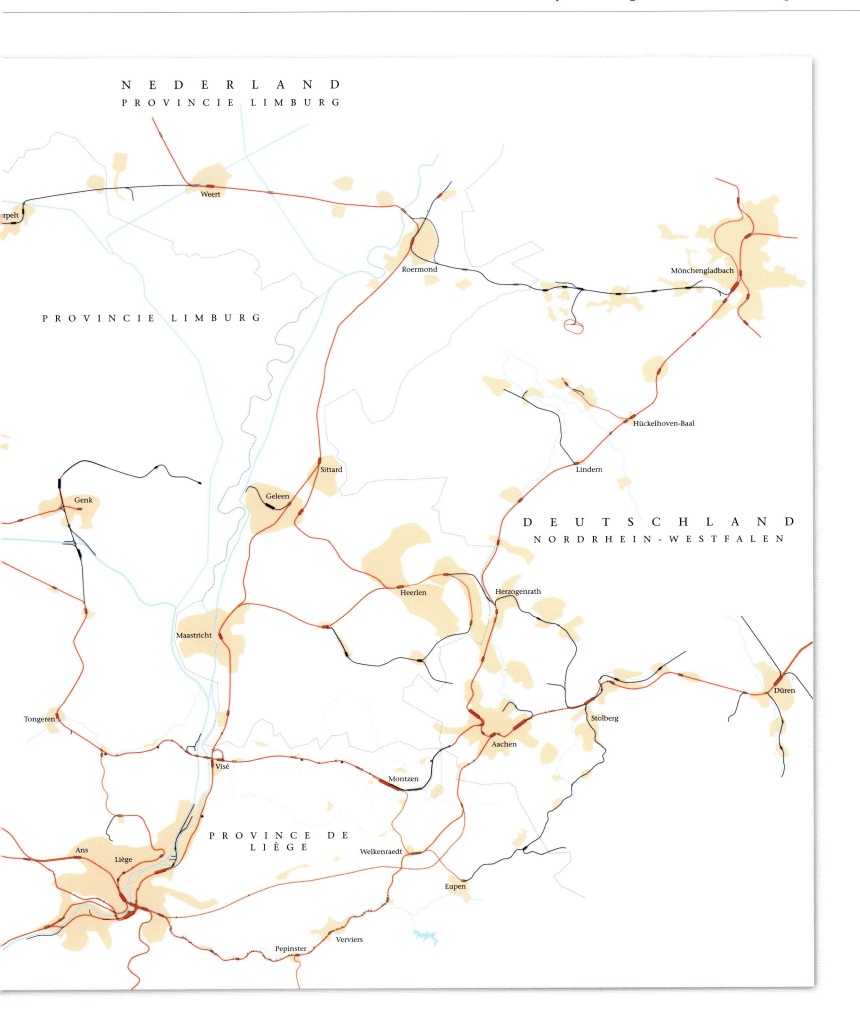

NEDERLAND
PROVINCIE LIMBURG

PROVINCIE LIMBURG

Weert

rpelt

Roermond

Mönchengladbach

Hückelhoven-Baal

Lindern

DEUTSCHLAND
NORDRHEIN-WESTFALEN

Sittard

Geleen

Genk

Heerlen

Herzogenrath

Maastricht

Düren

Stolberg

Tongeren

Aachen

Visé

Montzen

PROVINCE DE
LIÈGE

Welkenraedt

Ans

Liège

Eupen

Pepinster   Verviers

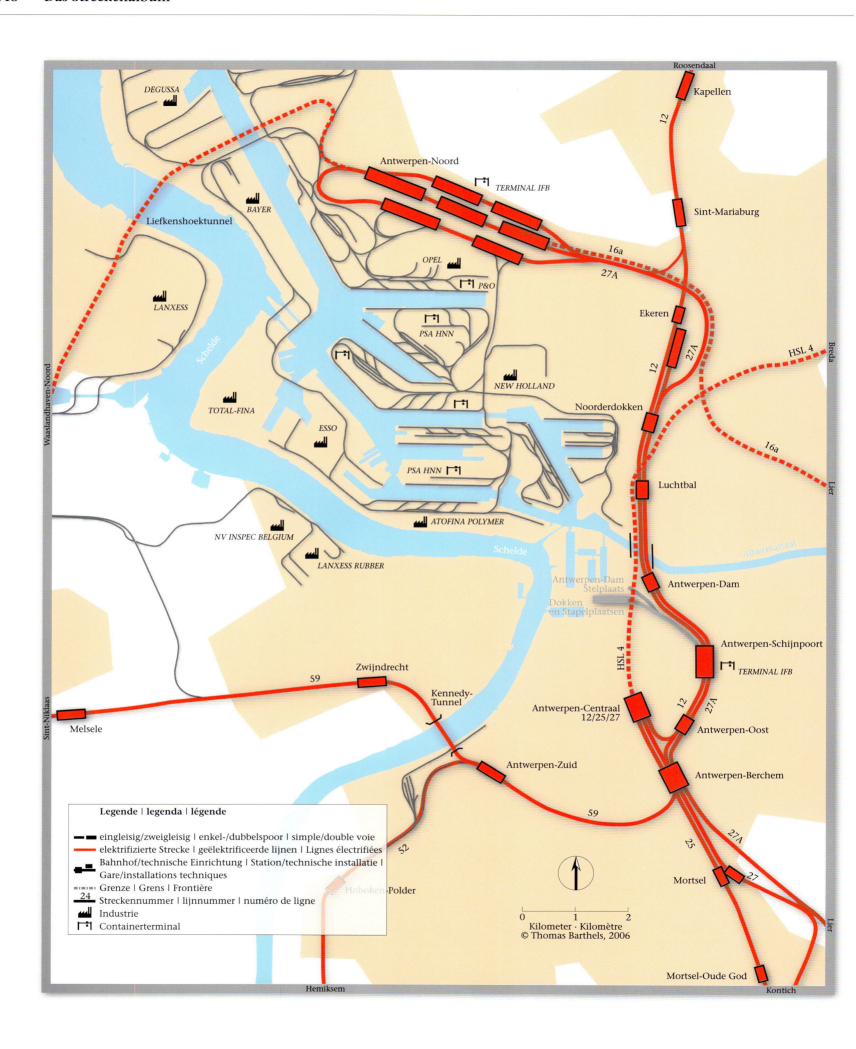

D · Güterzüge, die über die Montzenroute Richtung Deutschland fahren, beginnen ihre Reise meistens im Rangierbahnhof von Antwerpen-Noord. Über ihn werden beinahe alle Hafenteile bedient. Ab dem Jahr 2007 wird am neuen Liefkenshoektunnel gearbeitet. Er soll eine neue Verbindung mit den westlichen Hafenteilen ermöglichen. Etwa 2012 rechnet man mit der Fertigstellung. Gleichzeitig wird auch an der neuen südlichen Zufahrt zum Hafen, der Linie 16a, gearbeitet. Zurzeit müssen alle Züge Richtung Antwerpen-Noord noch die Route über Antwerpen-Berchem nehmen. Dieses Nadelöhr des belgischen Bahnverkehrs stößt an seine Grenzen. Noch werden erst 8 % der Güter mit der Bahn von und zum Hafen transportiert. Ziel sind 15 % im Jahr 2015.

Bilddaten: Oben links, Hafen Antwerpen (Foto: Thomas Barthels, 2005), oben rechts die 180°-Kurve Antwerpen-Noord (Foto: Thomas Barthels, 2005). Unten links und rechts Rangierbahnhof und Ablaufberg in Antwerpen-Noord (Quelle: NMBS/SNCB-Archiv Brüssel).

NL · Goederentreinen die via de Montzenroute richting Duitsland rijden, beginnen aan hun reis meestal in het station Antwerpen-Noord. Van hieruit wordt bijna de hele haven bediend. Vanaf 2007 wordt met de bouw van de nieuwe Liefkenshoek-spoortunnel gestart. Daarmee komt er een nieuwe verbinding met de haven op Linkeroever. Tegen 2012 moet de nieuwe tunnel klaar zijn. Tergelijkertijd wordt tevens de tweede spoortoegang van de haven, lijn 16a, gerealiseerd. Tegenwoordig moeten alle treinen richting Antwerpen-Noord nog door het station van Berchem. Deze flessenhals van het Belgische spoorwegnet kan bijna geen extra treinen meer aan. Slechts 8 % van de goederen wordt per spoor van en naar de haven vervoerd. In 2015 moeten dit 15 % zijn – zo de voorspellingen.

Afbeeldingen: linksboven, Haven Antwerpen (foto: Thomas Barthels, 2005), rechtsboven de bocht van 180° te Antwerpen-Noord (foto: Thomas Barthels, 2005). Beneden links en rechts rangeerstation en rangeerheuvel te Antwerpen-Noord (bron: NMBS-archief, Brussel).

F · Les trains de marchandises qui vont vers l'Allemagne par la Route de Montzen partent la plupart du temps de la gare de triage d'Anvers Nord. Quasiment toutes les parties du port sont desservies par cette gare. A partir de 2007 seront entrepris les travaux du nouveau tunnel de Liefkenshoek, qui doit permettre d'établir une nouvelle liaison avec les parties ouest du port. Son achèvement est prévu aux alentours de 2012. On entreprend simultanément des travaux pour construire la ligne 16a, qui sera le nouvel accès sud au port. Pour l'instant, tous les trains en direction d'Anvers Nord doivent encore emprunter la route d'Anvers - Berchem. Ce goulet d'étranglement du trafic ferroviaire belge atteint là ses limites. Actuellement, seuls 8% des marchandises acheminées du et vers le port le sont par le train. L'objectif fixé pour 2015 est de 15%.

Illustrations : en haut à gauche, le port d'Anvers (photo : Thomas Barthels, 2005). En haut à droite la courbe à 180° d'Anvers Nord (photo : Thomas Barthels, 2005). En bas à gauche et à droite : la gare de triage et le remblai à Anvers Nord (Source : Archives SNCB de Bruxelles).

Das Streckenalbum

D · Ein zentrales Bahnbetriebswerk von Antwerpen lag früher zwischen Schijnpoort und Antwerpen-Dam. Wo heute der Lokschuppen verlassen da liegt (Bild ganz oben), herrschte noch 1992 Hochbetrieb (siehe Seite 155). Das Hafengelände in Antwerpen ist von einem dichten Gleisnetz durchzogen (Bild oben). Viele Weichen werden hier noch vom Rangierpersonal von Hand bedient. Links durchfährt ein Erzzug die enge Kurve bei Antwerpen-Berchem Richtung Süden. (Alle Fotos: Thomas Barthels, 2005)

NL · Een centrale stelplaats van Antwerpen bevond zich vroeger tussen de stations Schijnpoort en Antwerpen-Dam. Waar vandaag alleen nog maar de verlaten loods ligt (helemaal boven) was het in 1992 nog erg druk (zie pagina 155). In de Antwerpse haven liggen heel wat sporen (afbeelding boven). De meeste wissels worden hier nog met de hand door de rangeerders bediend. Links rijdt een ertstrein door de boog vlakbij Antwerpen-Berchem richting zuiden (alle foto's: Thomas Barthels, 2005).

F · Autrefois, il y avait un poste central d'exploitation d'Anvers situé entre Schijnport et Anvers-Dam. Là où se trouve aujourd'hui le hangar à locomotives désaffecté (tout en haut) régnait encore en 1992 une intense activité (voir page 155). A Anvers, le site du port est traversé par un réseau ferré dense (image du haut). De nombreux aiguillages y sont encore actionnés à la main par les employés du triage. A gauche, un train de minerai prend le virage serré au niveau d'Anvers-Berchem vers le sud. (Photos : Thomas Barthels, 2005)

D · Zwischen Antwerpen und Lier muss sich der Güterverkehr die Strecke 15 mit dem Antwerpener Vorortverkehr teilen. Deshalb wird in den nächsten Jahren ein zweiter Hafenzugang von Süden her gebaut, die Linie 16a. Zwischen Lier und Kessel beim Abzweig „Nazareth" wird ein Kreuzungsbauwerk entstehen. Züge aus Lier haben weiterhin die Wahl zwischen der Strecke 15 (Eiserner Rhein) und der Strecke 16 (Montzenroute). Die Güterzüge aus Richtung Aarschot werden über die Strecke 15 hinweg auf die neue Verbindung nach Antwerpen-Noord geführt.

Im Bild unten (Foto: Thomas Barthels, 2005) wartet eine belgische Diesellok der Reihe 62 auf Beschäftigung. Der Bahnhof von Lier liegt ebenerdig mitten in der Stadt.

Die Verbindung zwischen Eisernem Rhein und Montzenroute (Bild rechte Seite unten, Foto: Thomas Barthels, 2006) ist eine typisch belgische Konstruktion. Beide Gleise werden im Bogen aus der Geraden herausgeführt.

NL · Tussen Antwerpen en Lier delen goederen- en reizigerstreinen lijn 15 met elkaar. Om die redenen wordt op korte termijn de tweede, zuidelijke spoortoegang van de haven gerealiseerd, lijn 16a. Tussen Lier en Kessel zal vlakbij de vertakking ter hoogte van Nazareth een ongelijk-vloerse kruising met aansluiting op lijn 16 komen. Treinen komende vanuit Lier kunnen dan via lijn 15 (IJzeren Rijn) of lijn 16 (Montzenroute) rijden. Goederen-treinen komende vanuit Aarschot zullen in de toekomst Antwerpen-Noord via deze nieuwe spoortoegang bereiken en geen gebruik meer moeten maken van lijn 15.

Op de foto beneden (Thomas Barthels, 2005) wacht een Belgische dieselloc van reeks 62 op een nieuwe taak. Het station van Lier ligt midden in de bebouwde kom.

De verbinding tussen de IJzeren Rijn en de Montzenroute (afbeelding beneden op de rechterpagina, Thomas Barthels, 2006) is een typisch Belgische constructie. Beide sporen takken gelijkvloers van de hoofdlijn af.

F · Entre Anvers et Lierre, le trafic de marchandises doit partager la ligne 15 avec les trains de banlieue anversois. C'est pourquoi on construira dans les années à venir un second accès au port par le sud, la ligne 16a. Entre Lierre et Kessel au niveau de la bifurcation ‚Nazareth' sera construit un ouvrage d'intersection. Les trains en provenance de Lierre ont toujours le choix entre la ligne 15 (Rhin de Fer) et la ligne 16 (Route de Montzen). Les trains de marchandises en provenance d'Aerschot seront dirigés par la ligne 15 sur la nouvelle jonction avec Anvers Nord.

Sur l'image du bas (photo : Thomas Barthels, 2005), une locomotive diesel belge de la série de fabrication 62 en attente d'une mission. La gare se trouve au coeur de Lierre de plain pied avec la ville.

La ligne qui relie le Rhin de Fer et la Route de Montzen (image du bas, page de droite, photo : Thomas Barthels, 2006) est une construction typiquement belge. Les deux voies quittent la ligne droite en dessinant une courbe.

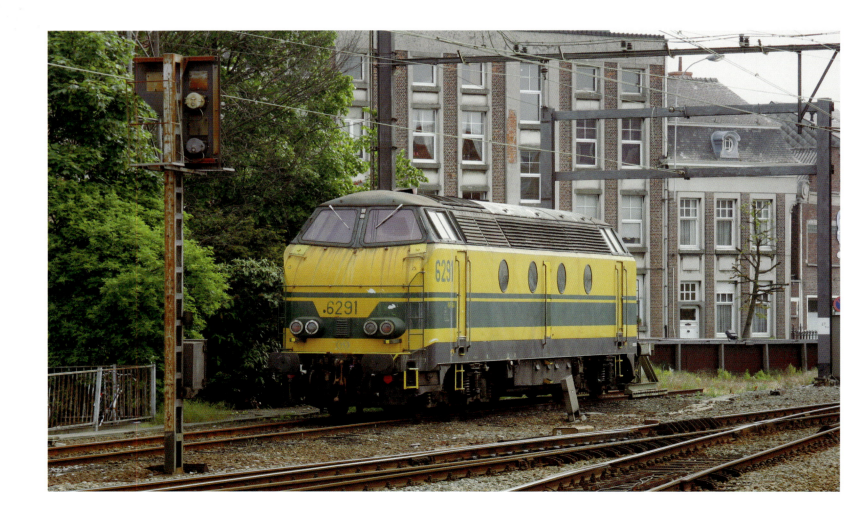

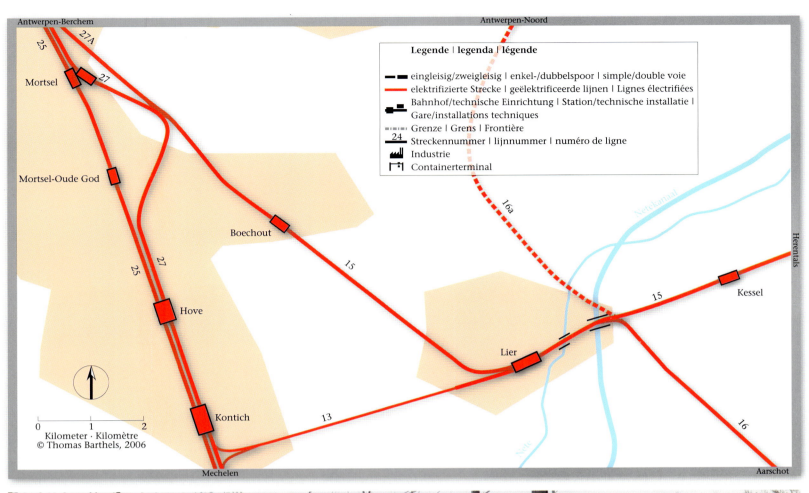

Legende | legenda | légende

– – eingleisig/zweigleisig | enkel-/dubbelspoor | simple/double voie
— elektrifizierte Strecke | geëlektrificeerde lijnen | Lignes électrifiées
Bahnhof/technische Einrichtung | Station/technische installatie |
Gare/installations techniques
Grenze | Grens | Frontière
24 Streckennummer | lijnnummer | numéro de ligne
Industrie
Containerterminal

© Thomas Barthels, 2006

D · Linke Seite oben: Diesellokomotive 5954 verlässt mit einem Kohlenzug den Rangierbahnhof Antwerpen-Noord. (Foto: Jan Schuermans, 1981)

Linke Seite unten: Im Bahnhof von Lier steht ein Kohlenzug ausfahrbereit zur Fahrt nach Antwerpen. Der Güterverkehr muss sich hier dem dichten Personenverkehr unterordnen. (Foto: Jan Schuermans, 1992)

Oben: Deutsche Diesellokomotiven der Baureihe 215 (heute 225) fuhren zeitweilig durch bis Antwerpen. Sie zogen die Güterzüge meist bis Antwerpen-Schijnpoort. Abgestellt wurden die Lokomotiven im „Stelplaats Antwerpen-Dam". Der große rechteckige Lokschuppen befand sich zwischen dem Haltepunkt Antwerpen-Dam und dem ehemaligen Güterbahnhof „Dokken en Stapelplaatsen". (Foto: Dr. Günther Barths, 1992)

NL · Pagina links, boven: dieselloc 5954 verlaat het rangeerstation van Antwerpen-Noord met een kolentrein (foto: Jan Schuermans, 1981).

Pagina links, beneden: In het station van Lier staat een kolentrein te wachten voor vertrek naar Antwerpen. Reizigerstreinen hebben hier voorrang (foto: Jan Schuermans, 1992).

Boven: Duitse diesellocomotieven van reeks 215 (tegenwoordig 225) reden gedeeltelijk door tot Antwerpen. Ze trokken de goederentreinen meestal tot Antwerpen-Schijnpoort. Deze locomotieven werden in de stelplaats Antwerpen-Dam gestationeerd. De grote rechthoekige locloods bevond zich tussen de stopplaats Antwerpen-Dam en het voormalige goederenstation "Antwerpen Dokken en Stapelplaatsen" (foto: Dr. Günther Barths, 1992).

F · Page de gauche, en haut : la locomotive diesel 5954 quitte la gare de triage d'Anvers Nord avec un chargement de charbon. (Photo : Jan Schuermans, 1981)

Page de gauche, en bas : en gare de Lierre se trouve un train de charbon prêt à partir vers Anvers. Ici, le trafic de marchandises doit se subordonner aux exigences de l'important trafic de voyageurs. (Photo : Jan Schuermans, 1992)

En haut : des locomotives diesel allemandes de la série 215 (aujourd'hui 225) ont parfois fait le trajet complet jusqu'à Anvers. La plupart du temps, elles tiraient les wagons de marchandises jusqu'à Anvers-Schijnport. Les locomotives étaient garées au Dépôt Anvers-Dam. Le grand hangar rectangulaire se trouvait entre le point d'arrêt d'Anvers-Dam et l'ancienne gare de marchandises de 'Dokken en Stapelplaatsen'. (Photo : Dr. Günther Barths, 1992)

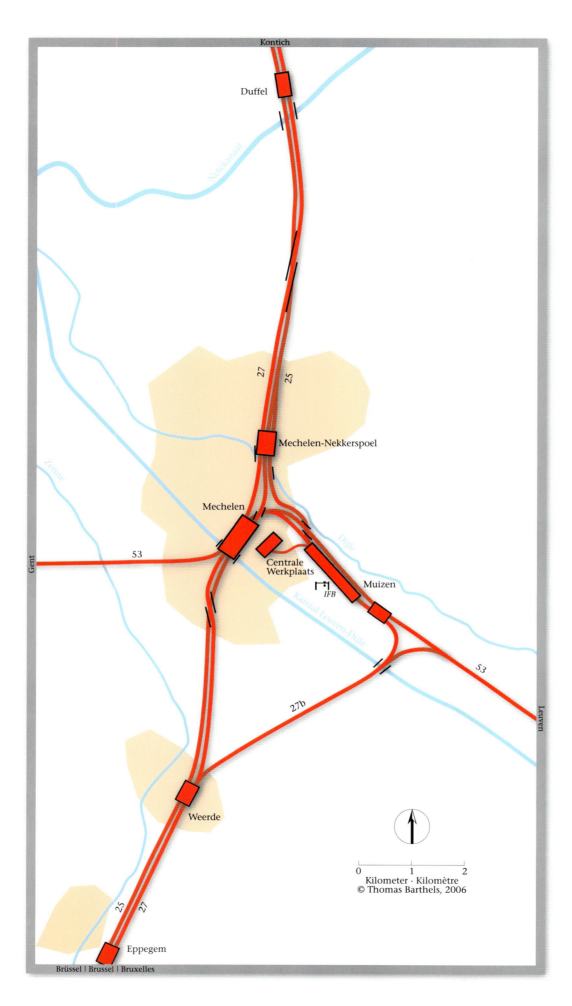

Kontich

Duffel

27 25

Netekanaal

Mechelen-Nekkerspoel

Zenne

Mechelen

53 Gent

Dijle

Centrale
Werkplaats

IFB

Muizen

Kanaal Leuven-Dijle

Leuven

53

27b

Weerde

0   1   2
Kilometer · Kilomètre
© Thomas Barthels, 2006

25 27

Eppegem

Brüssel | Brussel | Bruxelles

D · Nicht nur aus Antwerpen kommen die Güterzüge Richtung Deutschland, sondern auch aus den Seehäfen Zeebrugge, Ostende, und Gent. Die Züge nehmen den Weg über die Strecke 53 durch den Rangierbahnhof Muizen. Muizen selbst wird auch zunehmend als Containerumschlagstation genutzt.

Mechelen liegt an einer der Hauptbahnachsen in Belgien, der Verbindung Antwerpen - Mechelen - Brüssel. Dieser Abschnitt ist mittlerweile auch als Hochgeschwindigkeitsstrecke ausgebaut und durchgehend viergleisig.

Rechte Seite: zwei Fotos aus dem Rangierbahnhof Muizen bei Mechelen (Thomas Barthels, 2006)

NL · Niet alleen vanuit Antwerpen rijden treinen richting Duitsland, maar ook vanuit de havens van Zeebrugge, Oostende en Gent. De treinen rijden via lijn 53 en passeren het rangeerstation van Muizen-Mechelen. Muizen doet meer en meer dienst als container-overslagplaats.

Mechelen ligt aan de drukste spoorwegas van België, namelijk op de lijn Antwerpen - Mechelen - Brussel. Dit traject is inmiddels geschikt voor hogesnelheidsstreinen en over de volle lengte viersporig.

Pagina rechts: twee foto's opgenomen in het rangeerstation Muizen-Mechelen. (Thomas Barthels, 2006)

F · Les trains de marchandises à destination de l'Allemagne ne viennent pas seulement d'Anvers, mais aussi des ports maritimes de Zeebrugge, Ostende et Gand. Ces trains prennent l'itinéraire de la voie 53 par la gare de triage de Muizen.

La gare de Muizen elle-même est de plus en plus utilisée comme gare de transbordement. Malines se trouve sur l'un des principaux axes ferroviaires de Belgique, la ligne Anvers - Malines - Bruxelles. Ce tronçon a été aménagé depuis comme voie à grande vitesse, et est à quatre voies de bout en bout.

Page de droite : deux photos de la gare de triage de Muizen près de Malines. (Thomas Barthels, 2006)

D · Der Bahnhof von Löwen wird von Zügen der Montzenroute nicht berührt. Sie nutzen eine zweigleisige Verbindungskurve der Strecken 53 und 35. Die Kurve lässt die Züge fast um 180 Grad die Richtung wechseln. An der Abzweigung Holsbeek wird im Jahr 2006 eine weitere Verbindungskurve angeschlossen. Sie verbindet die Strecken aus Aarschot und Brüssel.

Im Bild oben und rechts sind die Arbeiten in Holsbeek zu sehen. DLC PB03 kommt auf dem falschen, rechten Gleis von Muizen und biegt baustellenbedingt langsam auf die Strecke 35 nach Aarschot ein. Da sie auf dem falschen Gleis ankommt, muss sie ihren Zug wieder auf das linke Gleis zurückführen. (Fotos: Thomas Barthels, 2006)

NL · Treinen die via de Montzenroute rijden, komen nooit tot in het station van Leuven. Deze treinen rijden via de boog van 180° die de lijnen 53 en 35 met elkaar verbindt. Bij de spoorbundels van Holsbeek komt er in 2006 een bijkomende verbindingsboog. Deze zal de lijnen komende vanuit Aarschot en Brussel met elkaar verbinden.

Afbeelding rechtsboven en rechts: de werken te Holsbeek. DLC PB03 komt op het "verkeerde" rechterspoor vanuit Muizen en neemt met een traag tempo koers op lijn 35 richting Aarschot. Omdat de trein op het verkeerde spoor aankomt, moet de trein onmiddellijk weer terug op het linkerspoor. (Foto's: Thomas Barthels, 2006)

F · La gare principale de Louvain n'est pas concernée par les trains de la Route de Montzen. Ils utilisent la courbe de jonction à deux voies des lignes 53 et 35, qui leur fait presque faire un virage à 180°. Au point de bifurcation d'Holsbeek sera rattachée en 2006 une nouvelle courbe de jonction. Elle relie les lignes d'Aerschot et de Bruxelles.

Les images du haut et de droite montrent les travaux à Holsbeek. La DLC PB03 arrive de Muizen à contresens sur la voie de droite et tourne à vitesse très réduite en raison des travaux sur la ligne 35 en direction d'Aerschot. Etant donné qu'elle arrive sur la mauvaise voie, elle doit ramener ses wagons sur la voie de gauche. (Photos : Thomas Barthels, 2006)

D · Bei Aarschot vereinigen sich zwei Verkehrswege. Über die Linie 16 ist der Raum Antwerpen an die Montzenroute angeschlossen. Über die Linie 35 werden die westlichen Ziele Zeebrugge, Ostende und Gent über Mechelen angebunden. Über die Linie 35 geht es nun weiter über Diest Richtung Hasselt als nächsten Verkehrsknotenpunkt.

Nördlich von Aarschot befindet sich das Gleisdreieck, wo die Strecken aufeinander treffen. Alle drei Strecken sind zweigleisig miteinander verbunden. Um dieses Gleisdreieck befinden sich fünf Bahnübergänge. An einem normalen Werktag kann man davon ausgehen, dass ständig irgendwo das typische Leuten eines Bahnüberganges zu hören ist.

Im Bild oben ist eine schwere, sechsachsige Elektrolokomotive der Baureihe 20 auf dem Weg von Hasselt (L35) nach Antwerpen (L16) (Foto: Thomas Barthels, 2006).

NL · Aarschot is een knooppunt van twee spoorlijnen. Via lijn 16 is de Antwerpse regio op de Montzenroute aangesloten. Via lijn 35 kunnen de treinen de westelijke bestemmingen Zeebrugge, Oostende en Gent via Mechelen bereiken. Het knooppunt Hasselt is bereikbaar via lijn 35.

Ten noorden van Aarschot bevindt zich de driehoek waar alle lijnen samenlopen. De drie lijnen hebben elk een dubbelsporige aansluiting. In deze driehoek liggen vijf overwegen. Op een gewone werkdag hoor je er bijna altijd het gerinkel van een gesloten slagboom.

Op de foto boven is een zware zesassige elektrische locomotief van reeks 20 op weg van Hasselt (L 35) naar Antwerpen (L16) (foto: Thomas Barthels, 2006).

F · Près d'Aerschot se rejoignent deux voies de circulation. La région d'Anvers est raccordée à la Route de Montzen par la ligne 16. Le rattachement aux destinations situées à l'ouest telles que Zeebrugge, Ostende et Gand via Malines se fait par la ligne 35, laquelle continue au-delà via Diest en direction de Hasselt, qui est le nœud ferroviaire suivant.

Au nord d'Aerschot se trouve le triangle ferroviaire où ces lignes se croisent. Ces trois lignes à deux voies sont toutes reliées les unes aux autres. A l'intérieur et autour de ce triangle se trouvent cinq passages à niveau. Un jour normal d'activité, on ne s'étonnera pas d'entendre retentir constamment la sonnerie caractéristique d'un passage à niveau.

La photo du haut montre une lourde locomotive électrique à six essieux de la série de construction 20 sur la route de Hasselt (L35) à Anvers (L16). (Photo : Thomas Barthels, 2006)

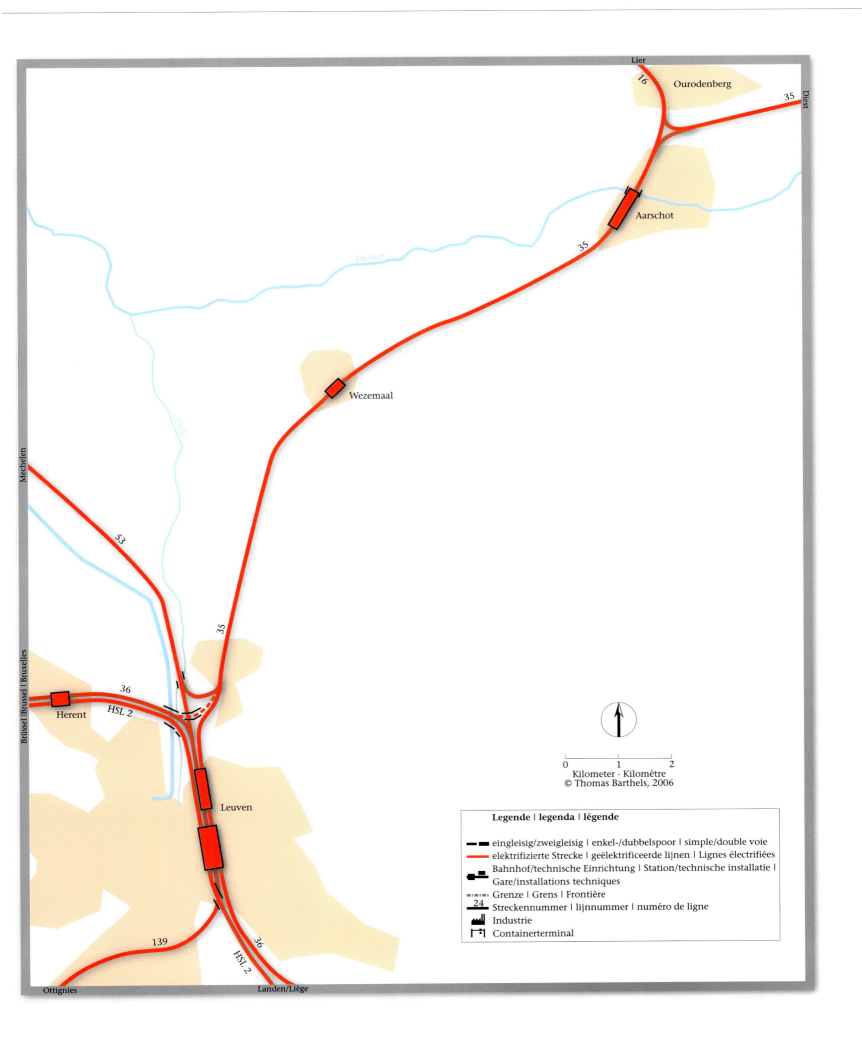

Legende | legenda | légende

eingleisig/zweigleisig | enkel-/dubbelspoor | simple/double voie
elektrifizierte Strecke | geëlektrificeerde lijnen | Lignes électrifiées
Bahnhof/technische Einrichtung | Station/technische installatie | Gare/installations techniques
Grenze | Grens | Frontière
24 Streckennummer | lijnnummer | numéro de ligne
Industrie
Containerterminal

0 1 2
Kilometer · Kilomètre
© Thomas Barthels, 2006

D · Das Foto links wurde von Jan Schuermans am 3. Juni 1991 in Testelt an der Strecke 35 Hasselt - Aarschot gemacht. Es zeigt einen ganz besonderen Zug, den „Huckepack-Zug" Neuss - Antwerpen. Besonders deshalb, weil dieser Zug in gewisser Weise auch eine politische Bedeutung bis in die heutige Zeit hat. Von 1977 bis 1991, genauer gesagt bis zum 31. Mai 1991, fuhr dieser Zug über die Strecke des „Eisernen Rheins". Weil dieser Zug jedoch die einzige durchgehende Verbindung auf dieser Strecke zu dieser Zeit war, entschlossen sich die Deutsche Bahn AG und die NMBS/SNCB den Zug über die Montzenroute zu leiten. Zum einen wollte man die Grenzabfertigung in Dalheim, Roermond und Neerpelt abschaffen. Der andere Grund war, dass ab Mai 1991 der Gemmenicher Tunnel durch ein drittes, mittleres Gleis für speziell diese Züge mit hoch aufragenden Lastwagen-Aufliegern befahrbar gemacht wurde. Es gäbe heute wahrscheinlich weitaus weniger Probleme mit der Nutzung des Eisernern Rheins, wären diese Züge damals weiter ihre alte Route gefahren. Eineinhalb Jahre später, im Jahr 1993, wurde der Europäische Binnenmarkt eröffnet. Dann wären keine Zollformalitäten mehr nötig gewesen.

NL · De foto links werd op 3 juni 1991 in Testelt langs de lijn Hasselt - Aarschot (lijn35) genomen door Jan Schuermans. Het betreft een heel bijzondere trein, namelijk de "Huckepack-Zug" Neuss - Antwerpen. Bijzonder omdat deze trein ook voor de politiek niet onbelangrijk was. Van 1977 tot 1991, om precies te zijn tot 31 mei 1991, reed deze trein over de IJzeren Rijn. Omdat dit de enige overgebleven rechtstreekse trein via de IJzeren Rijn op deze lijn was, besloten de Deutsche Bahn AG en de NMBS om de trein voortaan via de Montzenroute te laten rijden. Op die manier was de douane in Dalheim, Roermond en Neerpelt overbodig. Een andere reden was dat de tunnel van Botzelaar vanaf mei 1991 over een derde spoor beschikte dat het vervoer van goederen met buitengewone afmetingen mogelijk maakte. Anderhalf jaar later werd in 1993 de Europese binnenhandel geliberaliseerd. De douaneformaliteiten zouden niet meer noodzakelijk zijn geweest.

F · La photo de gauche a été prise le 3 juin 1991 par Jan Schuermans à Testelt sur la ligne 35 Hasselt - Aerschot. Elle montre un train d'un genre très particulier, le 'multimodal' Neuss - Anvers. Sa particularité tient au fait que d'une certaine manière, il a conservé une signification politique jusqu'à nos jours. De 1977 à 1991, jusqu'au 31 mai 1991 pour être plus précis, ce train emprunta le 'Rhin de Fer'. Comme ce train était à l'époque la seule liaison directe sur cette ligne, la Deutsche Bahn AG et la SNCB décidèrent de faire passer le train par la Route de Montzen. D'une part, on cherchait à supprimer l'accomplissement des formalités aux frontières de Dalheim, Roermond et Neerpelt. L'autre raison était qu'à partir de mai 1991, le Tunnel de Botzelaer fut spécialement aménagé, avec la pose d'une troisième voie centrale, pour accueillir les trains aux remorques élevées. Aujourd'hui, l'utilisation du Rhin de Fer poserait vraisemblablement beaucoup moins de problèmes si les trains avaient continué à l'époque à emprunter leur ancienne route. Un an et demi plus tard, en 1993, s'ouvrit le Marché unique européen. Les formalités douanières n'auraient plus été nécessaires à partir de cette date.

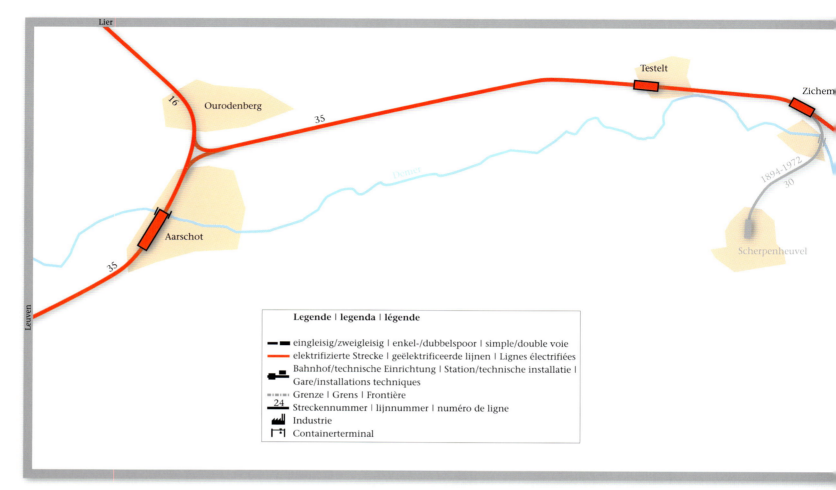

D · Zwischen Aarschot und Schulen durchfährt die Montzenroute einen landschaftlich interessanten Abschnitt. Einen Steinwurf vom Haltepunkt Zichem entfernt befindet sich der Wallfahrtsort Scherpenheuvel mit seiner bekannten Basilika. Der Fluss Demer hat hier ein kleines, flaches Tal geschaffen, welchem die Bahnlinie 35 folgt. Diese Strecke wird nicht nur von zahlreichen Güterzügen genutzt, auch der belgische IC- und IR-Verkehr, D-Züge und viele Regionalzüge befahren die Strecke.

Im Bild auf der rechten Seite ist ein IC kurz vor der Einfahrt in den Bahnhof von Diest zu sehen. Er besteht aus mehreren Einheiten der so genannten „Gumminasen" AM 96 (Foto: Thomas Barthels, 2006).

NL · Tussen Aarschot en Schulen loopt de Montzenroute door veel landschappelijk schoon. Op een steenworp van het station Zichem bevindt zich het bedevaartsoord Scherpenheuvel met zijn bekende basiliek. Door de Demerrivier is hier een kleine, vlakke vallei ontstaan waar ook spoorlijn 35 doorheen loopt. Deze lijn wordt niet alleen gebruikt voor het goederenvervoer. Er rijden ook enkele IR-, IC- en stoptreinen.

Op de rechterfoto rijdt de IC-trein Hasselt - Blankenberge het station van Diest binnen. Deze trein wordt gevormd uit een aantal drieledige "Deense neuzen" – de bijnaam van reeks AM 96 (foto: Thomas Barthels, 2006).

F · Entre Aerschot et Schulen, la Route de Montzen traverse un secteur particulièrement beau du point de vue du paysage et du point de vue culturel. La rivière Demer a creusé une petite vallée encaissée que suit la ligne 35. Ce tronçon n'est pas utilisé que par de nombreux trains de marchandises, il sert également aux trains intervilles et interrégionaux belges, aux rapides et à de nombreux trains régionaux.

L'image de droite montre un train intervilles juste avant son entrée en gare de Diest. Il se compose de différentes unités de ce qu'on appelle les 'nez danois' AM 96 (photo : Thomas Barthels, 2006).

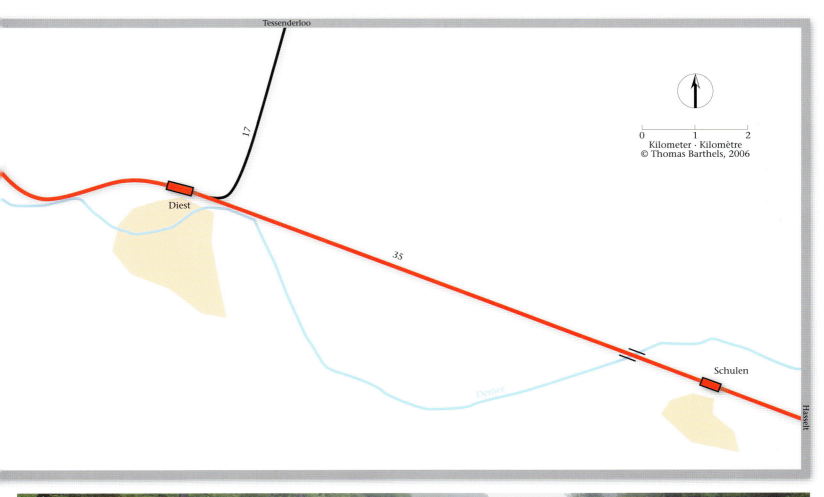

Tessenderloo

17

Diest

35

Schulen

Demer

Hasselt

0   1   2
Kilometer · Kilomètre
© Thomas Barthels, 2006

526

D · Fotos vom Güterverkehr auf der Strecke 35 bei Schulen von Jan
Schuermans. Die beiden Aufnahmen oben zeigen jeweils gemischte
Güterzüge nach Antwerpen, gezogen von den Lokomotiven 2624
beziehungsweise 5189, aufgenommen 1997.

Auf der rechten Seite ein Ganzzug mit Volvo-Autoteilen auf dem
Weg von Gent-Zeehaven über Montzen nach Schweden (Aufnahme
1995). Die Volvo-Züge verkehren noch heute quer durch Europa
zwischen den verschiedenen Standorten der Volvo-Autofabriken.

NL · Foto's van het goederenvervoer op lijn 35 vlakbij Schulen,
genomen door Jan Schuermans. Op de twee bovenste opnames zijn
gemengde goederentreinen naar Antwerpen te zien, getrokken door
de locomotieven 2624 en 5189. De opnames dateren van 1997.

De rechterpagina toont een trein met auto-onderdelen voor Volvo
op weg van Gent-Zeehaven via Montzen naar Zweden (opname
1995). De Volvotreinen rijden tegenwoordig door heel Europa van
de ene vestiging naar de andere.

F · Photos du trafic de marchandises sur la ligne 35 près de Schulen,
prises par Jan Schuermans en 1997. Les deux photos du haut
montrent chacune des trains de marchandises mixtes à destination
d'Anvers, tirés respectivement par les locomotives 2624 et 5189,
prises en 1997.

Page de droite : un train complet de pièces de voitures Volvo sur la
route de Gent-Zeehaven et à destination de la Suède via Montzen
(photo prise en 1995). Les trains Volvo circulent aujourd'hui encore
à travers l'Europe entre les différents sites des usines automobiles
Volvo.

D · Hasselt ist ein wichtiger Eisenbahnknotenpunkt in Belgisch-Limburg. Bereits 1847 wurde Hasselt an das belgische Streckennetz angeschlossen. In Hasselt kreuzen oder berühren sich die Strecken 15, 21, 34 und 35. Genk war früher eine wichtige Bergbaustadt der Region. Der Bahnhof Genk-Goederen gehörte bis 1995 zum Zechenbahnhof Winterslag und war damals ein zentraler Kohlenumschlagplatz. Das Industriegebiet rund um den Hafen am Albertkanal umfasst heute zahlreiche wichtige Gleisanschlüsse, zum Beispiel Ford Belgien und den Stahlproduzenten UGINE & ALZ. Die Güterzüge von und nach Genk nehmen sowohl die kurze Strecke 21c als auch den längeren Weg über Hasselt, denn die Strecke von Hasselt bis Genk-Goederen ist mittlerweile durchgehend elektrifiziert. Das Bild oben zeigt einen IC aus Aarschot kurz vor dem Bahnhof Hasselt auf der Linie 35. (Foto: Thomas Barthels, 2006)

NL · Hasselt is een belangrijk knooppunt in Belgisch-Limburg. Al in 1847 werd de Limburgse hoofdplaats aangesloten op het Belgische net. In Hasselt komen de lijnen 15, 21, 34 en 35 samen. Genk was tot in de jaren '60 een belangrijke stad vanwege haar steenkolenmijnen. Het huidige station Genk-Goederen behoorde tot 1995 bij de mijn van Winterslag en was toen een centrale overslagplaats voor steenkolen. Op het industrieterrein aan de oevers van het Albertkanaal ligt een aantal belangrijke spooraansluitingen van onder andere de Ford-fabrieken en de staalproducent UGINE & ALZ. De goederentreinen vanuit en naar Genk rijden of op de korte lijn 21c of op de langere lijn via Hasselt. De lijn Hasselt - Genk-Goederen is inmiddels over de volle lengte geëlektrificeerd. Op de bovenste foto rijdt de IC Blankenberge - Tongeren kort voor Hasselt onder de E 313 door (foto: Thomas Barthels, 2006).

F · Hasselt est un nœud ferroviaire important du Limbourg belge. Hasselt fut rattaché au réseau ferroviaire belge dès 1847. A Hasselt, les lignes 15, 21, 34 et 35 se croisent ou sont contiguës. Genk était autrefois une importante ville minière de la région. Jusqu'en 1995, la gare de Genk-Goederen faisait partie de la gare minière de Winterslag et était à l'époque un centre de transbordement du charbon. La zone industrielle située autour du port sur la Canal Albert comprend aujourd'hui de nombreux raccordements de voies ferrées, comme par exemple Ford Belgique et les usines sidérurgiques UGINE & ALZ. Les trains de marchandises en provenance et à destination de Genk empruntent aussi bien le court tronçon 21c que la voie plus longue qui passe par Hasselt car la ligne de Hasselt à Genk-Goederen a été entre-temps complètement électrifiée. La photo du haut montre un IC en provenance d'Aarschot aux abords de la gare de Hasselt sur la ligne 35. (Photo : Thomas Barthels, 2006)

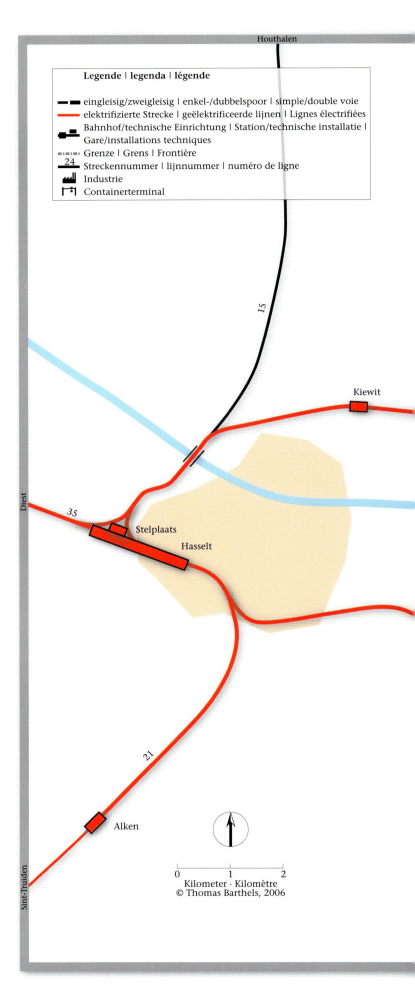

Legende | legenda | légende

eingleisig/zweigleisig | enkel-/dubbelspoor | simple/double voie
elektrifizierte Strecke | geëlektrificeerde lijnen | Lignes électrifiées
Bahnhof/technische Einrichtung | Station/technische installatie | Gare/installations techniques
Grenze | Grens | Frontière
24 Streckennummer | lijnnummer | numéro de ligne
Industrie
Containerterminal

Houthalen
Kiewit
Diest
Sint-Truiden
Stelplaats
Hasselt
Alken
15
35
21

Kilometer · Kilomètre
© Thomas Barthels, 2006

ZWARTBERG-
KOOLMIJN-
VLIEGVELD

Waterschei

21a/b

As

GENK
EURO TERMINAL

Genk Goederen

IKEA
DISTRIBUTION

WINTERSLAG
KOOLMIJN

Winterslag

1874-1941   21a

21a/d   Genk

21a

Bokrijk

Bosdel

230

Albertkanaal

Genk-Zuid-Rechteroever

DSM
SPECIALITY
COMPOUNDS

GENK HAVEN

231

UGINE & ALZ

Genk-Zuid   232

FORD
BELGIUM

Zutendaal

21c

34

Beverst

1856-1992

20

Lanaken

Bilzen

Tongeren

D · Ganz oben: Winterslag war über Jahrzehnte der zentrale Kohlenbahnhof für die Zechen von Genk. Heute verzweigen sich hier die Strecken nach Hasselt und Genk-Zuid. Oben: Der Rangierbahnhof von Hasselt verfügt auch heute noch über zahlreiche Gleise. Diese werden heute nicht mehr so intensiv genutzt wie früher, weil allgemein mehr Ganzzüge und weniger Einzelwagen verkehren. Rechte Seite: Zwei 55er laufen aus dem Depot Richtung Bilzen aus. (Fotos: Thomas Barthels, 2006)

NL · Helemaal boven: Winterslag was enkele decennia lang het centrale overslag-station voor steenkool van de Genkse mijnen. Vandaag takken hier de lijnen naar Hasselt en Genk-Zuid af. Boven: het rangeerstation van Hasselt beschikt vandaag nog over een groot rangeer- en vormingsstation. Dit wordt niet meer in die mate gebruikt als het vroeger het geval was omdat de meeste treinen vandaag gewoon doorrijden. Rechts: Twee 55'ers vertrekken vanuit de werkplaats richting Bilzen. (Foto's: Thomas Barthels, 2006)

F · Tout en haut : durant des décennies, Winterslag a été la gare centrale pour le charbon des mines de Genk. A cet endroit se croisent aujourd'hui les lignes en direction de Hasselt et Genk-Sud. En haut : la gare de triage de Hasselt dispose aujourd'hui encore de nombreuses voies, même si celles-ci ne sont plus autant utilisées qu'autrefois car, d'une manière générale, davantage de trains complets sont en circulation et moins de trains de détail. Page de droite : deux 55 quittent le dépôt en direction de Bilzen. (Photos : Thomas Barthels, 2006)

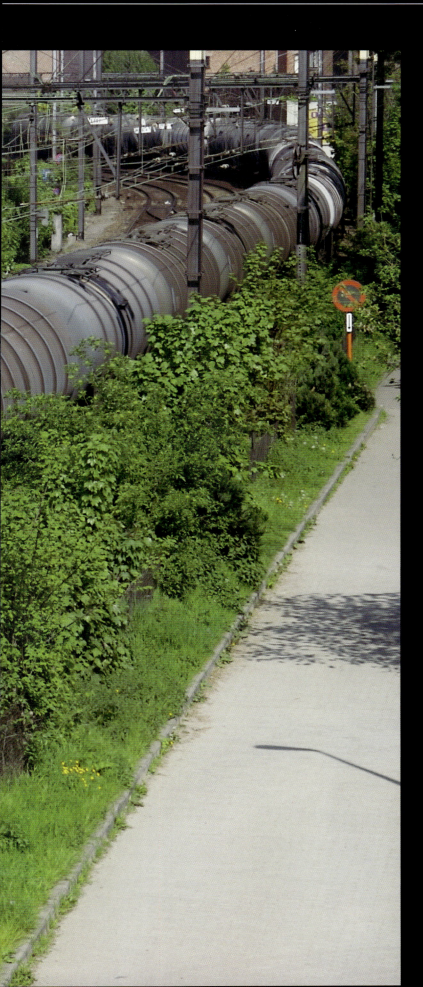

D · Der Bahnhof von Hasselt liegt, wie so oft in Belgien, ebenerdig und mitten in der Stadt. Die von Hasselt nach Osten ausgehenden Strecken nach Bilzen/Tongeren und Sint-Truiden verlaufen zunächst dreigleisig nebeneinander. Am Stadtrand trennen sich dann die Strecken. Die stark verschmutzte 2019 der NMBS/SNCB zieht ihren Kesselwagenzug auf dem Außengleis Richtung Tongeren durch die dichte Bebauung. (Fotos: Thomas Barthels, 2006)

NL · Het station van Hasselt ligt, net zoals een aantal andere stations in België, op gelijkvloers niveau pal in de bebouwde kom. De vanuit Hasselt naar de oostelijke kant lopende sporen liggen in het begin naast elkaar. Even buiten het station komt er een splitsing. Links takt de lijn naar Bilzen/Tongeren en rechts die naar Sint-Truiden af. Op de rand van de stad passeert zojuist een smerige 2019 van de NMBS met een aantal ketelwagens aan de haak een woonwijk. Bestemming van deze trein is Tongeren. (Foto's: Thomas Barthels, 2006)

F · Comme si souvent en Belgique, la gare de Hasselt se trouve au niveau du sol et au coeur de la ville. Les lignes qui quittent Hasselt vers l'est en direction de Bilzen/Tongres et St-Trond suivent d'abord des routes parallèles à trois voies. Elles se séparent ensuite à la périphérie de la ville. La 2019 très encrassée de la SNCB traverse une zone de forte densité urbaine avec ses wagons-citernes sur la voie extérieure en direction de Tongres. (Photos : Thomas Barthels, 2006)

D · Im Bild links ist die Diesellokomotive 5926 bei der Ausfahrt aus dem Bahnhof Hasselt Richtung Antwerpen zu sehen (1978). Die Strecke 35 Hasselt - Aarschot wurde 1981 elektrifiziert. Die Aufnahme auf dieser Seite ganz oben wurde im September 1993 in Bilzen gemacht. Sie zeigt einen Güterzug vom Ford-Werk in Genk kommend (Strecke 21c) bei der Einfahrt auf die Hauptstrecke 34 nach Tongeren. Im Bild oben aus dem Jahr 1973 ist Diesellokomotive 5158 bei der westlichen Einfahrt in den Bahnhof von Hasselt zu sehen. (Fotos: Jan Schuermans)

NL · Op de linkerfoto is dieselloc 5926 met bestemming Antwerpen te zien bij vertrek uit het station van Hasselt (1978). Lijn 35 (Hasselt - Aarschot) werd in 1981 geëlektrificeerd. De foto helemaal boven op de pagina dateert van 1993 en werd genomen te Bilzen. Hierop is een goederentrein te zien die, komende vanuit Ford in Genk (lijn 21c), net de hoofdlijn 34 richting Tongeren bereikt. Op de foto boven rijdt uit het jaar 1973 rijdt een dieselloc 5158 het station van Hasselt binnen (foto's: Jan Schuermans).

F · A gauche, on voit la locomotive diesel 5926 quitter la gare de Hasselt en direction d'Anvers (1978). La ligne 35 Hasselt - Aarschot a été électrifiée en 1981. Le cliché tout en haut de cette page a été pris en septembre 1993 à Bilzen. Il montre un train de marchandises en provenance des usines Ford de Genk (ligne 21c) à l'embranchement de la grande ligne 34 en direction de Tongres. L'image du haut (1973) montre la locomotive diesel 5158 à l'entrée ouest de la gare de Hasselt. (Photos : Jan Schuermans)

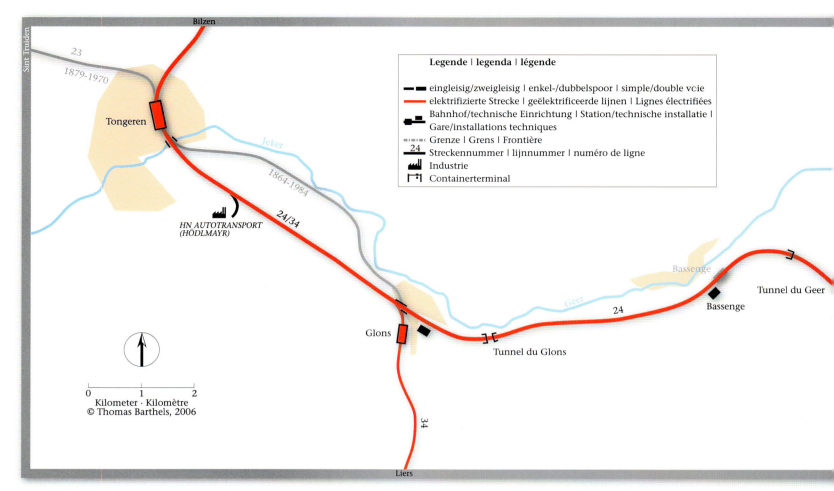

Legende | legenda | légende

eingleisig/zweigleisig | enkel-/dubbelspoor | simple/double vcie
elektrifizierte Strecke | geëlektrificeerde lijnen | Lignes électrifiées
Bahnhof/technische Einrichtung | Station/technische installatie | Gare/installations techniques
Grenze | Grens | Frontière
Streckennummer | lijnnummer | numéro de ligne
Industrie
Containerterminal

D · Zwischen Tongeren und Glons verlaufen vorübergehend die Strecken 24 und 34 zusammen. Die ursprüngliche Trassenführung der Linie 34 durch das Jeker-/Geertal wurde 1984 aufgegeben und stattdessen in Glons ein Anschluss gebaut. Im Bild auf der rechten Seite von Stefan von der Ruhren ist die Elektrolokomotive 2002 mit einem Zuckerzug Richtung Tongeren an diesem Anschluss zu sehen (Foto: Stefan von der Ruhren, 2005).

Die Strecke zwischen Tongeren und Glons sollte ursprünglich nach Fertigstellung der Strecke 24 mit einem weiteren Rangierbahnhof versehen werden. Die Strecke wurde hier extra flach und geradlinig gebaut. Die belgischen Eisenbahnen haben diese Pläne jedoch nie umgesetzt.

Der kurze Abschnitt Tongeren - Glons ist der einzige der Linie 24, der auch von Personenzügen befahren wird. Ab Glons ostwärts wird die Linie 24 nur noch für den Güterzugbetrieb genutzt. Daher findet man im weiteren Streckenverlauf auch keine Bahnhofsgebäude mehr, sondern nur noch Stellwerke und technische Einrichtungen.

NL · Tussen Tongeren en Glaaien lopen de lijnen 24 en 34 een tijdje parallel. Het oorspronkelijke tracé van lijn 34 door de vallei van de Jeker werd in 1984 opgebroken. Deze situatie werd met een aansluiting te Glaaien weer rechtgezet. Op de foto rechts nadert elektrische locomotief 2002 met een suikertrein aan de haak in richting Tongeren de genoemde aansluiting (foto: Stefan von der Ruhren, 2005).

De lijn tussen Tongeren en Glaaien zou na de afwerking van lijn 24 oorspronkelijk een rangeerstation moeten krijgen. De NMBS heeft deze plannen echter nooit gerealiseerd.

De korte sectie Tongeren - Glaaien is de enige van lijn 24 waar ook reizigerstreinen rijden. Ten oosten van Glaaien rijden alleen nog maar goederentreinen. Om die redenen zijn er vanaf hier ook geen stationsgebouwen meer, alleen nog maar seinposten.

F · Entre Tongres et Glons, les lignes 24 et 34 ne font provisoirement qu'une. Le tracé initial de la ligne 34 par la vallée du Geer a été abandonné en 1984 et remplacé par un raccordement à Glons. La photo de la page de droite prise par Stefan von der Ruhren montre la locomotive électrique 2002 avec un train de sucre à ce point de jonction en direction de Tongres (photo : Stefan von der Ruhren, 2005).

Après la construction de la ligne 24, le tronçon situé entre Tongres et Glons devait initialement être muni d'une gare de triage supplémentaire. A cet effet, il fut construit sur un terrain plat et rectiligne. Mais les chemins de fer belges n'ont jamais réalisé ces projets.

Le court tronçon Tongres - Glons est le seul de la ligne 24 à servir également aux trains de voyageurs. A partir de Glons en allant vers l'est, la ligne 24 n'est plus exploitée que pour le trafic de marchandises. C'est pourquoi sur la suite du parcours on ne trouve plus de bâtiments de gares, mais seulement des postes d'aiguillage ainsi que des installations techniques.

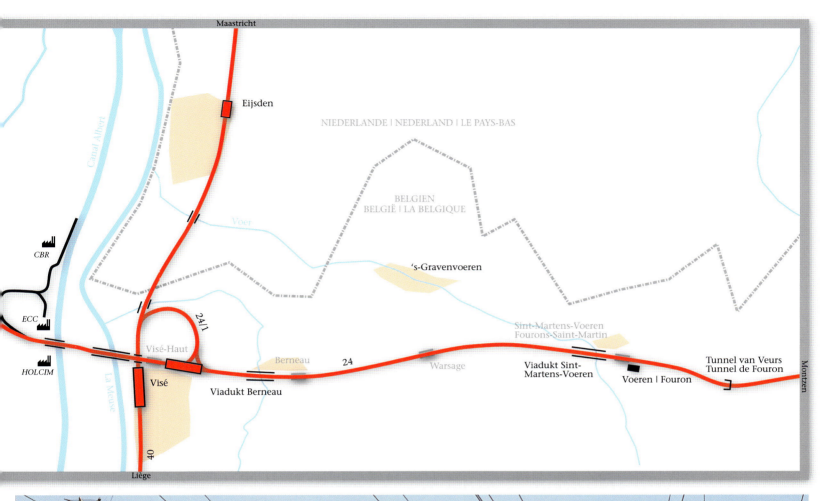

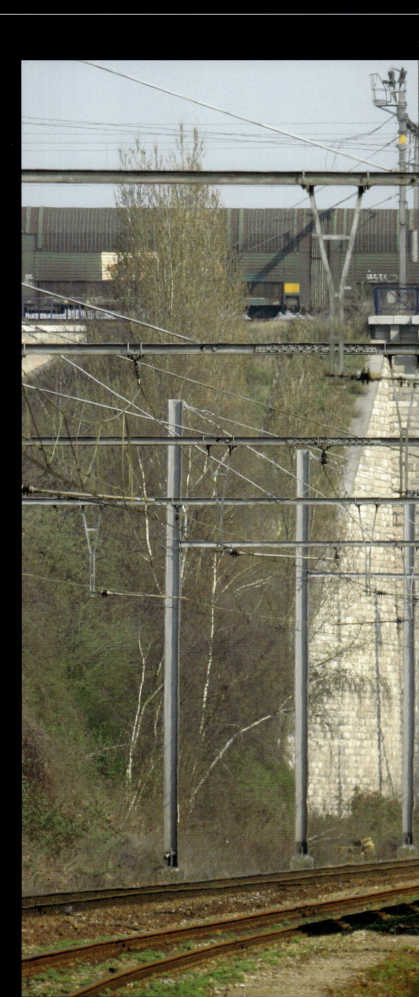

D · Bild ganz oben: Der 1.640 Meter lange Geertunnel verläuft in unmittelbarer Nähe eines Kalksteinbruches. Daher rührt auch die etwa 100 Meter lange Öffnung im Tunnel. Im Bild das Ostportal (Foto: Markolf Gudjons, 2005). Darunter Stellwerk und Rangiereinheit im oberen Teil des Bahnhofs Visé (Foto: Stefan von der Ruhren, 2001). Auf der rechten Seite sind die obere (24) und untere Strecke (40) gleichzeitig zu sehen. Beide Teile des Bahnhofs Visé sind durch eine Verbindungsschleife miteinander verbunden (Foto: Markolf Gudjons, 2005).

NL · Foto boven: De 1.640 meter lange Geertunnel loopt onder een kalksteengroeve door. De 100 meter lange opening is een gevolg ervan. Op de foto het oostelijke tunnelportaal (foto: Markolf Gudjons, 2005). Daaronder: seinhuis en rangeerterrein van het bovenliggende station van Wezet. (foto: Stefan von der Ruhren, 2001). Op de rechterpagina zijn de bovenliggende (lijn 24) en de beneden liggende lijn (lijn 40) afgebeeld. De twee delen van het station zijn via een grote boog met elkaar verbonden (foto: Markolf Gudjons, 2005).

F · Tout en haut : le Tunnel du Geer long de 1640 mètres se situe à proximité d'une carrière de calcaire, ce qui explique que le tunnel ait une entrée longue d'environ 100 mètres. La photo montre le portail est (photo : Markolf Gudjons, 2005). En-dessous : poste d'aiguillage et unité de triage dans la partie supérieure de la gare de Visé (photo : Stefan von der Ruhren, 2001). Sur la page de droite apparaissent à la fois les voies supérieure (24) et inférieure (40). Les deux parties de la gare sont reliées l'une à l'autre par une boucle de jonction (photo : Markolf Gudjons, 2005).

D · Visé ist aus der Sicht des Eisenbahn-interessierten ein höchst interessanter Ort. Das imposante Kreuzungsbauwerk im Bahnhof Visé, die 290 Meter lange Albertkanalbrücke, die 536 Meter lange Maasbrücke und die doppelgleisige Verbindungskurve zwischen der oberen und unteren Strecke haben ihren besonderen Reiz.

Das Bild auf der linken Seite oben zeigt die Maasbrücke. Sie steht noch in der Ursprungsausführung von 1917. Deutlich zu sehen ist der für den viergleisigen Betrieb vorgesehene Brückenkopf (Foto: Thomas Barthels, 2006).

Im Bild darunter verlässt ein Kesselwagenzug aus Antwerpen gerade die Albertkanalbrücke. Die ursprüngliche Konstruktion wurde 1983 durch eine seitlich versetzte Neukonstruktion ersetzt (Foto: Markolf Gudjons, 2005).

Auf dieser Seite unten ein Blick Richtung Osten auf den kleinen Rangierbereich im oberen Bahnhof Visé. Hier begegnen sich gerade zwei Autozüge (Foto: Markolf Gudjons, 2005).

NL · Wezet is voor de spoorliefhebber een bijzonder interessante plaats. Het imposante kruisingsbouwwerk in het station van Wezet, de 290 meter lange brug over het Albertkanaal, de 536 meter lange brug over de Maas en de dubbelsporige verbindingsboog zijn echte blikvangers.

Op de pagina links is de Maasbrug te zien. Deze ziet er nog steeds hetzelfde uit als in 1917. Duidelijk herkenbaar zijn de brughoofden waarop men oorspronkelijk zelfs vier sporen had willen leggen (foto: Thomas Barthels, 2006).

Op de foto daaronder verlaat een trein met ketelwagens komende vanuit Antwerpen de brug over het Albertkanaal. De oorspronkelijke constructie werd in 1983 vervangen door van een parallel lopende nieuwe brug (foto: Markolf Gudjons, 2005).

Beneden op deze pagina blikt men in oostelijke richting op het kleine rangeerterrein in het bovenliggende station van Wezet. Hier ontmoeten twee autotreinen elkaar (foto: Markolf Gudjons, 2005).

F · Pour l'amateur de chemins de fer, Visé est un endroit extrêmement intéressant. L'imposant ouvrage d'intersection dans la gare de Visé, le pont du Canal Albert long de 290 mètres, le Pont de la Meuse long de 536 mètres et la courbe de jonction entre les voies supérieure et inférieure à deux voies ont un charme tout particulier.

Page de gauche et haut : la photo montre le Pont de la Meuse. Il se présente toujours sous son aspect initial de 1917. On distingue nettement la tête de pont prévue pour quatre voies (photo : Thomas Barthels, 2006).

En bas, un train de wagons-citernes en provenance d'Anvers quitte le pont du Canal Albert. La construction d'origine a été remplacée en 1983 par une nouvelle construction latérale (photo : Markolf Gudjons, 2005).

En bas de cette page, vue vers l'est sur la petite zone de triage de la gare de Visé-Haut. Deux trains de voitures automobiles s'y croisent (photo : Markolf Gudjons, 2005).

D · Ganz oben: das Westportal des doppelröhrigen, 2.130 Meter langen Veurstunnels. Im Bild eine Leerfahrt von vier Diesellokomotiven der Reihe 77 (Foto: Markolf Gudjons, 2006). Zwischen dem Veurstunnel und dem Gulptunnel liegt der 390 Meter lange Viadukt von Remersdaal. Im Bild ein Kesselwagenzug mit Zuglokomotive 2331 Richtung Antwerpen (Foto: Gerhard Meven, 2005). Rechts befördern zwei Diesellokomotiven der Reihe 77 einen Kohlenzug bei Remersdaal in Richtung Montzen, Zielort Mannheim (Foto: Lucas Böckmann, 2006).

NL · Helemaal boven: het westelijke portaal van de uit twee pijpen bestaande enkelsporige Tunnel van Veurs. Op de foto: vier diesellocomotieven van reeks 77 zonder wagens (foto: Markolf Gudjons, 2006). Tussen de Tunnel van Veurs en de Gulptunnel bevindt zich het 390 meter lange viaduct van Remersdaal. Op de foto trekt locomotief 2331 een trein met ketelwagens naar Antwerpen (foto: Gerhard Meven, 2005). Rechts trekken twee diesels van reeks 77 een kolentrein ter hoogte van Remersdaal richting Montzen. Bestemming van deze trein is Mannheim (foto: Lucas Böckmann, 2006).

F · Tout en haut : le portail ouest du Tunnel de Fourons, long de 2.130 mètres et à deux tubes unidirectionnels. La photo montre quatre locomotives diesel de la série 77 voyageant à vide (photo : Markolf Gudjons, 2006). Entre le Tunnel de Fourons et le Tunnel de la Gulp se trouve le Viaduc de Rémersdael long de 390 mètres. La photo montre un train de wagons-citernes avec une locomotive 2331 en direction d'Anvers (photo : Gerhard Meven, 2005). A droite, deux locomotives diesel de la série 77 acheminent un train de charbon près de Rémersdael en direction de Montzen. Le train est à destination de Mannheim (photo : Lucas Böckmann, 2006).

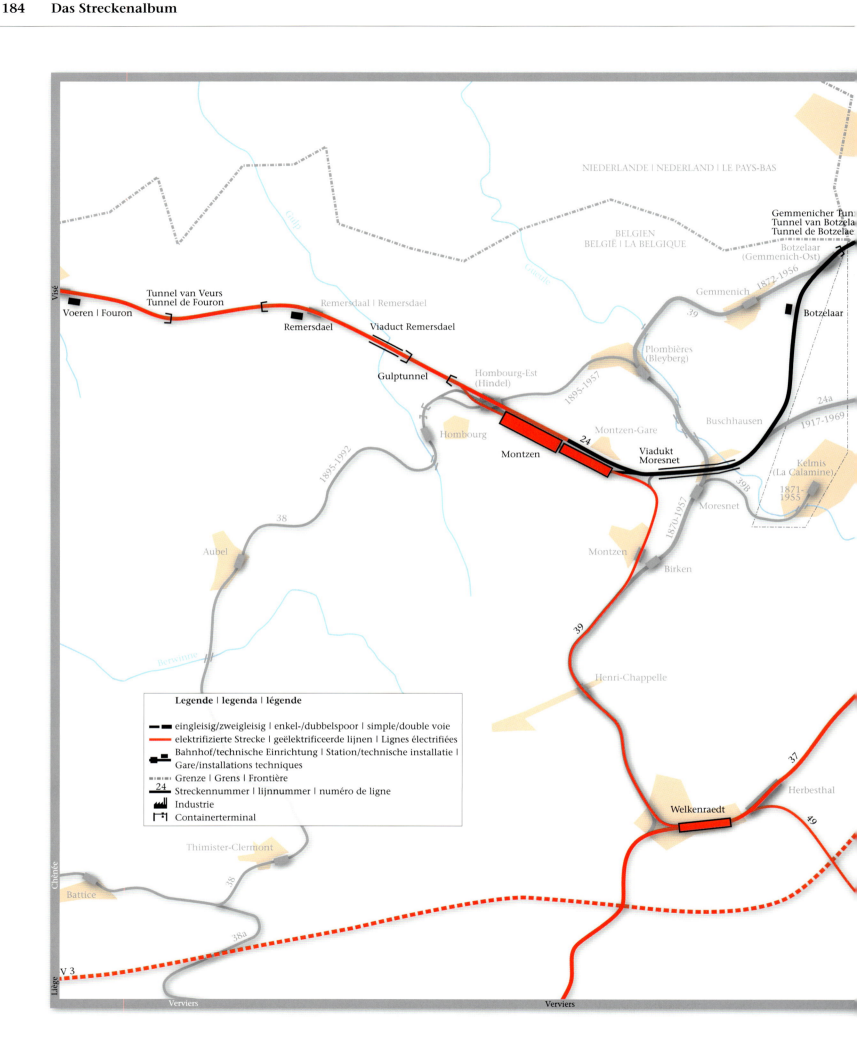

NIEDERLANDE | NEDERLAND | LE PAYS-BAS

BELGIEN
BELGIË | LA BELGIQUE

Gemmenicher Tun
Tunnel van Botzela
Tunnel de Botzelae

Botzelaar
(Gemmenich-Ost)

Gemmenich

1872-1956

39

Botzelaar

Plombières
(Bleyberg)

24a

1917-1969

Vise

Tunnel van Veurs
Tunnel de Fouron

Voeren | Fouron

Remersdaal | Remersdael

Remersdael

Viaduct Remersdael

Gulptunnel

Hombourg-Est
(Hindel)

1895-1957

Buschhausen

Hombourg

Montzen-Gare

Kelmis
(La Calamine)

1895-1992

Montzen

24

Viadukt
Moresnet

39B

1871-
1955

38

Aubel

1870-1957

Moresnet

Montzen

Birken

39

Bersinne

Henri-Chappelle

37

Legende | legenda | légende

━ ━ eingleisig/zweigleisig | enkel-/dubbelspoor | simple/double voie

━━ elektrifizierte Strecke | geëlektrificeerde lijnen | Lignes électrifiées

◨▬ Bahnhof/technische Einrichtung | Station/technische installatie |
Gare/installations techniques

┄┈ Grenze | Grens | Frontière

24 Streckennummer | lijnnummer | numéro de ligne
▔▔

🏭 Industrie

⌐¬ Containerterminal

Herbesthal

49

Thimister-Clermont

38

Chênée

Battice

Welkenraedt

38a

Liège

V 3

Verviers

Verviers

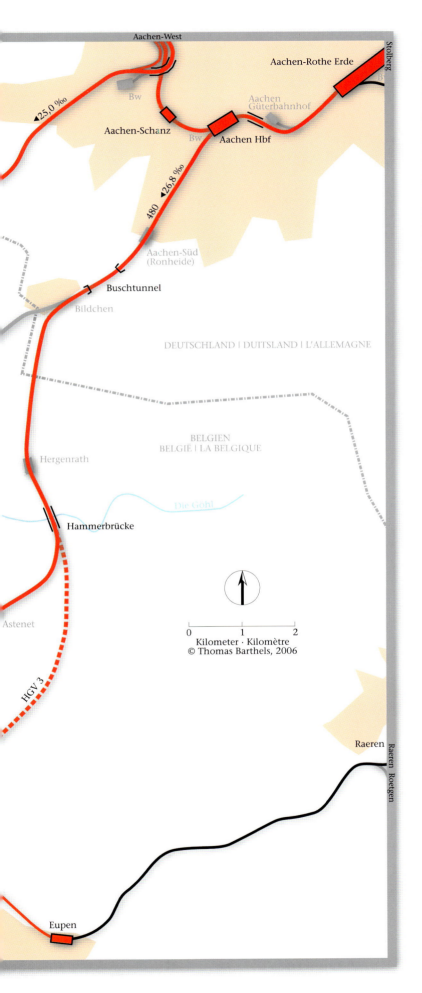

D · Der kleine, unscheinbare Ort Montzen hat der in diesem Buch beschriebenen Strecke ihren Namen gegeben. Das Plateau zwischen dem Bergrücken bei Remersdaal und dem Tal der Göhl war für die Anlage eines großen Rangierbahnhofs gut geeignet. Die gesamte Gegend um Montzen-Gare und den Viadukt von Moresnet (Bild oben, Quelle: Archiv NMBS/SNCB) wurde schon frühzeitig von großen und kleinen Bahnlinien durchzogen. Auch heutzutage ist wieder Bewegung in das deutsch-belgische Grenzgebiet gekommen. Die Hochgeschwindigkeitsstrecke 3 Aachen - Lüttich wird in wenigen Jahren in Betrieb gehen. Der Buschtunnel bekommt eine zweite Röhre, und die Lücke in der Elektrifizierung zwischen Montzen und Gemmenich wird endlich geschlossen.

NL · De kleine en weinig indrukwekkende plaats Montzen is de naamgever van deze lijn. Het plateau tussen de heuvels van Remersdaal en de vallei van de Geul was uitermate geschikt voor de aanleg van een groot rangeerstation. Foto boven: De hele streek rond Montzen-Gare en rond het viaduct was al vroeg aangesloten op het spoorwegnet (bron, NMBS-archief). Ook tegenwoordig verandert er weer wat in de grensregio. De HSL 3 Aken - Luik zal binnen enkele jaren worden geopend. De Buschtunnel vlakbij Aken krijgt een nieuwe pijp en de sectie zonder bovenleiding tussen Montzen en Gemmenich zal eindelijk onder de draad komen.

F · La petite localité apparemment insignifiante de Montzen a donné son nom au tronçon décrit dans ce livre. Le plateau situé entre la croupe de la montagne près de Rémersdael et la vallée de la Gueule se prêtait particulièrement bien à l'aménagement d'une grande gare de triage. Tout le secteur situé autour de Montzen-Gare et le Viaduc de Moresnet (photo du haut, source : Archives SNCB) fut de bonne heure traversée par des lignes ferroviaires plus ou moins importantes. La zone frontalière germano-belge connaît aussi de nos jours un regain d'activité. La ligne à grande vitesse n°3 Aix-la-Chapelle - Liège sera mise en service dans quelques années. Le Tunnel de Busch aura un second boyau et la lacune d'électrification entre Montzen et Gemmenich sera enfin comblée.

D · Unmittelbar am Ostportal des Gulptunnels beginnen die ausgedehnten Gleisanlagen des Rangierbahnhofs Montzen. Die zweigleisige Strecke wird hier dreigleisig. Diese Gleisführung stammt noch aus der Anfangszeit des Betriebes 1918 und wäre für den heutigen Betrieb nicht mehr notwendig. Ab dem Bahnhof Montzen Richtung Westen wird, wie in Belgien üblich, links gefahren (Bild oben: Stefan von der Ruhren, 2004).

Direkt östlich des Viaduktes von Moresnet liegt der nie in Betrieb gegangene Haltepunkt Buschhausen. Hier befand sich bis 1969 die Verzweigung der Strecken in Richtung Aachen Hauptbahnhof und Aachen-West. (Bild rechte Seite oben: Markolf Gudjons, 2005).

Der für die Eisenbahnfotografen beliebteste Abschnitt liegt zwischen Montzen und Gemmenich. Auf diesem belgischen Streckenteil wird, entgegen den üblichen Betriebsregeln, nach deutschem Prinzip, also rechts, gefahren. Das Bild rechte Seite unten zeigt einen Kohlenzug an einem Zwischensignal bei Botzelaer Fahrtrichtung Aachen-West (Foto: Markolf Gudjons, 2005).

NL · Direct ten oosten van de Gulptunnel liggen de eerste sporen van het rangeerstation van Montzen. Hier wordt aan de dubbelsporige lijn nog een spoor toegevoegd. Deze spoorbundel werd in 1918 aangelegd en zou tegenwoordig eigenlijk niet meer nodig zijn. Vanaf het station van Montzen richting westen wordt, zoals in België gebruikelijk, links gereden (foto boven: Stefan von der Ruhren, 2004).

Direct ten oosten van het viaduct van Moresnet ligt de nooit opengestelde stopplaats Buschhausen. Hier bevond zich tot in het jaar 1969 de aftakking van de verbindingslijn naar Aken-Centraalstation (foto boven op de rechterpagina: Markolf Gudjons, 2005).

Deze voor de trainspotter interessante plek ligt tussen Montzen en Gemmenich. Op het Belgische gedeelte van de lijn wordt zoals in Duitsland gebruikelijk rechts gereden. Dit is uitzonderlijk in België. Op de foto beneden op de rechterpagina rijdt een kolentrein richting Aken een sein voorbij ter hoogte van Botzelaar (foto: Markolf Gudjons, 2005).

F · Immédiatement après le portail est du Tunnel de la Gulp commencent les voies ferrées de la gare de triage de Montzen dans toute leur étendue. A cet endroit, le tronçon à deux voies devient un tronçon à trois voies. Le tracé des voies date encore du début de leur exploitation en 1918 et ne serait en principe plus nécessaire au trafic d'aujourd'hui. A partir de la gare de Montzen et en allant vers l'ouest, la circulation se fait à gauche, comme c'est l'usage en Belgique (photo du haut : Stefan von der Ruhren, 2004).

Tout de suite à l'est du Viaduc de Moresnet se trouve l'arrêt de Buschhausen, qui n'a jamais été utilisé. C'est là que se trouvait jusqu'en 1969 la bifurcation des voies en direction d'Aix-la-Chapelle Gare Centrale et Aix-la-Chapelle Ouest (photo page de droite en haut : Markolf Gudjons, 2005).

Le secteur préféré des photographes amateurs de trains se situe entre Montzen et Gemmenich. Sur le tronçon belge, contrairement aux règles d'exploitation habituelles, la circulation se fait conformément à l'usage allemand, c'est-à-dire à droite. Sur la page de droite en bas, on peut voir un train de charbon à hauteur d'un sémaphore intermédiaire près de Botzelaer en direction d'Aix-la-Chapelle Ouest (photo : Markolf Gudjons, 2005).

D · Links: Güterzug mit belgischer Diesellok, aus Aachen-West kommend, kurz vor dem Gemmenicher Tunnel. Im Hintergrund die für das Beobachten des Bahnverkehrs beliebte Brücke am ehemaligen Bahnwärterhaus Reinartzkehl (Foto: Stefan von der Ruhren, 1999). Ganz oben: Schiebelok hinter einem Güterzug an derselben Stelle, kurz bevor die Schiebelok den Zug verlässt (Foto: Werner Consten, 2005). Bild oben: Blick aus dem Gemmenicher Tunnel mit dem dritten Gleis (Foto: NMBS/SNCB-Archiv Brüssel).

NL · Links: goederentrein met een Belgische dieselloc, komende vanuit Aken-West, even voor de tunnel van Botzelaar. Op de achtergrond de brug met de voormalige wachterswoning van Reinartzkehl: een ontmoetingsplaats voor trainspotters (foto: Stefan von der Ruhren, 1999). Helemaal boven: een opduwloc achter een goederentrein op dezelfde plaats. Even later rijdt de opduwloc terug naar beneden (foto: Werner Consten, 2005). Foto boven: blik uit de tunnel van Botzelaar met het derde spoor in het midden (foto: NMBS-archief Brussel).

F · A gauche : train de marchandises avec locomotive diesel belge en provenance d'Aix-la-Chapelle Ouest juste avant le Tunnel de Botzelaer. A l'arrière-plan, un pont particulièrement prisé pour l'observation des trains, situé près de l'ancienne maison de garde-barrière de Reinartzkehl (photo : Stefan von der Ruhren, 1999). Tout en haut : locomotive de pousse derrière un train de marchandises au même endroit juste avant que la locomotive ne quitte le train (photo : Werner Consten, 2005). En haut : vue du Tunnel de Botzelaer avec la troisième voie (photo : Archives SNCB de Bruxelles).

D · Ganz oben: Autozug in Montzen, oben links Diesellokomotive 8424 in Montzen, oben rechts Güterzug aus Aachen-West beim Verlassen des Gemmenicher Tunnels (alle Fotos: Jan Schuermans, 1973). Rechte Seite oben: ehemaliger Abzweig Gemmenich mit Güterzug Richtung Aachen-West, Lokomotive 5541, 1982. Rechte Seite unten: NoHAB 5406 auf der Rampe kurz vor dem Gemmenicher Tunnel, 1980 (beide Fotos: Werner Consten).

NL · Helemaal boven: autotrein te Montzen. Linksboven: dieselloc 8424 in Montzen. Rechtsboven: goederentrein komende vanuit Aken-West bij het verlaten van de tunnel van Botzelaar (alle foto's: Jan Schuermans, 1973). Pagina rechts, boven: voormalige aftakking Gemmenich met goederentrein richting Aken-West getrokken door locomotief 5541 in 1982. Pagina rechts, beneden: NoHAB 5406 op de helling even voor de tunnel van Botzelaar in 1980 (beide foto's: Werner Consten).

F · Tout en haut : train de voitures automobiles à Montzen. En haut à gauche : locomotive diesel 8424 à Montzen. En haut à droite : train de marchandises en provenance d'Aix-la-Chapelle Ouest à la sortie du Tunnel de Botzelaer (toutes les photos : Jan Schuermans, 1973). Page de droite en haut : ancien embranchement de Gemmenich avec train de marchandises en direction d'Aix-la-Chapelle Ouest, locomotive 5541, 1982. Page de droite en bas : NoHAB 5406 sur la rampe juste avant le Tunnel de Botzelaer, 1980 (les deux photos : Werner Consten).

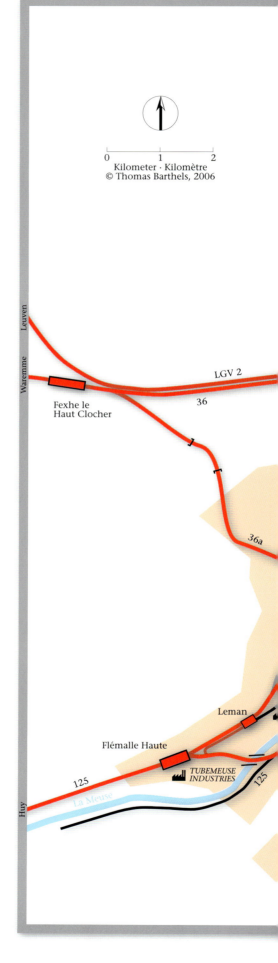

D · Lüttich und Cockerill – zwei Namen, die sowohl in der Geschichte wie auch aktuell zusammengehören. Die Stahlwerke von Cockerill und den heutigen Nachfolgefirmen dominieren nach wie vor das Bild der Industrie in und um Lüttich. Doch Lüttich ist auch Knotenpunkt einer Reihe von Eisenbahnlinien, die Belgien mit den Niederlanden, Deutschland, Luxemburg und Frankreich verbinden.

Lüttich-Guillemins ist heute der Hauptbahnhof für den Personenverkehr. Der frühere Bahnhof Lüttich-Longdoz hat als Kopfbahnhof schon lange ausgedient. Die Umfahrung des Bahnhofs Longdoz wurde im Rahmen der Kriegsbahn Aachen - Tongeren durch Preußen gebaut.

Der Güterverkehr der Region wird über die beiden Bahnhöfe Kinkempois und Bressoux abgewickelt. In Kinkempois ist zusätzlich NMBS/SNCB-Depot, hier werden Lokomotiven gepflegt und gewartet. (Foto: Thomas Barthels, 2006)

NL · Luik en Cockerill – twee namen die gewoon bij elkaar horen. De staalfabrieken van Cockerill en zijn huidige erfgenamen domineren nog tot op heden het Luikse industrielandschap. Maar Luik is tegenwoordig ook een knooppunt van spoorwegen die België met Nederland, Duitsland, Frankrijk en Luxemburg verbinden.

Luik-Guillemins is tegenwoordig het hoofdstation voor het reizigersverkeer. Het vroegere station Luik-Longdoz bestaat al lang niet meer. De omleiding rond het station Longdoz werd in het kader van de bouw van de oorlogsspoorweg Aken - Tongeren door de Pruisen aangelegd.

De centrale stations voor goederentreinen zijn inmiddels Kinkempois en Bressoux. In Kinkempois bevindt zich bovendien een stelplaats van de NMBS. Hier wordt het rollend materiaal onderhouden. (Foto: Thomas Barthels, 2006)

F · Liège et Cockerill – deux noms indissociables, tant par le passé qu'aujourd'hui. Les aciéries de Cockerill et de ses actuels successeurs occupent toujours une place prédominante dans l'image industrielle de Liège et de ses environs. Pourtant, Liège est aussi la plaque tournante d'une série de lignes de chemins de fer reliant la Belgique aux Pays-Bas, à l'Allemagne, au Luxembourg et à la France.

Liège-Guillemins est aujourd'hui la gare principale pour le trafic des voyageurs. L'ancienne gare terminus de Liège-Longdoz a fait son temps. Le contournement de la gare de Longdoz fut réalisé par la Prusse dans le cadre de la construction de la voie militaire Aix-la-Chapelle - Tongres.

Le trafic de marchandises de cette région s'écoule par les deux gares de Kinkempois et de Bressoux. A Kinkempois se trouve en outre le SNCB-Dépôt, qui assure l'entretien et la révision des locomotives. (Photo : Thomas Barthels, 2006)

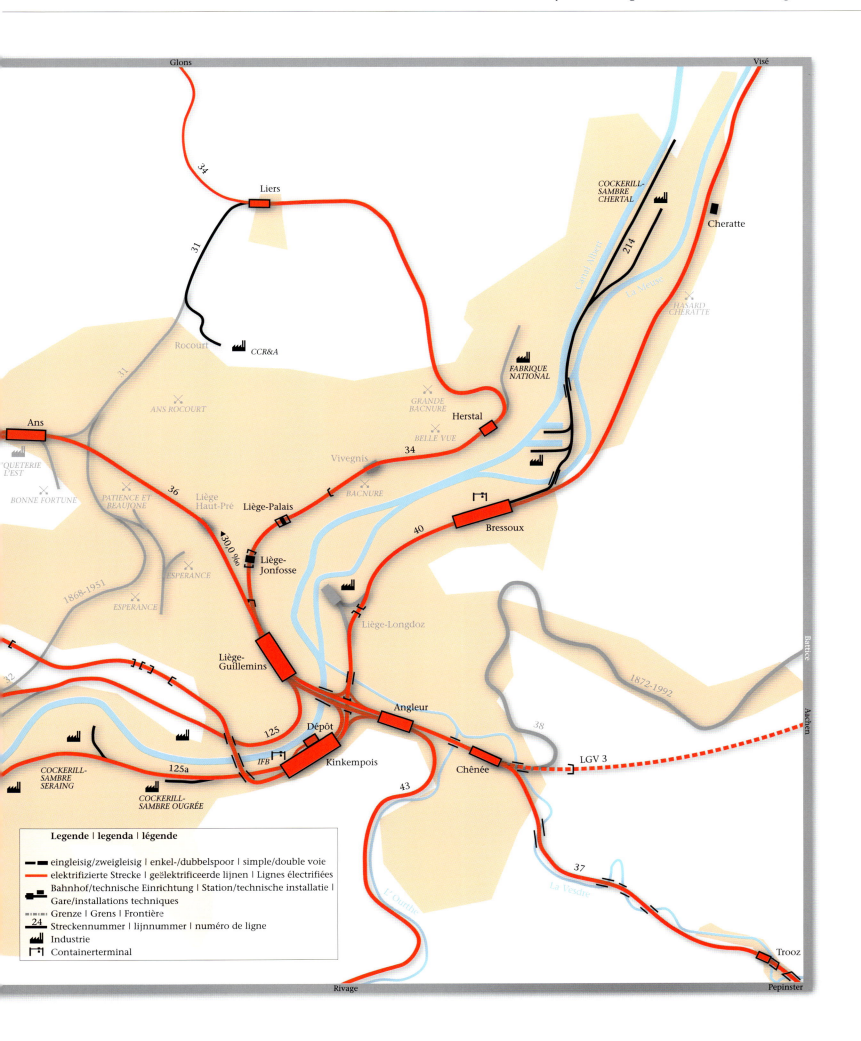

Glons

Visé

34

Liers

COCKERILL-
SAMBRE
CHERTAL

31

214

Cheratte

Rocourt

CCR&A

Canal Albert

La Meuse

HASARD
CHERATTE

ANS ROCOURT

FABRIQUE
NATIONAL

Ans

GRANDE
BACNURE

Herstal

BELLE VUE

'QUETERIE
L'EST

34

BONNE FORTUNE

Vivegnis

PATIENCE ET
BEAUJONE

36

Liège
Haut-Pré

Liège-Palais

BACNURE

40

Bressoux

1868-1951

ESPERANCE

▲30,0 ‰

Liège-
Jonfosse

ESPERANCE

Liège-Longdoz

32

Liège-
Guillemins

1872-1992

Battice

Angleur

38

125

Dépôt

Aachen

IFB

LGV 3

COCKERILL-
SAMBRE
SERAING

125a

Kinkempois

Chênée

COCKERILL-
SAMBRE OUGRÉE

43

37

L'Ourthe

La Vesdre

Trooz

Legende | legenda | légende

━ ━ eingleisig/zweigleisig | enkel-/dubbelspoor | simple/double voie

━━━ elektrifizierte Strecke | geëlektrificeerde lijnen | Lignes électrifiées

▄▟ Bahnhof/technische Einrichtung | Station/technische installatie |
Gare/installations techniques

┈┊┈ Grenze | Grens | Frontière

━24━ Streckennummer | lijnnummer | numéro de ligne

🏭 Industrie

⌂ Containerterminal

Rivage

Pepinster

D · Links ein Blick über die Gleise hin zum Stahlwerk von Ougrée bei Lüttich. Spektakulär ist hier, dass die Hauptstrecke Richtung Flémalle mitten durch das Stahlwerk verläuft. Ganz oben ein Bild von den Werkstätten in Kinkempois. Darunter der westliche Teil des Rangierbahnhofs Kinkempois. (Alle Fotos Thomas Barthels, 2006)

NL · Links een panorama met de staalfabrieken van Ougrée vlakbij Luik. Spectaculair is dat de hoofdlijn richting Flémalle direct door de fabriek heen loopt. Helemaal boven een foto van de werkplaatsen in Kinkempois. Daaronder het westelijke gedeelte van het rangeerstation Kinkempois (alle foto's Thomas Barthels, 2006).

F · A gauche, une vue sur les voies qui mènent aux aciéries d'Ougrée près de Liège. La voie principale en direction de Flémalle est ici spectaculaire : elle passe au beau milieu des aciéries. Tout en haut, une photo des ateliers de Kinkempois. En-dessous, la partie ouest de la gare de triage de Kinkempois (toutes les photos : Thomas Barthels, 2006).

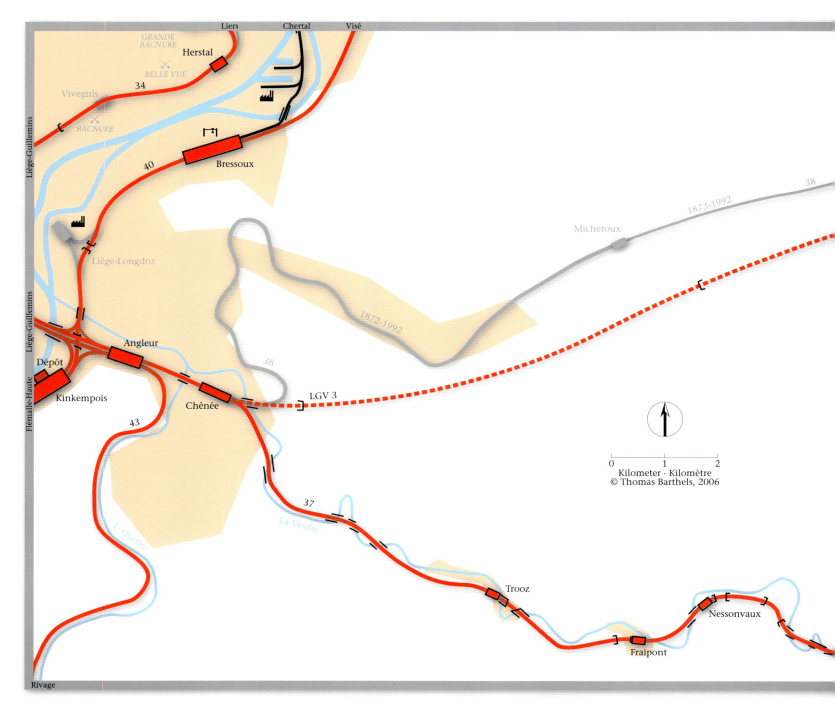

D · Die erste Eisenbahnverbindung zwischen Belgien und Deutschland über Lüttich - Verviers - Welkenrath ist heute nach wie vor in Betrieb. Wenn in einigen Jahren die Neubaustrecke 3 fertig ist, dürften auf der alten Strecke 37 endlich die dringend notwendigen Reparaturen durchgeführt werden. Die Abbildungen auf der rechten Seite zeigen links einen belgischen Regionalzug vom Typ AM 73 und rechts einen deutschen ICE 3, jeweils in Dolhain-Gileppe (Fotos: Werner Consten, 2005).

NL · De eerste spoorverbinding tussen België en Duitsland via Luik - Verviers - Welkenraat wordt vandaag nog altijd gebruikt. Als binnen enkele jaren de nieuwe HSL 3 opengaat, zou men eindelijk kunnen starten met de dringend nodige herstellingswerken aan de oude lijn 37. Op de afbeeldingen is er een goed contrast te zien: links de Belgische motorwagen AM 73 en rechts de moderne Duitse ICE 3. Beide foto's werden genomen in Dolhain-Gileppe (foto's: Werner Consten, 2005).

F · La première liaison ferroviaire entre la Belgique et l'Allemagne via Liège, Verviers et Welkenraedt est toujours en service aujourd'hui. Lorsque dans quelques années la nouvelle voie 3 sera terminée, on pourra probablement enfin procéder aux réparations urgentes qui s'imposent sur la vieille voie 37. Les reproductions de la page de droite montrent à gauche un train régional belge de type AM 73, et à droite un ICE 3 allemand, tous les deux à Dolhain Gileppe (photos : Werner Consten, 2005).

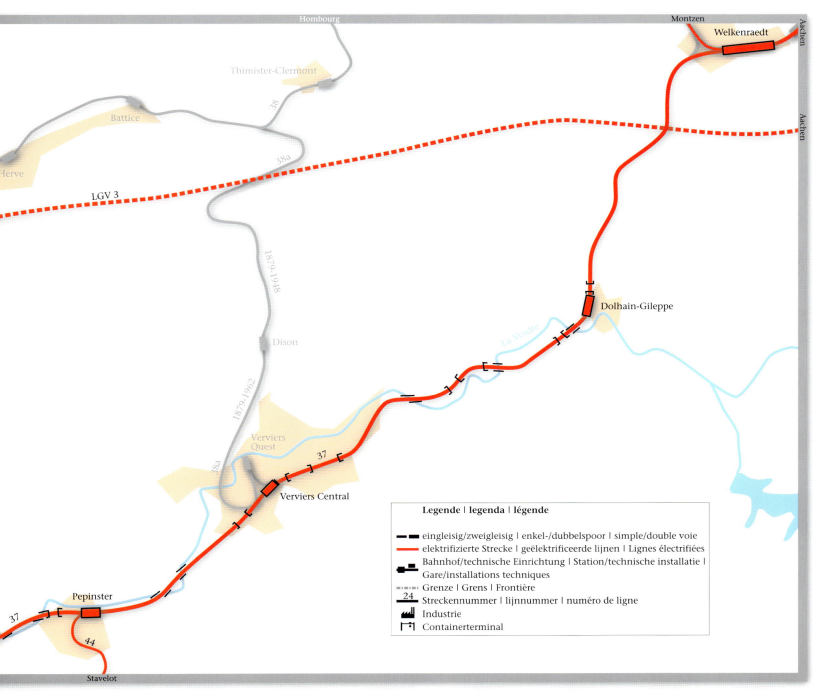

Hombourg

Montzen

Welkenraedt

Aachen

Aachen

Thimister-Clermont

38

Battice

38a

Herve

LGV 3

1879-1948

Dolhain-Gileppe

La Vesdre

Dison

1879-1962

Verviers
Quest

38a

37

Verviers Central

Pepinster

37

44

Stavelot

Legende | legenda | légende

— eingleisig/zweigleisig | enkel-/dubbelspoor | simple/double voie

— elektrifizierte Strecke | geëlektrificeerde lijnen | Lignes électrifiées

Bahnhof/technische Einrichtung | Station/technische installatie | Gare/installations techniques

Grenze | Grens | Frontière

24 Streckennummer | lijnnummer | numéro de ligne

Industrie

Containerterminal

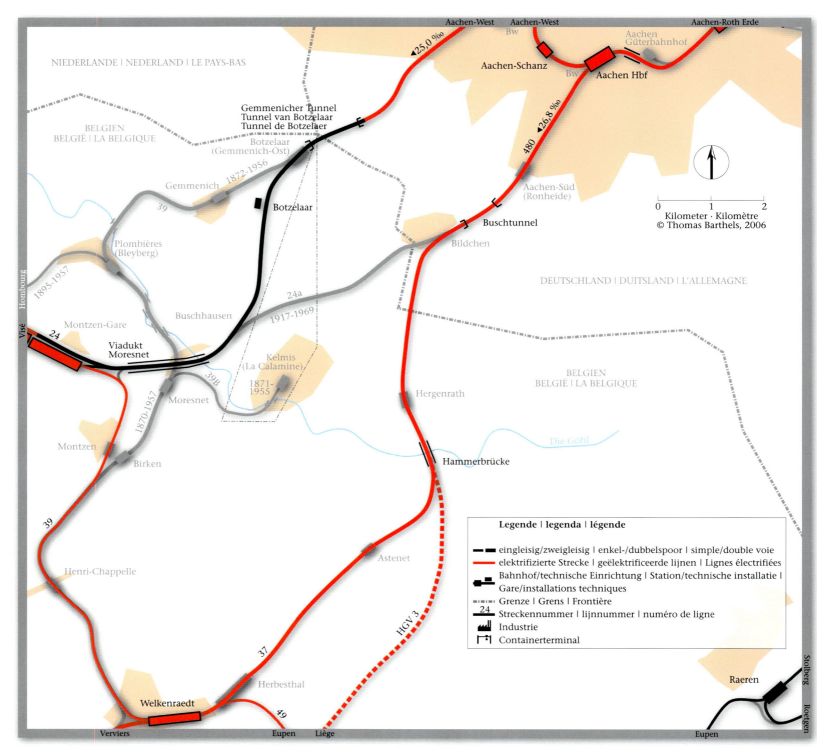

NIEDERLANDE | NEDERLAND | LE PAYS-BAS

BELGIEN
BELGIË | LA BELGIQUE

Aachen-West   Aachen-West   Aachen-Roth Erde
Bw
Aachen
Güterbahnhof
Aachen-Schanz
Bw   Aachen Hbf

Gemmenicher Tunnel
Tunnel van Botzelaar
Tunnel de Botzelaer
Botzelaar
(Gemmenich-Ost)
Gemmenich 1872-1956

Aachen-Süd
(Ronheide)
Botzelaar
Buschtunnel
Bildchen

Plombières
(Bleyberg)

DEUTSCHLAND | DUITSLAND | L'ALLEMAGNE

Hombourg
Montzen-Gare
Viadukt
Moresnet
Buschhausen

24a
1917-1969

Kelmis
(La Calamine)
BELGIEN
BELGIË | LA BELGIQUE

Visé
Moresnet
1871-
1955
Hergenrath

Montzen
Die Göhl
Birken
Hammerbrücke

Legende | legenda | légende

━ ━ eingleisig/zweigleisig | enkel-/dubbelspoor | simple/double voie
━━━ elektrifizierte Strecke | geëlektrificeerde lijnen | Lignes électrifiées
▆ Bahnhof/technische Einrichtung | Station/technische installatie |
   Gare/installations techniques
─ · ─ Grenze | Grens | Frontière
24 Streckennummer | lijnnummer | numéro de ligne
Industrie
Containerterminal

Henri-Chappelle
Astenet

Raeren
Stolberg

37
HGV 3

Herbesthal
Roetgen
Welkenraedt
49
Verviers   Eupen   Liège   Eupen

0   1   2
Kilometer · Kilomètre
© Thomas Barthels, 2006

D · Entgegen der Linie 24, der Montzenroute, ist die Linie 37 seit 1966 durchgehend bis Aachen elektrifiziert. Spezielle Gleise im Aachener Hauptbahnhof können wechselweise auf die belgische (3 kV) oder die deutsche Spannung (15 kV) geschaltet werden. Daher kann jede belgische Elektrolokomotive bis in den Aachener Hauptbahnhof fahren. So wird der grenzüberschreitende Regionalverkehr von belgischen Triebwagen übernommen.

NL · In tegenstelling tot lijn 24 (Montzenroute) is lijn 37 sinds 1966 over de volle lengte geëlektrificeerd tot Aken. Op speciale sporen in het station Aken-Centraalstation kan de dispatching switchen tussen de Belgische 3-kV-spanning en het Duitse 15-kV-systeem. Door dit systeem is het mogelijk om Belgische locomotieven tot Aken-Centraalstation te laten rijden. Hetzelfde geldt voor de Belgische motorwagens van reeks AM 73 die om de twee uur de IR-dienst Aken - Luik verzorgen.

F · Contrairement à la ligne 24, la Route de Montzen, la ligne 37 est entièrement électrifiée jusqu'à Aix-la-Chapelle. Les voies spéciales posées à la gare centrale d'Aix-la-Chapelle peuvent être alternativement branchées sous tension belge (3 kV) ou allemande (15 kV). Cela explique que toute locomotive électrique puisse aller jusqu'à la gare centrale d'Aix-la-Chapelle. Le trafic régional transfrontalier s'effectue donc avec des voitures motrices belges.

D · Ganz oben im Bild Ausfahrt des Pendelzuges von Aachen Hauptbahnhof Richtung Lüttich, Triebwagen AM 62. Darunter links sonntägliche Ruhe in Welkenrath. Hier beginnen und enden einige belgische Personenzüge (beide Fotos Thomas Barthels, 2006).

Die rechte Abbildung zeigt den Hochgeschwindigkeitszug Thalys Paris - Köln bei der Abfahrt Richtung Aachen in Aachen-Süd (Foto: Werner Consten, 2005).

NL · Helemaal boven op de foto: Vertrek van de IR-trein (AM 62) uit Aken-Centraalstation richting Luik. Daaronder links: zondagsrust in Welkenraat. Dit is de eindbestemming van enkele Belgische binnenlandse reizigerstreinen (foto's Thomas Barthels, 2006).

Rechts op de foto: Hogesnelheidstrein "Thalys" van Parijs naar Keulen bij vertrek richting Aken ter hoogte van Aachen-Süd (foto: Werner Consten, 2005).

F · Tout en haut : départ de la navette d'Aix-la-Chapelle Gare Centrale en direction de Liège, voiture motrice AM 62. En-dessous à gauche, repos dominical à Welkenraedt, point de départ et d'arrivée de certains trains de voyageurs belges (les deux photos : Thomas Barthels, 2006).

La reproduction de droite montre le train à grande vitesse Thalys Paris - Cologne au départ d'Aix-la-Chapelle Sud en direction d'Aix-la-Chapelle (photo : Werner Consten, 2005).

D · Landschaftlich ist die Strecke zwischen Lüttich und Welkenrath sehr reizvoll. Betrieblich dagegen sehr umständlich. Viele Tunnel und enge Kurven lassen nur eine geringe Reisegeschwindigkeit zu. Güterzüge nutzen den Abschnitt Lüttich - Aachen nur sehr selten.

NL · Landschappelijk schoon op de lijn Luik - Welkenraat. De lijn zelf verkeert daarentegen in een vrij slechte staat. De talrijke tunnels en bogen maken een snelle doortocht onmogelijk. Er rijden bijna geen goederentreinen op deze lijn.

D · Die Fotos auf dieser Seite oben zeigen typische Regional- und D-Züge auf der Strecke 37. Ganz oben Triebwagen Typ AM 54 in Trooz, Mai 1990, oben Lok 1604 mit D-Zug 419 Ostende - Köln, Juli 1999. Links D-Zug/IC „Saphir" Nürnberg - Brüssel, aufgenommen im August 1979 am Buschtunnel bei Aachen. (Fotos: Sammlung Werner Consten)

NL · Op de foto's boven zijn de voor lijn 37 kenmerkende IC- en stoptreinen te zien. Helemaal boven passeert een AM 54 de plaats Trooz in mei 1990. Boven: locomotief 1604 met IC 419 Oostende - Keulen in juli 1999. Links een foto van de IC "Saphir" Neurenberg - Brussel, opgenomen in augustus 1979 ter hoogte van de Buschtunnel. (Foto's: verzameling Werner Consten)

F · Les photos en haut de cette page montrent des trains régionaux et des rapides typiques sur la voie 37. Tout en haut : une voiture motrice de type AM 54 à Trooz en mai 1990. En haut : locomotive 1604 avec le rapide 419 Ostende - Cologne en juillet 1999. A gauche, une photo du IC 'Saphir' Nuremberg - Bruxelles prise en août 1979 au Tunnel de Busch. (Photos : archives Werner Consten)

F · Le tronçon situé entre Liège et Welkenraedt offre des paysages pleins d'attrait. En revanche, son exploitation est très incommode. De nombreux tunnels et virages serrés entraînent une vitesse réduite. Les trains de marchandises n'empruntent que très rarement le tronçon Liège - Aix-la-Chapelle.

D · Auf deutscher Seite beginnt und endet der Kernbereich der Montzenroute im Bahnhof Aachen-West. Die zurzeit noch immer mit Diesellokomotiven ankommenden Züge aus Montzen werden von hier meist mit Railion-Elektrolokomotiven weiter Richtung Mönchengladbach oder Köln gefahren. Der südliche Bahnhofskopf von Aachen-West umfasst heute, wie bei seiner Inbetriebnahme, sechs Gleise. Davon sind drei Gleise die Zufahrt zur Rampe zum Gemmenicher Tunnel.

Dort, wo die Montzenroute die Strecke Richtung Aachen Hauptbahnhof kreuzt, führen gewaltige, gemauerte Bogenbrücken die Strecke hoch über die Dächer von Aachen hinweg. Der Aufstieg nach Gemmenich beginnt bereits hier im Bahnhof Aachen-West.

Im Bild oben fährt ein Güterzug mit Autoteilen in den Bahnhof Aachen-West ein (Foto: Thomas Barthels, 2006).

NL · Aan Duitse kant begint of eindigt de eigenlijke Montzenroute in het station Aken-West. De tegenwoordig nog altijd door diessellocomotieven getrokken treinen komen hier aan vanuit Montzen en rijden vervolgens door richting Mönchengladbach of Keulen – vanaf hier meestal met elektrische locomotief op kop. In het zuidelijke stationsgedeelte van Aken-West liggen er net als bij de opening van het station zes sporen. Drie daarvan maken deel uit van de helling naar de tunnel van Botzelaar.

Op de plaats waar de Montzenroute het tracé richting Aken-Centraalstation kruist leiden twee statige stenen bruggen de sporen naar boven. De klim naar Gemmenich begint reeds in het station Aken-West.

Op de foto boven rijdt een goederentrein met auto-onderdelen het station Aken-West binnen (foto: Thomas Barthels, 2006).

F · Côté allemand, la gare d'Aix-la-Chapelle Ouest constitue le point de départ et d'arrivée de la Route de Montzen. Les trains en provenance de Montzen, qui arrivent toujours avec des locomotives diesel, continuent leur route en direction de Mönchengladbach ou de Cologne la plupart du temps avec des locomotives électriques Railion. Côté sud, la tête de gare d'Aix-la-Chapelle Ouest comprend aujourd'hui comme à l'époque de sa mise en service six voies, dont trois mènent à la rampe d'accès au Tunnel de Botzelaer.

A l'endroit où la Route de Montzen croise la voie en direction d'Aix-la-Chapelle Gare Centrale, les monumentaux ponts à arches font passer la voie haut au-dessus des toits d'Aix-la-Chapelle. La montée vers Gemmenich commence ici dès la gare d'Aix-la-Chapelle Ouest.

La photo du haut montre un train de marchandises chargé de pièces de voitures à son arrivée en gare d'Aix-la-Chapelle Ouest (photo : Thomas Barthels, 2006).

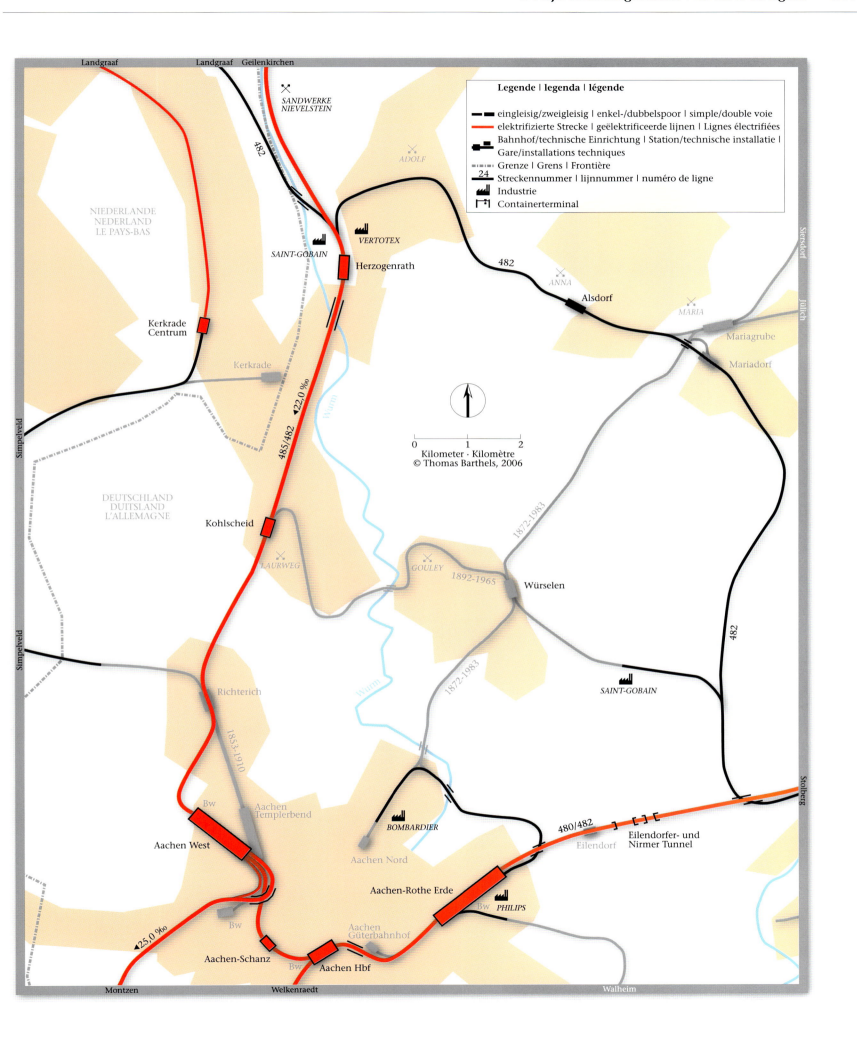

Landgraaf   Landgraaf   Geilenkirchen

SANDWERKE
NIEVELSTEIN

482

ADOLF

NIEDERLANDE
NEDERLAND
LE PAYS-BAS

VERTOTEX

SAINT-GOBAIN

Herzogenrath

482

ANNA

Alsdorf

MARIA

Kerkrade
Centrum

Kerkrade

Mariagrube

Mariadorf

Simpelveld

22,0 ‰

485/482

Warm

DEUTSCHLAND
DUITSLAND
L'ALLEMAGNE

Kohlscheid

1872-1983

LAURWEG

GOULEY

1892-1965

Würselen

482

Simpelveld

1872-1983

Warm

Richterich

SAINT-GOBAIN

1853-1910

Stolberg

Bw

Aachen
Templerbend

BOMBARDIER

480/482

Eilendorfer- und
Nirmer Tunnel

Aachen West

Aachen Nord

Eilendorf

Aachen-Rothe Erde

Bw   PHILIPS

Bw

Aachen
Güterbahnhof

25,0 ‰

Aachen-Schanz

Bw

Aachen Hbf

Montzen   Welkenraedt   Walheim

Siersdorf

Jülich

Legende | legenda | légende

- eingleisig/zweigleisig | enkel-/dubbelspoor | simple/double voie
- elektrifizierte Strecke | geëlektrificeerde lijnen | Lignes électrifiées
- Bahnhof/technische Einrichtung | Station/technische installatie | Gare/installations techniques
- Grenze | Grens | Frontière
- 24 Streckennummer | lijnnummer | numéro de ligne
- Industrie
- Containerterminal

0   1   2
Kilometer · Kilomètre
© Thomas Barthels, 2006

D · Beinahe zu jeder Tages- oder Nachtzeit stehen in Aachen-West Güterzüge ausfahrbereit vor den Signalen. Hinzu kommt der Regional- und Fernverkehr – ein rastloser Bahnhof. Ganz oben im Bild gleich zwei Containerzüge mit DLC-Lokomotiven sowie im Hintergrund ein gerade einfahrender R4C-Zug (Foto: Gerhard Meven, 2006). Darunter die Euregiobahn Aachen - Heerlen. Rechts wartet ein Kesselwagenzug auf die Ausfahrt Richtung Köln (beide Fotos Lucas Böckmann, 2005/2006).

NL · Bijna 24 uur op 24 staan er in Aken-West goederentreinen klaar voor vertrek. Bovendien is er ook nog het reizigersverkeer – Aken-West is een druk station. De foto boven toont twee containertreinen met DLC-locomotieven en op de achtergrond een aankomende R4C-trein (foto: Gerhard Meven, 2006). Daaronder de Euregio-Bahn Aken - Heerlen. Rechts wacht een trein met ketelwagens op het vertreksein richting Keulen (foto's Lucas Böckmann, 2005/2006).

F · Presque à toutes les heures du jour et de la nuit, on trouve à Aix-la-Chapelle Ouest des trains de marchandises prêts à partir. A cela s'ajoute le trafic régional, ainsi que les grandes lignes – l'activité ne s'y arrête jamais. Tout en haut de la photo, on voit deux trains de containers avec des locomotives DLC, ainsi qu'à l'arrière-plan, un train R4C à son arrivée (photo : Gerhard Meven, 2006). En-dessous, la ligne régionale européenne 'Euregio' Aix-la-Chapelle - Heerlen. A droite, un train-citerne attend le signal du départ pour Cologne (les deux photos : Lucas Böckmann, 2005/2006).

D · Winterstimmung in Aachen: Oben Kesselwagenzug mit R4C-Bespannung bei Aachen-Schanz. Unten eine Railion 152 wartend in Aachen-West mit einem Stahlzug (beide Fotos Gerhard Meven, 2005/2006).

NL · Wintersfeer in Aken: Boven een ketelwagentrein, getrokken door een R4C-locomotief ter hoogte van Aken-Schanz. Beneden wacht een Railion 152 in Aken-West met een staaltrein (foto's Gerhard Meven, 2005/2006).

F · Ambiance hivernale à Aix-la-Chapelle : en haut, train-citerne avec attelage R4C près d'Aix-la-Chapelle Schanz. En bas, une Railion 152 en attente à Aix-la-Chapelle Ouest avec un convoi d'acier (les deux photos : Gerhard Meven, 2005/2006).

D · Bei dichtem Schneetreiben bringen zwei belgische 55er ihren Chemiezug nach Aachen-West (Bild oben). Unten eine Railion 140er mit gemischtem Güterzug (beide Fotos Lucas Böckmann, 2005).

NL · Tijdens hevige sneeuwval brengen twee Belgische 55'ers hun containertrein naar Aken-West (boven). Beneden een Railion 140 met een goederentrein (foto's Lucas Böckmann, 2005).

F · Par de fortes rafales de neige, deux 55 belges tirent leur chargement de produits chimiques vers Aix-la-Chapelle Ouest (photo du haut). En bas, une Railion 140 avec marchandises mixtes (les deux photos : Lucas Böckmann, 2005).

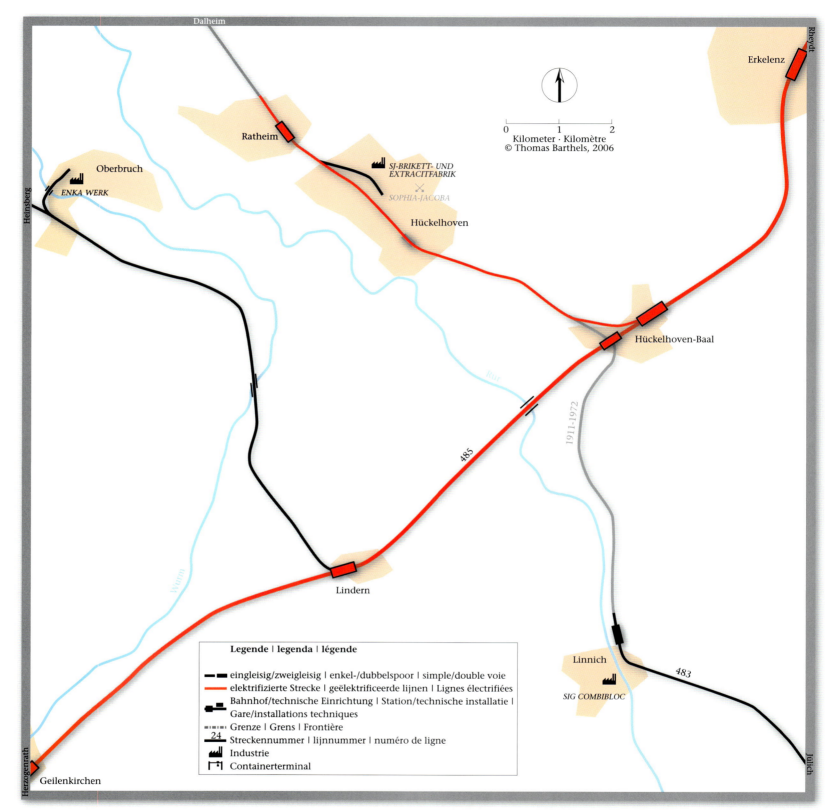

Legende | legenda | légende

- ▬ ▬ eingleisig/zweigleisig | enkel-/dubbelspoor | simple/double voie
- ▬ elektrifizierte Strecke | geëlektrificeerde lijnen | Lignes électrifiées
- ▰ Bahnhof/technische Einrichtung | Station/technische installatie | Gare/installations techniques
- ┅┅ Grenze | Grens | Frontière
- 24 Streckennummer | lijnnummer | numéro de ligne
- ⚒ Industrie
- ⌂ Containerterminal

© Thomas Barthels, 2006

D · Zwischen Aachen und Mönchengladbach verkehren in der Regel deutlich weniger Güterzüge als zwischen Aachen und Köln. Im direkten Vergleich hat dieser Abschnitt aber mehr Industrieanschlüsse zu bedienen.

NL · Tussen Aken en Mönchengladbach rijden normaal gezien minder goederentreinen dan op de lijn Aken - Keulen. Wel is er redelijk wat industrie met een eigen spooraansluiting aanwezig.

F · En règle générale, nettement moins de trains de marchandises circulent entre Aix-la-Chapelle et Mönchengladbach qu'entre Aix-la-Chapelle et Cologne. Mais en comparaison directe, ce tronçon a plus de dessertes industrielles à effectuer.

D · In Lindern (Bild oben und unten links) und Baal (Bild unten rechts) sind Industriebetriebe angeschlossen. Über die Strecke Baal-Ratheim wurde noch bis 1997 die Kohleförderung der Zeche Sophia-Jacoba abtransportiert. Heute findet nur noch gelegentlich Betrieb für die noch laufende Kohleveredelung statt. (Alle Fotos Thomas Barthels, 2006)

NL · Ter hoogte van Lindern (foto linksboven) en Baal (foto rechts beneden) zijn een aantal bedrijven aangesloten. Via de lijn Baal-Ratheim werd tot in 1997 steenkool van de mijn Sophia-Jacoba afgevoerd. Vandaag is er alleen nog maar een trein van en naar de brikettenfabriek (foto's Thomas Barthels, 2006).

F · Lindern (en haut et en bas à gauche) et Baal (en bas à droite) bénéficient d'un raccordement pour leurs entreprises industrielles. Jusqu'en 1997, on transportait encore la production houillère de la mine de Sophia-Jacoba en utilisant la voie Baal - Ratheim. Aujourd'hui, il n'y a plus qu'une activité occasionnelle pour l'affinage du charbon (toutes les photos : Thomas Barthels, 2006).

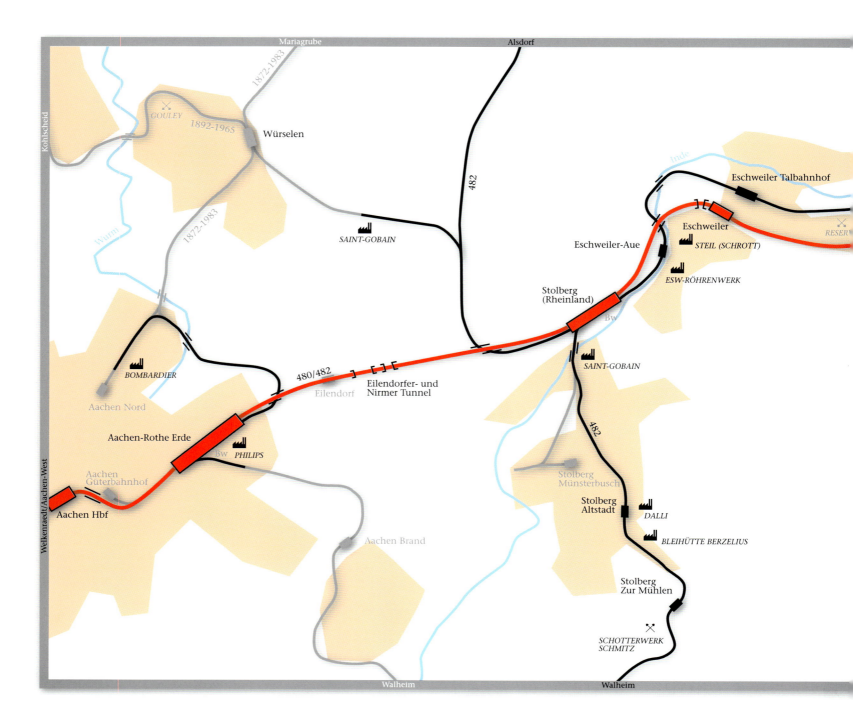

D · Der Streckenabschnitt Aachen - Düren wird noch auf Jahre hinaus den Verkehr zwischen Köln und Lüttich ausbremsen. Von Lüttich bis zur Grenze wird in wenigen Jahren die Neubaustrecke für den Thalys- und ICE-Betrieb bereitstehen. Zwischen Köln und Düren ist die Strecke drei- bis viergleisig ausgebaut. Nur der Abschnitt Aachen - Düren wurde bisher nicht in Angriff genommen. Hier teilen sich nach wie vor etwa 65 Güterzüge täglich die Gleise mit zahlreichen regionalen und internationalen Personenzügen. Die Karte zeigt bei Eschweiler sehr schön die damals parallel gebauten Strecken der Rheinischen Eisenbahn und der Bergisch-Märkischen Eisenbahn.

Links im Bild ein Kesselwagenzug bei der Fahrt durch den Bahnhof Aachen-Rothe Erde (Foto: Gerhard Meven, 2005).

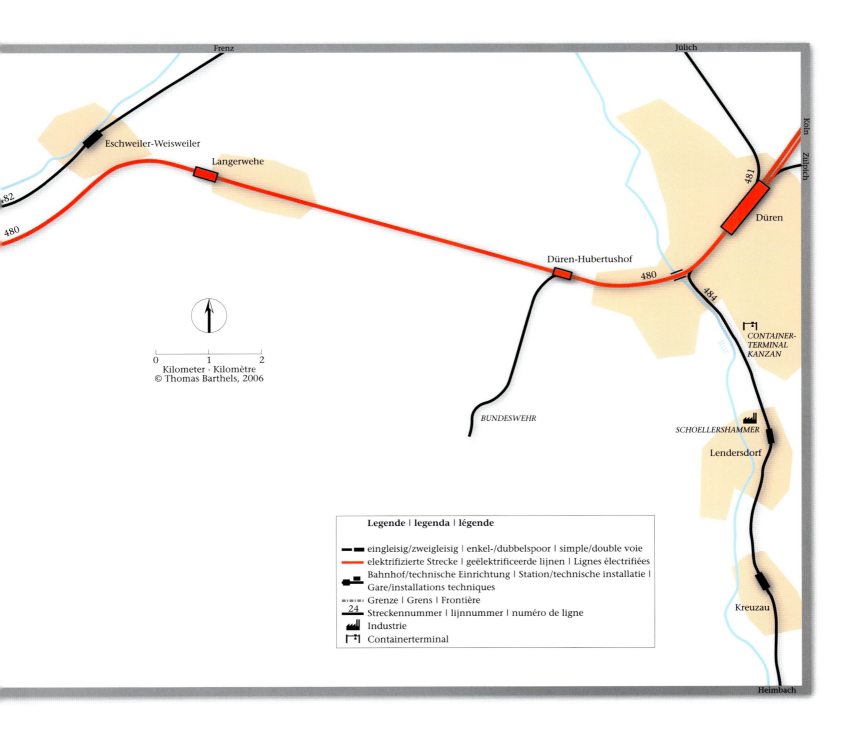

Frenz

Jülich

Köln

Eschweiler-Weisweiler

Langerwehe

Zülpich

481

Düren

480

482

480

Düren-Hubertushof

480

484

CONTAINER-
TERMINAL
KANZAN

0   1   2
Kilometer · Kilomètre
© Thomas Barthels, 2006

BUNDESWEHR

SCHOELLERSHAMMER

Lendersdorf

Legende | legenda | légende

eingleisig/zweigleisig | enkel-/dubbelspoor | simple/double voie
elektrifizierte Strecke | geëlektrificeerde lijnen | Lignes électrifiées
Bahnhof/technische Einrichtung | Station/technische installatie |
Gare/installations techniques
Grenze | Grens | Frontière
24 Streckennummer | lijnnummer | numéro de ligne
Industrie
Containerterminal

Kreuzau

Heimbach

NL · Het sectie Aken - Düren zal nog enkele jaren een knelpunt blijven. Tussen Luik en de Duitse grens zal binnen enkele jaren de nieuwe HST-lijn worden opengesteld voor ICE- en Thalystreinen. Tussen Keulen en Düren werd de lijn al op vier sporen gebracht. Met de uitbreidingswerken op de lijn Aken - Düren is men daarentegen nog niet begonnen. 65 goederentreinen per dag en heel wat nationale en internationale reizigerstreinen rijden er nog steeds over een en hetzelfde baanvak. Op de kaart (vlakbij Eschweiler) zijn de naast elkaar aangelegde lijnen van de Rheinische en van de Bergisch-Märkische Eisenbahn goed herkenbaar.

Op de foto links passeert een trein met ketelwagens het station Aachen-Rothe Erde (foto Gerhard Meven, 2005).

F · Le tronçon Aix-la-Chapelle - Düren va continuer pendant des années à ralentir le trafic entre Cologne et Liège. De Liège à la frontière, la nouvelle voie construite pour l'exploitation du Thalys et de l'ICE sera prête dans quelques années. Entre Cologne et Düren, la ligne a été aménagée à trois ou quatre voies. Seul le tronçon Aix-la-Chapelle - Düren n'a pas été commencé. A cet endroit, environ 65 trains de marchandises continuent quotidiennement à partager ces voies avec de nombreux trains régionaux et interrégionaux de voyageurs. La carte montre très bien à la hauteur d'Eschweiler les lignes de la Rheinische Eisenbahn et de la Bergisch-Märkische Eisenbahn, qui à l'époque furent construites parallèlement l'une à l'autre.

A gauche, un train-citerne traversant la gare d'Aix-la-Chapelle Rothe Erde (photo : Gerhard Meven, 2005).

D · Schon immer waren auf der Rampe von Aachen-West zum Gemmenicher Tunnel bei schweren Zügen Schiebelokomotiven notwendig. Im Bild oben (Foto: Jan Schuermans, 1975) hilft eine deutsche Baureihe 140 der gerade noch erkennbaren belgischen Diesellok den Berg hoch. Auf der rechten Seite von oben nach unten: Bahnhof Baal mit einem gemischten Güterzug von Aachen Richtung Mönchengladbach (Foto: Thomas Barthels,

1982). Darunter die ex DDR 143 am Eilendorfer Tunnel mit einem Bananenzug (Foto: Werner Consten, 1992). Ganz unten eine belgische Baureihe 16 mit D-Zug Ostende - Köln bei Merzenich, kurz hinter Düren (Foto: Werner Consten, 1995).

NL · Van begin af aan moest men op de helling van Aken-West in richting van de tunnel van Botzelaar een beroep doen op opduwlocs. Op de foto boven (Jan Schuermans, 1975) helpt een Duitse reeks 140 de net nog herkenbare Belgische dieselloc aan de klim. Op de rechterpagina van boven naar beneden: station Baal met een goederentrein komende vanuit Aken richting Mönchengladbach (foto Thomas Barthels, 1982). Daaronder een

voormalige DDR 143 vlakbij de tunnel van Eilendorf met een bananentrein (foto Werner Consten, 1992). Helemaal onderaan passeert een Belgische reeks 16 met de IC-trein Oostende - Keulen aan de haak Merzenich vlakbij Düren (foto Werner Consten).

F · De tous temps, on a eu besoin de locomotives de pousse sur la rampe d'accès au Tunnel de Botzelaer pour les trains trop lourds. Sur la photo du haut (prise par Jan Schuermans en 1975), une série 140 allemande aide la locomotive diesel belge que l'on distingue à peine à franchir la colline. Page de droite, de haut en bas : la gare de Baal avec un train de marchandises mixtes en provenance d'Aix-la-Chapelle et à destination de Mönchengladbach (photo : Thomas Barthels, 1982). En-dessous, la 143 de l'ex-RDA au tunnel d'Eilendorf avec un convoi de bananes (photo : Werner Consten, 1992). Tout en bas, une série 16 belge avec train rapide Ostende - Cologne près de Merzenich, juste après Düren (photo : Werner Consten, 1995).

Der Viadukt von Moresnet
Het viaduct van Moresnet | Le Viaduc de Moresnet

D · Das wohl bedeutendste Bauwerk der Montzenroute ist der Viadukt von Moresnet. Er überspannt mit 1.107 Metern den Bach Göhl und den Ort Moresnet in Belgien. Die erste Eisenbahnlinie erreichte Moresnet unten im Tal im Jahr 1870. Heute, im Jahr 2006, rollen die Güterzüge 50 Meter über dem Tal in dichter Zugfolge, Tag und Nacht. In einigen Jahren werden die brummenden Dieselloks von leiseren Elektroloks abgelöst. (Foto: Thomas Barthels, 2006)

NL · Het meest bekende bouwwerk van de Montzenroute is het viaduct van Moresnet. Deze 1.107 meter lange constructie overspant het Geuldal en het plaatsje Moresnet in België. De eerste spoorweg werd in 1870 in de vallei zelf aangelegd. Vandaag, in het jaar 2006, rijden snel opeenvolgende treinen dag en nacht. Binnen enkele jaren zullen de zware diesels wel worden afgelost door minder lawaaierige elektrolocomotieven. (Foto: Thomas Barthels, 2006)

F · Le Viaduc de Moresnet est sans doute la construction la plus remarquable de la route de Montzen. Avec ses 1.107 mètres, il franchit la rivière Gueule et la localité de Moresnet en Belgique. La première ligne ferroviaire arriva à Moresnet par la vallée en 1870. Aujourd'hui, en 2006, les trains de marchandises passent à 50 mètres au-dessus de la vallée à intervalles rapprochés, de jour comme de nuit. D'ici quelques années, les locomotives Diesel trop bruyantes seront remplacées par des locomotives électriques. (Photo : Thomas Barthels, 2006)

D · In seiner bisher 90-jährigen Geschichte wurde der Viadukt von Moresnet schon mehrmals ganz oder teilweise wieder aufgebaut. Bereits im Mai 1940 wurden Teile des Viadukts von belgischen Grenztruppen gesprengt, um der Deutschen Wehrmacht den Vormarsch durch Belgien zu erschweren.

Die Bilder auf dieser Doppelseite (Quelle: NMBS/SNCB-Archiv Brüssel) stammen vermutlich aus den Jahren 1947-1949. Sie zeigen Arbeiten für die Instandsetzung des Viaduktes nach der Zerstörung durch deutsche Truppen beim Rückzug im September 1944. Auf den Bildern ist zu erkennen, dass über die Hälfte der 22 Brückensegmente fehlen. Teilweise mussten auch die Betonpfeiler in Stand gesetzt werden. Die belgischen Eisenbahnen hatten es mit der Reparatur aber nicht besonders eilig. Erst im Oktober 1949 wurde die Strecke wieder vollständig in Betrieb genommen.

NL · In zijn meer dan 90 jaar oude geschiedenis werd het viaduct van Montzen meerdere keren heropgebouwd. Reeds in mei 1940 werd een gedeelte door de Belgische troepen opgeblazen om de Duitse Wehrmacht de opmars in België een stuk moeilijker te maken.

De afbeeldingen op de volgende pagina (bron NMBS-archief, Brussel) zijn vermoedelijk uit de jaren 1947-1949. De werken voor de wederopbouw van het viaduct na de vernieling door de Duitse troepen tijdens hun terugtrekking in september 1944 zijn al op gang gekomen. Op de foto's is goed herkenbaar dat meer dan de helft van de 22 betonnen brugelementen het begeven heeft. Voor een deel waren er ook beschadigingen aan de betonnen steunpijlers. De belgische spoorwegen hadden geen spoed met de herstellingswerken. Pas in oktober 1949 werd de lijn over de volle lengte heropend.

F · Au cours de son histoire longue de 90 ans, le Viaduc de Moresnet a été reconstruit partiellement ou totalement à plusieurs reprises. Dès mai 1940, des gardes-frontières belges en firent sauter des éléments afin de freiner la progression de la Wehrmacht en Belgique.

Les photos de cette double page (source: Archives SNCB de Bruxelles) datent probablement des années 1947-1949. Elles montrent les travaux de remise en état du viaduc après sa destruction par les troupes allemandes lors de la retraite de septembre 1944. On distingue clairement sur ces photos qu'il manque plus de la moitié des 22 segments du pont. Les piles de béton durent aussi être en partie réparées. Les chemins de fer belges ne montrèrent toutefois pas d'empressement particulier pour effectuer les réparations. Ce n'est qu'en octobre 1949 que la ligne fut complètement remise en service.

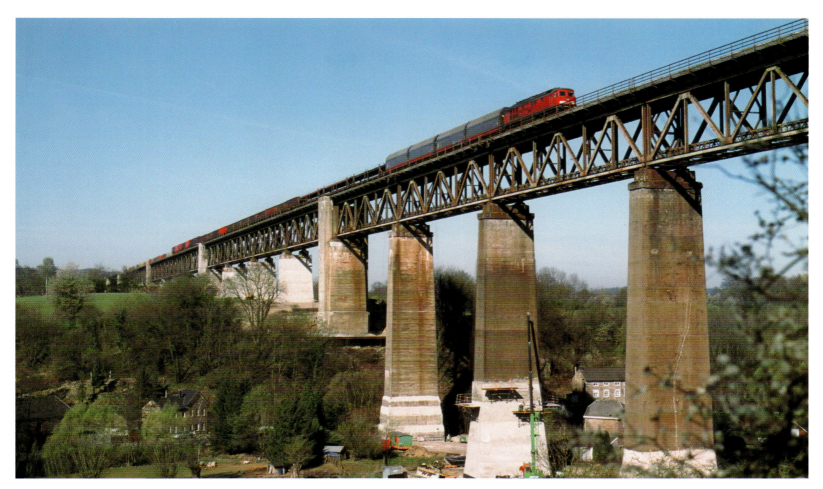

D · Die grundlegende Konstruktion des Viaduktes von Moresnet blieb nach dem Wiederaufbau von 1949 bis zum Jahr 2003 gleich. Die ständige Nutzung für den Güterverkehr hinterließ in über 60 Jahren Dauerbetrieb einige Spuren. Nicht nur die Betonpfeiler zeigten immer öfter Zerstörungen an der Oberfläche. Auch die Eisenkonstruktion wurde durch Rost in Mitleidenschaft gezogen. Dies führte im Jahre 1999 dazu, dass die höchstzulässige Achslast auf 22,5 Tonnen heruntergesetzt werden musste. Ebenso wurde die maximale Geschwindigkeit für den Viadukt auf nur 20 km/h festgelegt.

Da die Montzenroute als Eisenbahn-verbindung von enormer Wichtigkeit war (und heute noch ist), entschloss man sich im Jahr 2000 zu einem kompletten Neubau der Stahlkonstruktion des Viaduktes. Dieser Neubau sollte jedoch ohne große Beeinträchtigungen des Betriebes ablaufen. Man entschied sich daher für ein ungewöhnliches Verfahren für die Renovierung.

Die Fotos auf dieser Doppelseite stammen von Werner Consten aus den Jahren 1988 (linke Seite) und 2003 (oben).

NL · De basisconstructie van het viaduct van Montzen bleef na zijn wederopbouw na de Tweede Wereldoorlog nagenoeg dezelfde tot in het jaar 2003. De permanente trillingen van de goederentreinen hebben gedurende de afgelopen 60 jaar ervoor gezorgd dat niet alleen de betonnen constructie zware schade heeft opgelopen. Het beton van de steunpilaren scheurde. Tevens verkeerde de ijzeren vakwerkconstructie waarop de sporen lagen in erg slechte staat. Om die redenen werd in 1999 besloten om de treinen met maximaal 20 km/h en met een gereduceerde asbelasting (22,5 ton) over het viaduct te laten rijden.

Omdat de Montzenroute enorm belangrijk was voor het goederenvervoer (en nog steeds is), besloot men om de stalen constructie van het viaduct volledig nieuw te bouwen. Tijdens deze nieuwbouw mocht het treinverkeer echter geen hinder ondervinden. Daarom moesten de werken op een vrij ongewone manier worden uitgevoerd.

De foto's op deze pagina werden in 1988 (links) en 2003 (rechts) genomen door Werner Consten.

F · L'essentiel de l'édifice du Viaduc de Moresnet est resté inchangé depuis la reconstruction de 1949 jusqu'à l'année 2003. Son utilisation permanente pour les besoins du trafic de marchandises pendant plus de 60 ans a laissé quelques traces. Non seulement les piles de béton présentaient de plus en plus de traces de dégradation en surface, mais aussi l'ossature de fer était endommagée par la rouille. Cela eut pour conséquence que la charge d'essieu maximale autorisée dut être ramenée à 22,5 tonnes. De la même manière, la vitesse maximale sur le viaduc fut fixée à 20 km/h seulement.

Comme la Route de Montzen était (et est toujours) d'une importance capitale comme liaison ferroviaire, on décida en 2000 de reconstruire totalement l'ossature d'acier du viaduc. Cette reconstruction devait toutefois être entreprise avec le moins de gêne possible pour le trafic. C'est pourquoi on choisit un procédé de rénovation tout à fait inhabituel.

Les photos de cette double page proviennent de Werner Consten et datent des années 1988 (page de gauche) et 2003 (en haut).

D · Im Jahr 2003 wurde mit den Arbeiten für die Renovierung des Viaduktes von Moresnet begonnen. In der Arbeitsgemeinschaft Galère-Aeltermans wurden deutsche, belgische, niederländische und britische Beton-, Gerüst- und Stahlbaufirmen für dieses Projekt vereint.

Auf dem Gelände des Rangierbahnhofs Montzen wurde eine große Montagehalle errichtet. In ihr wurden die 48 Meter langen Brückenelemente komplett mit Betonoberbau und Gleisen vormontiert. Das ursprüngliche Gewicht eines Brückensegmentes betrug 300 Tonnen. Die neuen Elemente sollten ein Gewicht von 700 Tonnen haben. Ein fahrbares Gerüst konnte jeweils zwei neue Brückenelemente aufnehmen. Das Gerüst mit 2.000 Tonnen Tragkraft diente auch gleichzeitig als Kran für die alten Brückensegmente. Als Vorarbeiten wurden alle 21 Betonpfeiler und die beiden Brückenköpfe renoviert. Dafür entfernte man zunächst 20 Zentimeter des alten Betons. Anschließend bekamen die bis zu 52 Meter hohen Pfeiler einen neuen Stahlbetonmantel.

Nachdem das Gerüst mithilfe von Diesellokomotiven oder Kranwagen genau über den auszutauschenden Segmenten positioniert war, wurden die alten Elemente am Gerüst befestigt. Die großen Stützen am Anfang und Ende des Gerüstes wurden vorher auf das Betonpfeilerniveau heruntergefahren. Nun wurde das alte Segment in der Größe des Freiraums unterhalb herausgeschweißt und langsam abgelassen. Danach trennte man die Endstücke heraus und ließ sie ebenfalls nach unten. Jetzt musste nur noch das neue Brückenelement von oben auf das Brückenniveau heruntergelassen werden.

Dieser Austausch von jeweils zwei Brückenelementen wurde an zwölf Wochenenden zwischen März 2003 und September 2004 durchgeführt. Für die Zeit von Samstag bis Montag sperrte man die Strecke zwischen Montzen und Aachen-West. Durch dieses außergewöhnliche Bauverfahren war es möglich, die Strecke trotz Bauarbeiten fast durchgehend zu nutzen.

Die jetzige Konstruktion ist durch die Verlegung der Gleise in Schotter nicht nur leiser geworden, sondern auch leistungsfähiger. Der neue Viadukt von Moresnet kann jetzt mit einer Geschwindigkeit von 60 km/h befahren werden und kann Züge bis zu einer Achslast von 25 Tonnen aufnehmen.

NL · In het jaar 2003 werd met de renovatie van het viaduct van Montzen begonnen. Hiervoor werd het samenwerkingsverband Galère-Aeltermans opgericht. Deze groep bestond uit Duitse, Belgische, Nederlandse en Britse staal- en betonbouwbedrijven.

Op het terrein van het rangeerstation van Montzen werd een groot prefab-gebouw opgericht waarin de 48 meter lange brugelementen inclusief spoorbedding en sporen werden afgewerkt. Het oorspronkelijke gewicht van een brugelement bedroeg 300 ton. De nieuwe elementen wogen 700 ton. Een mobiele steiger kon telkens twee nieuwe elementen dragen. De steiger met een draagvermogen van 2.000 ton was tegelijkertijd ook de kraan waarmee men de oude brugelementen naar beneden liet. Voor men met de vervanging van de brugelementen begon werden alle 21 steunpijlers gerenoveerd. Hiervoor werd een laag van 20 centimeter van het oude beton weggehaald. Vervolgens werden de tot 52 meter hoge steunpijlers voorzien van een nieuwe laag beton.

Nadat de mobiele steigers door diesellocomotieven precies boven de te verwisselen elementen in positie waren gebracht werden de oude elementen in de steigers gemonteerd. De metalen liftmasten aan weerszijden van de steigers werden tot op het niveau van de betonnen sokkels naar beneden gelaten. Nu begon men het oude element uit de constructie te verwijderen en het losgekomen gedeelte naar beneden te halen. Wat nu nog ontbrak was het nieuwe element dat men van boven in de ontstane ruimte liet afdalen.

Het verwisselen van de elementen vond plaats op twaalf weekends tussen maart 2003 en september 2004. Van zaterdag tot maandag was de het gedeelte van de lijn tussen Montzen en Aken-West gesloten voor het verkeer. Ondanks de werken konden de treinen zonder al te grote hinder de Montzenroute blijven gebruiken.

De huidige constructie veroorzaakt dankzij de nieuwe spoorbedding met klassiek ballast veel minder lawaaihinder dan de oude. Doordat de locomotieven nu zwaardere treinen kunnen trekken en op het viaduct 60 km/h kunnen halen werd vooral ook de capaciteit verhoogd (tot 25 ton).

F · En 2003 débutèrent les travaux de rénovation du Viaduc de Moresnet. Le bureau d'études Galère-Aeltermans réunit pour ce projet des entreprises allemandes, belges, néerlandaises et britanniques spécialisées dans le béton, les échafaudages et la construction métallique.

Sur le site de la gare de triage de Montzen fut érigé un grand hall de montage. C'est là que furent entièrement préparés les éléments du pont longs de 48 mètres, avec le revêtement en béton et les rails. Les anciens segments du pont pesaient 300 tonnes chacun. Les nouveaux éléments devaient atteindre un poids de 700 tonnes. Un portique mobile pouvait porter deux nouveaux éléments du pont à la fois. Avec sa capacité de charge de 2.000 tonnes, il servait en même temps de grue pour l'enlèvement des vieux segments du pont. En guise de travaux préliminaires, on rénova la totalité des 21 piles de béton ainsi que les deux têtes de pont. Pour ce faire, on enleva d'abord 20 centimètres de l'ancien béton. Puis les piles atteignant une hauteur de 52 mètres furent recouvertes d'un nouvel habillage de béton.

Après que le portique eut été positionné par les locomotives diesel ou des grues juste au-dessus des segments à remplacer, on y fixa les anciens éléments. Les grands étais situés au début et à l'extrémité du portique furent d'abord abaissés au niveau des piles du pont. Puis les segments à remplacer furent découpés en morceaux d'une dimension correspondant à l'espace existant en-dessous, et on les fit descendre doucement. Ensuite, on en fit de même avec les extrémités. Il ne restait plus qu'à abaisser les éléments neufs jusqu'au niveau du pont.

Cette manoeuvre de remplacement des éléments du pont fut réalisée en l'espace de douze week-ends, de mars 2003 à septembre 2004. La ligne Montzen - Aix-la-Chapelle Ouest fut fermée du samedi au lundi. Ce procédé inhabituel de construction permit d'utiliser cette ligne presque en continu malgré les travaux.

La pose des rails sur du ballast a rendu l'installation actuelle non seulement plus silencieuse, mais encore plus performante. Le Viaduc de Moresnet peut à présent être emprunté à une vitesse de 60 km/h et peut supporter des trains dont la charge d'essieu atteint 25 tonnes.

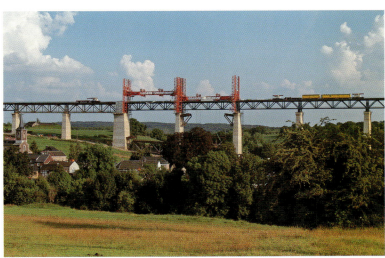

D · Im Bild ganz oben ist das erste Heraustrennen eines alten Brückenelementes zu sehen. Die neuen Brückenelemente hängen im Fahrgerüst bereit. Unten links wird das Fahrgerüst mit einem Brückenelement zur Brücke geschoben. Unten rechts ist das Gerüst in der Brückenmitte zu sehen. Die neuen Elemente wurden bereits herabgelassen. (Fotos: Werner Consten, 2003/2004)

NL · Op de foto boven is het verwijderen van een oud vakwerkelement goed herkenbaar. De nieuwe elementen hangen er boven al in de steigers. Beneden (links) worden de steigers met een element naar de brug gebracht. Beneden (rechts) zijn de mobiele steigers in het midden van de brug te zien. De nieuwe elementen werden reeds naar beneden gelaten. (Foto's: Werner Consten, 2003/2004)

F · La photo du haut montre le premier enlèvement d'un vieil élément du pont. Les éléments neufs en attente sont positionnés sur le portique. En bas à gauche, le portique est avancé près du pont avec un élément neuf. En bas à droite, on distingue le portique positionné au milieu du pont. Les éléments neufs ont déjà été descendus. (Photos : Werner Consten, 2003/2004)

D · An den Wochenenden, an denen bedingt durch die Bauarbeiten auf dem Viadukt von Moresnet kein Zugverkehr stattfinden konnte, mussten die Güterzüge zwischen Deutschland und Belgien umgeleitet werden. Diese Umleitung führte von Aachen-West zunächst nach Aachen Hauptbahnhof, wo die Züge die Richtung wechselten, um dann über Aachen-Süd Grenze (Strecke 39) nach Welkenrath zu fahren. Weiter ging es über die Strecke 37 nach Montzen. Auch Züge aus Richtung Köln fuhren zunächst bis Aachen-West und dann nach Aachen Hauptbahnhof zurück.

Da die Strecke zwischen Aachen Hauptbahnhof und Welkenrath bei Aachen-Süd eine große Steigung aufweist, wurden dort alle umgeleiteten Güterzüge nachgeschoben. Auf der linken Seite oben hilft Diesellok 225 026-4 einem Güterzug über die 26,8 ‰ Steigung. Darunter kommen drei Diesellokomotiven der Baureihe 225 von Welkenrath zurück. Auf dieser Seite oben ist ein Güterzug von Gremberg nach Kinkempois (bei Lüttich) auf der Hammerbrücke zu sehen. Der Zug wird von zwei Diesellokotiven der Baureihe 225 gezogen. Am Zugende schiebt noch einmal die gleiche Baureihe. (Fotos: Werner Consten, 2004)

NL · Toen tijdens de weekends geen treinverkeer op het viaduct mogelijk was, werden de goederentreinen tussen België en Duitsland in het begin omgeleid via Aken-West naar Aken-Centraalstation. Hier moesten de locomotieven "kop maken". Daarna reden ze verder via Aken-Zuid bergop naar Welkenraat. In dit station verlieten de treinen lijn 39 om vervolgens via lijn 37 Montzen te kunnen bereiken. Ook treinen komende vanuit Keulen reden eerst tot Aken-West en vervolgens terug naar Aken Centraal.

Omdat de lijn tussen Aken-Centraalstation en Welkenraat relatief steil is, werden alle goederentreinen opgeduwd. Op de foto links helpt dieselloc 225 026-4 een goederentrein op de 26,8 ‰ steile helling. Onderaan komen drie diesellocomotieven van reeks 225 terug vanuit Welkenraat. Hierboven is een goederentrein vanuit Gremberg richting Kinkempois (vlakbij Luik) op de Hammerbrücke te zien. De trein wordt getrokken door twee diesellocomotieven van reeks 225. Achteraan de trein duwt een locomotief uit dezelfde reeks de trein op. (Foto's: Werner Consten, 2004)

F · Les week-ends de travaux où le Viaduc de Moresnet était fermé au trafic ferroviaire, les trains de marchandises circulant entre l'Allemagne et la Belgique durent être déviés. Cette déviation au départ d'Aix-la-Chapelle Ouest passait d'abord par Aix-la-Chapelle Gare Centrale où les trains changeaient de direction pour ensuite aller à Welkenraedt via Aix-la-Chapelle Sud Frontière (voie 39). Puis l'itinéraire se poursuivait en direction de Montzen par la voie 37. De la même façon, les trains en provenance de Cologne passaient d'abord par Aix-la-Chapelle Ouest pour revenir ensuite vers Aix-la-Chapelle Gare Centrale.

Comme la voie entre Aix-la-Chapelle Gare Centrale et Welkenraedt est en forte pente au niveau d'Aix-la-Chapelle Sud, tous les trains de marchandises déviés devaient être poussés. Page de gauche, en haut, la locomotive diesel 225 026-4 aide un train de marchandises à franchir une pente à 26,8 ‰. En-dessous, trois locomotives diesel (série de fabrication 225) reviennent de Welkenraedt. En haut, un train de marchandises en provenance de Gemberg et à destination de Kinkempois (près de Liège) franchit le Viaduc de la Gueule. Le train est tiré par deux locomotives diesel de la série 225. À l'arrière, ce train est encore poussé par des locomotives de la même série. (Photos : Werner Consten, 2004)

D · Ein Schauspiel der besonderen Art bot sich dem Publikum beim nächtlichen Austausch der Brückensegmente über den Dächern des Ortes Moresnet.

Das Bild rechts entstand im September 2004, als das alte Segment 21 herausgetrennt wurde. Da die Segmente eine größere Länge hatten, als der Freiraum zwischen den Betonpfeilern lang war, mussten die Brückensegmente immer in drei Teilen entfernt werden. Erst nachdem der lange Mittelteil auf dem Talgrund lag, wurden die beiden Kopfenden entfernt und abgelassen.

Am 2. Oktober 2004 wurde mit einem Feuerwerk und einem Sonderzug die Renovierung des Viaduktes von Moresnet abgeschlossen. (Fotos: Werner Consten)

NL · Een heel bijzonder spektakel was het verwisselen van de elementen tijdens de nacht boven de geveltoppen van het dorp Moresnet.

De foto rechts werd genomen in september 2004 toen het oude element 21 naar beneden werd gehaald. Omdat de elementen een grotere lengte hadden dan de ruimte tussen de steunpijlers groot was moesten de oude elementen in drie stukken worden gesneden. Pas nadat het lange middengedeelte was neergehaald werden de twee op de pijlers rustende stukken naar beneden gehaald.

Op 2 oktober 2004 werd de renovatie van het viaduct van Moresnet met de rit van een speciale trein en met een groot vuurwerk afgesloten. (Foto's: Werner Consten)

F · De nuit, le remplacement des segments du pont offrait un spectacle exceptionnel au-dessus des toits de la localité de Moresnet.

La photo de droite a été prise en septembre 2004 lors de l'enlèvement du vieux segment 21. Comme les segments étaient plus longs que l'espace existant entre les piles de béton, il fallut à chaque fois retirer les segments en trois morceaux. Une fois la partie centrale déposée au sol, les deux extrémités étaient enlevées et descendues.

Le 2 octobre 2004, on clôtura la rénovation du Viaduc de Moresnet par un feu d'artifice et un train spécial. (Photos : Werner Consten)

Rangierbahnhof Montzen
Rangeerstation Montzen | La gare de triage de Montzen

D · Der Rangierbahnhof Montzen wird in Zukunft seine einstige Bedeutung mehr und mehr verlieren. Zurzeit wird hier noch bei fast jedem Güterzug die Lokomotive gewechselt, von Diesel- auf Elektrotraktion und umgekehrt. In einigen Jahren, wenn die Strecke Montzen - Aachen-West elektrifiziert ist, wird dies immer seltener nötig sein. Was dann? (Foto: Thomas Barthels, 2006)

NL · Het rangeerstation van Montzen zal in de toekomst een minder belangrijke rol gaan spelen. Op dit moment wordt nog bij elke goederentrein de locomotief gewisseld. De diesels komende vanuit Montzen worden afgekoppeld en de treinen rijden verder met een elektrische locomotief op kop. Hetzelfde gebeurt in de andere richting. In dit geval wordt de elektrische locomotief vervangen door een diesel. Over enkele jaren, als het traject Montzen - Aken-West volledig geëlektrificeerd is, zal dit niet meer zo vaak nodig zijn. En dan? (Foto: Thomas Barthels, 2006)

F · A l'avenir, la gare de triage de Montzen perdra de plus en plus de son importance d'autrefois. A l'heure actuelle, pour presque chaque train de marchandises, le changement de locomotive – de traction diesel en traction électrique ou inversement – s'effectue encore ici. Dans quelques années, lorsque la ligne Montzen - Aix- la-Chapelle Ouest sera électrifiée, ce sera de moins en moins nécessaire. Qu'adviendra-t-il alors ? (Photo : Thomas Barthels, 2006)

D · Bis in die letzten Jahrzehnte hinein war der Rangierbahnhof Montzen ein Bahnhof, der seinem Namen gerecht wurde. Doch der allgemeine Rückgang von Einzelwagen in Güterzügen und die vermehrte Zusammenstellung von Ganzzügen spart Zeit und Kosten. Diese prinzipielle Änderung im Güterverkehr ist das eine Problem des Bahnhofs Montzen. Das andere Problem ist die kommende durchgehende Elektrifizierung bis Aachen.

Auf den Bildern dieser Doppelseite ist die „Eisenbahnwelt" noch halbwegs in Ordnung. Oben im Bild ein bereits durchgehender Zug, der den Rangierbahnhof Montzen ohne Halt passiert (Foto: Werner Consten, 1981). Zu dieser Zeit ist die Strecke 24 noch nicht unter Fahrdraht.

Auf der rechten Seite zwei Aufnahmen aus den Jahren1972/1973 (Fotos: Jan Schuermans). Oben die Rangierlok 8407 bei der Arbeit in Montzen. Darunter Diesellokomotive 5910 bei der Übernahme eines deutschen Güterzuges mit Schiebedachwagen.

NL · Tegenwoordig is het woord "rangeerstation" wat hoog gegrepen als men het over Montzen heeft. Het feit dat er minder en minder treinen worden gevormd en dat steeds meer rechtstreekse treinen het grote rangeerterrein letterlijk links laten liggen maakt een stop in Montzen overbodig. Dit is het eerste probleem van het station te Montzen. Het tweede probleem wordt de volledige elektrificatie van lijn 24.

Op de foto's op deze pagina's ziet het er nog allemaal erg belovend uit. Op de foto boven een rechtstreekse trein die het rangeerstation van Montzen zonder te stoppen doorrijdt. (Foto: Werner Consten, 1981). Op dit moment is er nog niet gestart met de elektrificatiewerken op lijn 24.

Op de rechterpagina twee opnames uit 1972/73 (foto's Jan Schuermans). Boven rangeerloc 8407 te Montzen. Daaronder dieselloc 5910 bij de overname van een Duitse goederentrein met schuifdakwagen.

F · Jusqu'à ces dernières décennies, la gare de triage de Montzen resta digne de cette appellation. Mais le recul général des wagons isolés ainsi que la composition de plus en plus fréquente de trains complets font gagner du temps et de l'argent. Ce changement fondamental dans les pratiques du trafic de marchandises constitue le premier problème de la Route de Montzen, l'autre problème étant l'électrification complète à venir jusqu'à Aix-la-Chapelle.

Les photos de cette double page nous montrent un 'monde des chemins de fer' encore à peu près normal. En haut sur la photo, un train sans arrêt traversant la gare de triage de Montzen (photo : Werner Consten, 1981). A cette époque, la ligne 24 n'est pas encore raccordée au réseau électrique.

Page de droite, deux clichés pris dans les années 1972 / 1973 (photos : Jan Schuermans). En haut, la locomotive de triage 8407 en pleine activité à Montzen. En-dessous, la locomotive diesel 5910 au moment de sa prise en charge d'un train de marchandises allemand avec wagons couverts.

D · Abgestellte Diesellokomotiven auf den Gleisen des Rangierbahnhofs Montzen. (Fotos: Ulrich Voß, 2002/2005)

NL · Diesellocomotieven op de sporen van het rangeerstation te Montzen. (Foto's, Ulrich Voß, 2002/2005)

F ·. La gare de triage de Montzen est de plus en plus utilisée comme débarras pour locomotives mises au rebut (photos : Ulrich Voss, 2002/2005).

D · Im normalen Betriebsalltag vom Rangierbahnhof Montzen ist bei dem größten Teil der Güterzüge ein Halt dort vorgesehen. Oft sind es Diesellokomotiven der belgischen Baureihe 55, die den Pendelbetrieb zwischen Montzen und Aachen-West abwickeln (Bild linke Seite oben).

Mitten im Rangierbahnhof von Montzen steht das gewaltige Stellwerk. Es ist eins von dreien, von wo aus der Bahnhof gesteuert wird. Die Größe täuscht, nur eine Handvoll Mitarbeiter werden heute noch benötigt (Bild linke Seite unten).

Charakteristisches Merkmal eines jeden belgischen Rangierbahnhofs sind die hohen Flutlichtmasten, die den gesamten Bahnhof ausleuchten.

Neben den Lokomotiven der belgischen Staatsbahn NMBS/SNCB fahren auch private Eisenbahnverkehrsunternehmen auf der Strecke. Oben im Bild eine provisorische Tankstelle in Montzen für Diesellokomotiven der Firma DLC.

Alle Fotos von Lucas Böckmann, 2005/2006.

NL · Normaalgezien stoppen de meeste goederentreinen in het rangeerstation van Montzen. Meestal zijn het Belgische 55'ers die tussen Aken-West en Montzen pendelen (foto boven op de linkerpagina).

In het midden van het rangeerstation van Montzen staat het statige seinhuis. Het is een van de drie seinhuizen die het station beveiligen. De grootte van het gebouw staat echter in schil contrast tot het aantal mensen die er werken (foto beneden op de linkerpagina).

Kenmerkend voor elk Belgisch rangeerstation zijn de hoge lichtmasten die het terrein 's avonds verlichten.

De locomotieven van de NMBS zijn niet de enige die op lijn 24 rijden. Bovendien zijn er ook locomotieven van private spoorwegmaatschappijen te zien zoals die van DLC (Dillens & Lejeune Cargo). Op de foto boven: Een provisorische dieselpomp van DLC.

Alle foto's genomen door Lucas Böckmann, 2005/2006.

F · Les conditions normales d'exploitation du trafic prévoient pour la plus grande partie des trains de marchandises un arrêt à la gare de triage de Montzen. Ce sont souvent les locomotives diesel de la série belge 55 qui assurent le service de navette entre Montzen et Aix-la-Chapelle Ouest (photo, page de gauche et haut).

Au beau milieu de la gare de triage de Montzen se trouve l'imposant poste d'aiguillage. C'est l'un des trois postes qui servent à commander cette gare. Ses dimensions sont trompeuses : seule une poignée d'ouvriers y sont aujourd'hui nécessaires (photo, page de gauche et bas).

Outre les locomotives de la Société Nationale des Chemins de Fer Belges, SNCB, des entreprises de transport ferroviaire privées utilisent également cette ligne. En haut sur la photo, un point provisoire de ravitaillement en carburant à Montzen pour les locomotives diesel de l'entreprise DLC.

Toutes les photos : Lucas Böckmann, 2005/2006.

D · Von Westen ist die Strecke 24 bis Montzen elektrifiziert. Hier dominieren die Elektrolokomotiven der Reihe 20 (Bild linke Seite) und 23. Von Osten müssen die Güterzüge mit Diesellokomotiven herangeschafft werden (Bild ganz oben bei der Einfahrt in die Rangiergleise). Einige Gleise im Rangierbahnhof Montzen dürfen auf Grund von Gleisoberbaumängeln nur mit 10 oder 20 km/h befahren werden (Bild oben). Alle Fotos von Thomas Barthels, 2006.

NL · Ten westen van Montzen is lijn 24 al volledig geëlektrificeerd. Hier rijden voornamelijk locomotieven van de reeksen 20 (pagina links) en 23. Ten oosten van Montzen moet op diesel worden gereden (foto helemaal boven: binnenrijden van een trein op de rangeersporen). Sommige sporen van het rangeerstation Montzen zijn in een redelijk slechte staat. Omwille van de slechte toestand is op sommige plaatsen maar een snelheid van 10 tot 20 km/h toegestaan (foto boven). Alle foto's genomen door Thomas Barthels, 2006.

F · En venant de l'ouest, la ligne 24 est électrifiée jusqu'à Montzen. On y trouve principalement les locomotives électriques de la série 20 (photo page de gauche) et 23. A l'est, les trains de marchandises doivent être tractés par des locomotives diesel (photo tout en haut : l'arrivée sur les voies de triage). En raison d'un revêtement défectueux, certaines voies de la gare de triage de Montzen ne peuvent être empruntées qu'à une vitesse de 10 ou 20 km/h (photo du haut). Toutes les photos : Thomas Barthels, 2006.

Foto | Foto | Photo: Thomas Barthels, 2006

Die Montzenroute und Europa
De Montzenroute en Europa | La Route de Montzen et l'Europe

D · In der europäischen Verkehrspolitik spielt die Montzenroute eine gewichtige Rolle. Die Funktion der Montzenroute geht weit über den Kernbereich von Tongeren bis Aachen-West hinaus. Wie der Verkehrswissenschaftler John Schoonbrood die Montzenroute in das europäische Eisenbahnnetz einordnet, lesen Sie auf den folgenden Seiten.

NL · Op Europees niveau speelt de Montzenlijn een belangrijke rol op de politieke agenda. De functie van de Montzenroute is niet alleen beperkt op het traject Tongeren - Aken-West. Welke rol John Schoonbrood als verkeersdeskundige voor de Montzenroute als deel van het Europese spoornetwerk ziet weggelegd leest u op de volgende pagina's.

F · Dans la politique européenne des transports, la Route de Montzen joue un rôle important. La fonction de la Route de Montzen va bien au-delà du secteur-clef situé entre Tongres et Aix-la-Chapelle Ouest. Les pages suivantes proposent une étude de la place occupée par la Route de Montzen dans le réseau ferroviaire européen, par le spécialiste des transports le John Schoonbrood.

D · Die Montzenroute und Europa
von Dr.-Ing. John Schoonbrood

Das vorliegende Buch zeigt eindrucksvoll die geschichtliche Entwicklung der Montzenroute. Hierbei wird insbesondere auf die Schieneninfrastruktur, die Bahnhöfe und die Ingenieurbauwerke entlang der Strecke sowie auf die betriebliche Abwicklung des Schienenverkehrs eingegangen. In den verschiedenen Kapiteln wird sehr häufig mit Abbildungen auf indirekte Weise auch die derzeitige und eigentliche Funktion der Montzenroute – Abwicklung von grenzüberschreitenden Schienengüterverkehren – angesprochen.

Wegen der heutigen Bedeutung der Montzenroute erscheint es sinnvoll, dem Leser über die Informationen der vorherigen Kapitel hinaus einen Einblick in die wirtschaftlichen Hintergründe als Begründung für die heutige Funktion und einen hierauf basierenden Ausblick in die Zukunft zu verschaffen. Von wesentlicher Bedeutung sind in diesem Zusammenhang der Hafen Antwerpen und dessen verkehrliche Anbindung an das so genannte europäische Hinterland.

Wie bereits im historischen Überblick aufgezeigt, wurde die Montzenroute – speziell der Abschnitt zwischen Tongeren/Visé und Aachen-West über Montzen, nach der die Linie 24 benannt ist – anfangs für militärische Zwecke gebaut. Derzeit sind die einzelnen Abschnitte der Montzenroute wesentliche Bestandteile des belgischen Kernnetzes und der internationalen Schieneninfrastruktur für den Güterverkehr. Gerade durch die Öffnung des osteuropäischen Marktes, Anfang der neunziger Jahre, erfolgte eine explosive Zunahme des Güterumschlags an den Nordseehäfen zwischen Le Havre und Hamburg – unter anderem auch im Hafen Antwerpen – und fand eine zunehmende Containerisierung statt. Der Containerumschlag im Hafen Antwerpen betrug im Jahre 1990 noch 16,5 Millionen Tonnen. Im Jahr 2005 wurden hier bereits 74,5 Millionen Tonnen umgeschlagen, Tendenz weiterhin steigend mit zirka 10 % pro Jahr.

NL · De Montzenroute en Europa
door Dr.-Ir. John Schoonbrood

Met het voorliggende boek wordt de historische ontwikkeling van de Montzenroute op een indrukwekkende manier omschreven. Er wordt in het bijzonder op de spoorweginfrastructuur, de stations en de kunstbouwwerken in het verloop van het traject alsmede op het eigenlijke treinverkeer – dienstregelingen – ingegaan. Daarnaast wordt in de verschillende hoofdstukken vaak indirect de eigenlijke actuele rol van de Montzenroute – de afwikkeling van grensoverschrijdend goederenvervoer – toegelicht.

Vanwege de huidige betekenis van de Montzenroute is het zeker zinvol de lezer, naast de thema's uit de vorige hoofdstukken, inzicht te verschaffen omtrent de economische achtergronden en de daaruit resulterende actuele èn toekomstige betekenis van de Montzenroute. In dit verband is de haven van Antwerpen en de ontsluiting van het zogenaamde Europese "Hinterland" van Antwerpen van bijzonder belang.

Zoals reeds in het kader van het historisch overzicht aangegeven werd de Montzenroute, en daarbij specifiek het gedeelte tussen Tongeren/Visé en Aken-West via Montzen, waaraan de Montzenroute respectievelijk de lijn 24 haar naam te danken heeft, in eerste instantie voor militaire doeleinden aangelegd. Vandaag de dag maken de verschillende baanvakken deel uit van het Belgische basisnet en van het internationale netwerk voor het goederenvervoer per spoor. Met name de uitbreiding van de Europese markt in het begin van de jaren negentig had een explosieve toename van de goederenoverslag in de noordzeehavens van Le Havre tot Hamburg, onder andere ook in de haven van Antwerpen, tot gevolg. Bovendien werden de goederen in toenemende mate in containers vervoerd. De containeroverslag in Antwerpen bedroeg in het jaar 1990 nog 16,5 miljoen ton. In het jaar 2005 werd daarentegen reeds 74,5 miljoen ton overgeslagen (met ca. 10 % per jaar verder toenemend).

F · La Route de Montzen et l'Europe
par le Dr. Ing. John Schoonbrood

Le présent livre montre de manière impressionnante l'évolution historique de la Route de Montzen. Il aborde tout particulièrement l'infrastructure ferroviaire, les gares et les ouvrages d'ingénierie construits le long de la ligne ainsi que l'écoulement du trafic et son exploitation. Indirectement, les différents chapitres montrent très souvent à l'aide d'illustrations la fonction actuelle et véritable de la Route de Montzen, à savoir l'écoulement transfrontalier du trafic de marchandises par voie ferrée.

Pour une meilleure compréhension de l'importance de la Route de Montzen, il semble utile, au-delà des informations contenues dans les chapitres précédents, de fournir au lecteur une connaissance de l'arrière-plan économique expliquant la fonction actuelle de cette ligne et, partant, un regard vers l'avenir. Dans ce contexte, le port d'Anvers ainsi que son rattachement aux voies de communications de ce que l'on appelle communément l'arrière-pays européen sont d'une importance capitale.

Comme cela a déjà été montré dans l'aperçu historique, la Route de Montzen, – tout particulièrement le tronçon situé entre Tongres/Visé et Aix-la-Chapelle Ouest via Montzen, localité qui a donné son nom à la ligne 24 – a été construite au départ dans un but militaire. Actuellement, les différents tronçons de la Route de Montzen sont des éléments essentiels du réseau belge et des infrastructures ferroviaires européennes pour le trafic marchand. L'ouverture des marchés de l'Europe de l'Est au début des années quatre-vingt-dix a été suivie d'une augmentation exponentielle du transbordement de marchandises dans les ports de la Mer du Nord du Havre à Hamburg – entre autres également à Anvers – où l'on a observé un accroissement du stockage par container. Le transbordement des containers au port d'Anvers était encore en 1990 de 16,5 millions de tonnes. En 2005, ce chiffre était de 74,5 millions de tonnes, avec une augmentation d'environ 10 % par an.

Diese Zahlen belegen die Notwendigkeit einer adäquaten Verkehrsanbindung des Hafens Antwerpen als Tor zur Welt und dem Ruhrgebiet als nächstgelegenem und bedeutendem Industrie- und Verteilerzentrum. Zudem ist zu berücksichtigen, dass aufgrund der begrenzten Kapazitäten der Straßeninfrastruktur der Gütertransport und insbesondere der Containertransport mit der Bahn wesentlich an Bedeutung gewonnen haben.

Speziell die auf Ost- und Südost-Europa ausgerichteten Güterströme werden zunehmend per Bahn über Duisburg und Köln als wichtige Güterverkehrsknotenpunkte abgewickelt. Abgesehen von dem Neubau der niederländischen Betuwelinie, die jedoch hauptsächlich auf den Hafen Rotterdam ausgerichtet ist, stehen für die Abwicklung der sehr stark zugenommenen Hinterlandverkehre aus der Sicht des Hafens Antwerpen jedoch immer noch die gleichen Schienenverbindungen – die Montzenroute und alternativ dazu die Brabantroute über Eindhoven und Venlo – zur Verfügung. Trotz der Ausbaumaßnahmen im Zuge der Montzenroute, wie etwa die Erneuerung des Viaduktes bei Moresnet und die geplante Elektrifizierung des letzten Teilstückes bis zur belgisch-deutschen Grenze wird auch die Montzenroute bald ihre Kapazitätsgrenze erreichen.

Die derzeitigen Bestrebungen, den „Eisernen Rhein" als zusätzliche Schienenverbindung für den Güterverkehr zwischen Antwerpen und Duisburg zu reaktivieren, sind daher aus verkehrstechnischer und makro-wirtschaftlicher Sicht logisch und verständlich. Bis zur Inbetriebnahme dieses zusätzlichen Netzelementes werden jedoch auch die Montzenroute als derzeitige Hauptverbindung zwischen Antwerpen und dem Ruhrgebiet und dabei insbesondere die Verknüpfungspunkte mit dem restlichen – belgischen und deutschen – Schienennetz eine ständige Anpassung der Leistungsfähigkeit erfordern.

De genoemde overslagvolumes geven meer dan duidelijk de noodzaak aan van een goede aan de transportvolumes aangepaste verkeersinfrastructuur tussen de haven van Antwerpen en het Duitse Ruhrgebied dat zich op relatief korte afstand bevindt en voor Antwerpen een van de belangrijkste industrie- en distributiecentra is. Daarnaast is het van belang, dat vanwege de toenemende congestie van het wegennet, het goederenvervoer en met name het containervervoer per spoor steeds belangrijker is geworden.

In dit kader geldt dat specifiek de goederenstromen naar en vanuit Oost- en Zuidoosteuropa in toenemende mate per spoor via de belangrijkste "draaischijven" voor het goederenvervoer Duisburg en Keulen worden afgewikkeld. Afgezien van de Nederlandse Betuwelijn, die in principe als verbinding tussen Rotterdam en het Duits-Europese achterland geldt, wordt het goederenverkeer tussen Antwerpen en het Europese achterland zoals vanouds via de Montzenroute en alternatief via de Brabantroute via Eindhoven en Venlo afgewikkeld. Ondanks lokale aanpassingen aan de Montzenroute, zoals bijvoorbeeld de vernieuwing van het Viaduct van Moresnet en de geplande elektrificatie van het laatste gedeelte tot aan de Belgisch-Duitse grens zal ook de capaciteit van de Montzenroute uiteindelijk te kort schieten.

Actuele pogingen vanuit het Belgische om de "IJzeren Rijn" als extra spoorverbinding voor het goederenvervoer tussen Antwerpen en Duisburg te reactiveren zijn vanuit vervoerstechnisch en macro-economisch oogpunt logisch en begrijpelijk. Tot het moment waarop deze verbinding in gebruik zal worden genomen zal daarentegen ook de Montzenroute, die de huidige hoofdverbinding tussen Antwerpen en het Ruhrgebiet vormt met in het bijzonder de aansluiting op het – Belgische en Duitse – netwerk, steeds opnieuw aan de vervoersvraag moeten worden aangepast.

Ces chiffres plaident en faveur d'un rattachement adéquat du port d'Anvers, véritable porte sur le monde, à la Ruhr, qui est le gros centre d'industrie et de distribution le plus proche. En outre, il faut garder à l'esprit qu'en raison des capacités limitées des infrastructures routières, le transport des marchandises, et en particulier le transport des containers par train, ont pris une importance considérable.

Les flux marchands à destination de l'Europe de l'Est et du Sud-Est sont de plus en plus acheminés par train via les principaux nœuds ferroviaires du transport de marchandises que sont Duisbourg et Cologne. Exception faite de la construction de la Ligne de la Betuwe, qui est toutefois essentiellement orientée vers le port de Rotterdam, les voies à disposition pour l'écoulement du transport qui s'est fortement développé vers l'arrière-pays depuis le port d'Anvers demeurent les mêmes, à savoir la Route de Montzen ainsi que son alternative, la Route du Brabant via Eindhoven et Venlo. Malgré les mesures d'aménagement de la Route de Montzen, comme par exemple la rénovation du Viaduc de la Gueule près de Moresnet ainsi que le projet d'électrification du dernier tronçon avant la frontière germano-belge, la Route de Montzen atteindra elle aussi bientôt ses limites.

Les efforts consentis dans le but de réactiver le 'Rhin de Fer' comme liaison ferroviaire supplémentaire pour le trafic de marchandises entre Anvers et Duisbourg sont donc logiques et compréhensibles d'un point de vue technique et macroéconomique. Mais avant la mise en service de cette partie du réseau, la Route de Montzen en tant que liaison principale entre Anvers et la Ruhr et notamment les points de jonction avec le reste du réseau ferroviaire belge et allemand nécessiteront une adaptation constante de leur rendement.

Als Beispiel seien hier die umfangreichen Anpassungen der Schieneninfrastruktur in der Region um Antwerpen genannt. Diese dienen nicht nur dem internationalen Hochgeschwindigkeitsverkehr zwischen Antwerpen und europäischen Metropolen wie Brüssel, Amsterdam und Paris, sondern zu einem maßgeblichen Teil dem internationalen Schienengüterverkehr. Insbesondere soll hierdurch die Strecke Antwerpen - Lier entlastet werden, die einen Großteil der Güter- und Personenzugverkehre aufnehmen muss. Die zweite Schienenanbindung des Hafens ist eine 28 Kilometer lange zweigleisige, für den Güterverkehr geplante Schienenstrecke (Linie 16a). Sie verbindet den Rangierbahnhof Antwerpen-Noord mit der Linie 16 (Lier - Aarschot) als Teilstrecke der Montzenroute bei Lier. In den derzeitigen Planungen ist kein direkter Anschluss an den „Eisernen Rhein" vorgesehen. Mit einer Inbetriebnahme ist frühestens ab dem Jahr 2010 zu rechnen.

Vor dem Hintergrund der geplanten Reaktivierung des „Eisernen Rheins" wurden Möglichkeiten untersucht, die zweite Hafenanbindung mit dem Streckenabschnitt Lier - Herentals der Linie 15, also dem „Eisernen Rhein", zu verbinden. Aufgrund der vorhandenen Engpässe und dem damit verbundenen hohen technischen Aufwand wurde entschieden, die Güterzüge, die zukünftig über den „Eisernen Rhein" abgewickelt werden sollen, über die vorhandene Strecke zwischen Lier und Antwerpen (Linie 15) zu lenken. Nach der Inbetriebnahme der zweiten Hafenanbindung werden hier ausreichend Kapazitäten frei, die eine problemlose Abwicklung der „Eisernen-Rhein-Züge" ermöglichen.

Werden im westlichen Bereich der Montzenroute und im weiteren Verlauf des östlichen, belgischen Teils zumindest die maßgebenden Engpassbereiche durch Maßnahmen in Angriff genommen, scheint es sich auf deutscher Seite bisher nur um Planungen zu handeln. Angesichts der topographischen Gegebenheiten im Aachener Raum, die vorhandene Schieneninfrastruktur sowie die Orientierung der wesentlichen Güterströme zwischen Antwerpen und dem

Als voorbeeld hiervoor kunnen de uitgebreide aanpassingen van de spoorweginfrastructuur rondom Antwerpen worden genoemd. Hierbij gaat het niet alleen om het internationale hogesnelheidsnetwerk tussen Antwerpen en andere Europese metropolen zoals Brussel, Amsterdam en Parijs. Een belangrijk aspect vormt de verbetering van het internationale goederenverkeer. In het bijzonder geldt dit voor de lijn Antwerpen - Lier, die een meer dan behoorlijk aandeel heeft in de afwikkeling van het goederen- en personenverkeer en door de bouw van de tweede havenspoorlijn ontlast moet worden. Bij de tweede havenspoorlijn gaat het om een 28 kilometer lange dubbelsporige goederenspoorlijn (lijn 16a) die het vormingsstation Antwerpen-Noord met lijn 16 (Lier - Aarschot) verbindt en deel uitmaakt van de Montzenroute. De huidige plannen voorzien echter geen directe aansluiting op de "IJzeren Rijn". De ingebruikname is na 2010 gepland.

Tegen de achtergrond van de geplande reactivering van de "IJzeren Rijn" werd ook de mogelijkheid onderzocht om de tweede havenspoorlijn met het traject Lier - Herentals (lijn 15), dus met de "IJzeren Rijn", te verbinden. Vanwege de relatief complexe knelpunten en de daardoor te verwachten noodzakelijke omvangrijke technische oplossingen werd besloten de goederentreinen, die toekomstig via de "IJzeren Rijn" zouden moeten rijden, via het traject Lier - Antwerpen (lijn 15) te laten rijden. Na de ingebruikname van de tweede havenspoorlijn ontstaat er ruimte op lijn 15 en is de verwachting dat treinen, die via de "IJzeren Rijn" zullen rijden, zonder problemen van lijn 15 gebruik kunnen maken.

In tegenstelling tot het westelijk deel van de Montzenroute alsmede het verdere verloop tot aan de Belgisch-Duitse grens, waar diverse knelpunten daadwerkelijk worden aangepakt, lijkt het ten aanzien van de knelpunten op Duits gebied tot nog toe slechts om plannen te gaan. Vanwege de topografische situatie in de regio Aken, de aanwezige spoorweginfrastructuur, alsmede de (westelijke) oriëntering van de goederenstromen tussen

On citera ici en exemple les vastes réajustements de l'infrastructure ferroviaire opérés dans la région d'Anvers. Ces derniers ne sont pas seulement destinés au trafic international à grande vitesse entre Anvers et les métropoles européennes comme Bruxelles, Amsterdam et Paris, mais aussi pour une large part au trafic international de marchandises. On cherche ainsi à délester tout particulièrement la ligne Anvers - Lierre, qui doit accueillir une grande partie du trafic de marchandises et de voyageurs. La seconde jonction ferroviaire au port est une ligne à deux voies longue de 28 kilomètres prévue pour le trafic de marchandises (la ligne 16a), reliant la gare de triage d'Anvers Nord à la ligne 16 (Lierre - Aerschot) comme ligne partielle de la Route de Montzen à la hauteur de Lierre. En l'état actuel des choses, on ne prévoit pas de raccordement direct au 'Rhin de Fer'. La mise en service de cette voie se fera au plus tôt à partir de 2010.

Sur fond de projet de réactivation du 'Rhin de Fer', on a étudié des possibilités de relier le second raccordement au port au tronçon Lierre - Herentals de la ligne 15, c'est à dire au 'Rhin de Fer'. En raison des goulots d'étranglement et des efforts techniques importants que cela implique, il a été décidé de diriger les trains de marchandises qui emprunteront à l'avenir le 'Rhin de Fer' vers la voie existant entre Lierre et Anvers (ligne 15). Après la mise en service du second raccordement au port, les capacités seront suffisantes à cet endroit pour permettre une circulation facile des 'trains du Rhin de Fer'.

Si dans la partie ouest de la Route de Montzen et sur le tracé de sa partie est, situés en Belgique, on s'est au moins attaqué au problème épineux des goulots d'étranglement en prenant des mesures, il semble que côté allemand on n'en soit qu'au stade des projets. Mais si l'on considère les données topographiques de la région d'Aix-la-Chapelle, l'infrastructure ferroviaire existante ainsi que l'orientation de l'essentiel des flux de marchandises entre Anvers et l'arrière-pays européen, cela est d'une certaine manière compréhensible. Les flux de marchandises écoulés par la Route de

Foto | Foto | Photo: Thomas Barthels, 2006

europäischen Hinterland ist dies jedoch gewissermaßen verständlich. Die über die Montzenroute abgewickelten Güterströme betreffen im Wesentlichen die Relationen Antwerpen - Nordrhein-Westfalen und Antwerpen - Osteuropa. Dabei spielt Duisburg eine zentrale Rolle.

Duisburg ist aus der Sicht des Hafens von Antwerpen über die vorhandene Schieneninfrastruktur relativ problemlos erreichbar. Abgesehen von der allgemeinen Kapazitätsproblematik, die auch auf die Strecke zwischen Aachen-West über Mönchengladbach, Viersen und Krefeld zutrifft, gibt es nur wenige Engpassbereiche, die den Betrieb schwerwiegend hindern. Ausnahmen sind die Steilrampe zwischen der belgisch-deutschen Grenze und Aachen-West sowie der zweigleisige Streckenabschnitt Mönchengladbach Hbf - Rheydt Hbf. Trotz des Nachweises der technischen und wirtschaftlichen Machbarkeit eines dritten Gleises zur Behebung des letztgenannten Engpasses gibt es derzeit keine weiteren Planungen.

Antwerpen en het Europese achterland is dit echter ook weer begrijpelijk. Bij het goederenvervoer via de Montzenroute gaat het hoofdzakelijk om de verbindingen Antwerpen - Nordrhein-Westfalen en Antwerpen - Oosteuropa. Daarbij speelt Duisburg een centrale rol.

Duisburg is via het spoor vanuit de haven van Antwerpen zonder grote problemen bereikbaar. Afgezien van de algemeen bekende capaciteitsproblematiek, die ook voor de route via Aken-West, Mönchengladbach, Viersen en Krefeld geldt, zijn er op dit moment slechts enkele knelpunten die het treinverkeer in belangrijke mate hinderen. Hierbij gaat het in principe om de "Steilrampe" (spoorlijn met een stijgingspromillage dat groter dan de gehanteerde norm is) tussen de Belgisch-Duitse grens en Aken-West en om het dubbelsporige baanvak Mönchengladbach Hbf - Rheydt Hbf. Alhoewel in het recente verleden in diverse studies de technische en economische haalbaarheid van een derde spoor reeds werd aangetoond, lijken er geen verdere stappen op dit vlak te worden genomen.

Montzen concernent essentiellement les échanges entre Anvers et la région de Rhénanie-Westphalie ainsi qu'entre Anvers et l'Europe de l'Est. Ici, Duisbourg occupe une place centrale.

Vue du port d'Anvers, la ville de Duisbourg est d'un accès relativement facile par les infrastructures ferroviaires existantes. Si l'on met de côté les problèmes liés aux capacités d'accueil de la ligne Aix-la-Chapelle Ouest - Mönchengladbach - Viersen - Krefeld, on ne rencontre que peu de goulots d'étranglement constituant des obstacles sérieux à son exploitation. Les exceptions sont ici l'escarpement situé entre la frontière belgo-allemande et Aix-la-Chapelle Ouest, ainsi que le tronçon à deux voies Mönchengladbach Gare Centrale - Rheydt Gare Centrale. Bien qu'on ait démontré la faisabilité technique et économique d'une troisième voie servant à contourner la difficulté posée par ce goulot d'étranglement, il n'y a pas actuellement d'autres projets.

Foto | Foto | Photo: Thomas Barthels, 2006

Steilrampen können nur durch Anpassung der Trasse oder den Bau neuer Trassen beseitigt werden. Hiermit sind umfassende Planungen, zeitraubende Planungsverfahren und sehr hohe Investitionskosten verbunden. In erster Linie wird daher nach relativ zeitnah umsetzbaren und mit geringeren Kosten verbundenen betrieblichen Lösungen gesucht. Vor diesem Hintergrund bietet die durchgehende Elektrifizierung der Montzenroute die Möglichkeit, relativ kurzfristig leistungskräftigere Lokomotiven einzusetzen und damit die Steilrampe zwischen der belgisch-deutschen Grenze und Aachen-West vorerst besser befahren zu können. Langfristig wird möglicherweise davon ausgegangen, dass sich durch die geplante Inbetriebnahme des „Eisernen Rheins" bauliche Maßnahmen erübrigen.

Güterströme auf den Relationen Antwerpen - Nord-Deutschland / Nordost-Europa und Süd-Deutschland / Süd(ost)-Europa werden entweder direkt über die Niederlande oder indirekt über die Montzenroute und Duisburg oder direkt über Luxemburg oder indirekt über Köln (Rangierbahnhof Gremberg oder GVZ Köln-Eifeltor) abgewickelt. Im Falle des Fahrwegs über Köln müssen die Güterzüge gezwungenermaßen entweder in Aachen-West „Kopf machen" um anschließend über Düren oder über einen Umweg, der über Mönchengladbach, Viersen und Krefeld führt, nach Köln zu gelangen. Wegen der Tatsache, dass der maßgebliche, über die Montzenroute abgewickelte Güterstrom nach Duisburg und in das dahinter liegende osteuropäische Hinterland führt, stehen sehr umfassende Maßnahmen, wie sie beispielsweise zur Behebung des

De mogelijkheden om "Steilrampen" te neutraliseren zijn ofwel het hoogteverschil over een grotere afstand te verdelen ofwel een nieuw tracé aan te leggen. Hieraan zijn echter uitgebreide planningen, tijdrovende procedures, en hoge investeringskosten verbonden. In eerste instantie wordt daarom getracht knelpunten met behulp van (betaalbare) maatregelen – zoals het gebruik maken van alternatieve (deel)routes / aanpassen van de dienstregeling – die op relatief korte termijn gerealiseerd kunnen worden, op te lossen. Tegen deze achtergrond biedt de doorgaande elektrificatie van de Montzenroute mogelijkheden, op relatief korte termijn sterkere locomotieven in te zetten en daarmee de "Steilrampe" tussen de Belgisch-Duitse grens en Aken-West beter te kunnen benutten. Op lange termijn wordt er van uit gegaan dat verdere aanpassingen door de heringebruikname van de "IJzeren Rijn" waarschijnlijk overbodig kunnen zijn.

Goederentreinen die tussen Antwerpen en Noordoost-Europa via Noord-Duitsland respectievelijk tussen Antwerpen en Zuid(oost)-Europa via Zuid-Duitsland rijden, rijden ofwel direct via Nederland of indirect via de Montzenroute en Duisburg respectievelijk direct via Luxemburg of indirect via Keulen (Rangeerstation Gremberg of het knooppunt Keulen-Eifeltor). In het geval er gekozen wordt voor de route via Keulen dienen de goederentreinen ofwel in Aken-West "kop te maken" en aansluitend via Düren naar Keulen te rijden of via een omweg via Mönchengladbach, Viersen en Krefeld Keulen te bereiken. Vanwege het feit dat de belangrijkste goederenstromen via de Montzenroute naar Duisburg en

Les problèmes liés aux passages escarpés ne peuvent être résolus que par le biais d'un réaménagement du tracé existant ou par la construction de nouveaux tracés. Cela présuppose des projets très fouillés, des travaux de longue haleine ainsi que des coûts d'investissement élevés. C'est pourquoi on recherche avant tout des solutions d'exploitation applicables à court terme et peu onéreuses. Dans ce contexte, l'électrification totale de la Route de Montzen offre la possibilité d'utiliser des locomotives plus performantes à plus ou moins court terme et ainsi provisoirement de mieux franchir l'escarpement situé entre la frontière belgo-allemande et Aix-la-Chapelle Ouest. A long terme, on suppose peut-être que la mise en service du 'Rhin de Fer' permettra de faire l'économie d'autres travaux.

Les flux de marchandises écoulés entre Anvers et le Nord de l'Allemagne ou l'Europe du Nord-Est, et entre l'Allemagne du Sud et l'Europe du Sud-Est passent soit directement par les Pays-Bas, ou indirectement par la Route de Montzen et Duisbourg, ou bien directement par le Luxembourg ou indirectement par Cologne (Gare de triage de Gremberg ou Centre du trafic de marchandises de Cologne Eifeltor). Dans le cas de ce dernier itinéraire, les trains de marchandises se voient contraints soit de faire demi-tour à Aix-la-Chapelle Ouest pour rejoindre Cologne via Düren, soit de faire un détour par Mönchengladbach, Viersen et Krefeld. Le flux de marchandises écoulé par la Route de Montzen étant principalement à destination de Duisbourg et de l'arrière-pays est-européen, des travaux de grande ampleur comme par exemple ceux que requiert

„Kopf machens" in Aachen-West erforderlich wären, sicherlich nur in einem relativ geringen Verhältnis zur erzeugten Wirkung. Die Elektrifizierung der Strecke Montzen - Welkenrath ist ein Schritt in diese Richtung. Güterzüge auf der Relation Antwerpen - Köln können nun zumindest ohne das zeitraubende „Kopf machen" in Aachen-West über Aachen und Düren nach Köln und andere, anschließende Ziele gelangen.

In diesem Zusammenhang ist zu beachten, dass auch im Aachener Hauptbahnhof und auf der anschließenden Strecke in Richtung Düren durch das zunehmende Verkehrsaufkommen im internationalen Personen- (Thalys) und Güterverkehr Engpässe entstehen können. Jedoch gilt auch hier, dass betriebliche Lösungen einem sehr aufwändigen dreigleisigen Ausbau vorgezogen werden. Zu berücksichtigen ist diesbezüglich auch eine nach der Inbetriebnahme der niederländischen Betuwelinie zu erwartende potenzielle Verlagerung von Güterzügen auf der Relation Rotterdam - Köln - Südost-Europa. Aufgrund der Engpässe im Verlauf der Kursbuchstrecke 490 (Venlo - Köln) gelangen diese Güterzüge derzeit über Venlo und Aachen nach Köln. Nach Inbetriebnahme der Betuwelinie können diese Züge zugunsten der Strecke Aachen - Köln direkt über Duisburg nach Köln gelangen.

Die Ausführungen zeigen, dass es heutzutage nicht mehr ausreicht, eine Schienenstrecke als separates Netzelement zu betrachten. Durch das Zusammenwachsen Europas ergeben sich internationale Anforderungen an die Schieneninfrastruktur, denen man nur durch eine grenzüberschreitende Betrachtung und eine Vielzahl einzelner Maßnahmen, deren Abhängigkeiten berücksichtigt werden müssen, gerecht werden kann. Dies gilt insbesondere für die im vorliegenden Buch beschriebene Montzenroute, die sicherlich als einer der bedeutendsten Schienenwege Europas bezeichnet werden kann.

het achterliggende Europese achterland lopen staan uitgebreide maatregelen, die het "kop maken" in Aken-West oplossen, nauwelijks in verhouding tot het beoogde effect. De elektrificatie van het baanvak Montzen - Welkenraat kan hier duidelijk meer aan bijdragen. Voor goederentreinen tussen Antwerpen en Keulen bestaat hierdoor de mogelijkheid om dan ook zonder het tijdrovende "kop maken" in Aken-West, via Aken en Düren, Keulen en andere verdere bestemmingen te bereiken.

In dit verband dient wel rekening te worden gehouden met het feit dat ook het centraal station van Aken en het aansluitende baanvak Aken - Düren door het steeds toenemende treinverkeer, internationaal personenverkeer (Thalys) en goederenvervoer, steeds meer tot knelpunten wordt. Ook hier geldt echter dat vooralsnog een aanpassing van de route en de betreffende dienstregeling boven een uitbreiding naar drie sporen worden geprefereerd. Ook dient in dit verband rekening te worden gehouden met een verschuiving van een aantal goederenstromen op de route Rotterdam - Keulen - Zuidoost-Europa door de ingebruikname van de Nederlandse Betuwelijn. Vanwege de knelpunten op lijn 490 (Venlo - Keulen) rijden de meeste goederentreinen op dit moment via Venlo en Aken naar Keulen. Na ingebruikname van de Betuwelijn biedt de infrastructuur de mogelijkheid om via Duisburg direct naar Keulen te rijden. Hierdoor wordt het traject Aken - Keulen ontlast.

Een en ander maakt duidelijk dat spoorlijnen tegenwoordig niet meer elk apart kunnen worden bekeken. Ze maken deel uit van een complex netwerk dat mede door de ontwikkeling van Europa aan internationale eisen moet voldoen. Hieraan kan alleen worden voldaan indien niet slechts enkele maar een pakket aan maatregelen, die bovendien nog in samenhang moeten worden gezien, in de loop der tijd worden uitgevoerd. Dit geldt in het bijzonder voor de in dit boek omschreven Montzenroute die duidelijk een van de belangrijkste spoorlijnen van Europa kan worden genoemd.

le demi-tour à Aix-la-Chapelle Ouest n'offriraient certainement qu'une rentabilité très réduite par rapport aux avantages obtenus. L'électrification de la ligne Montzen - Welkenraedt est un pas dans cette direction. Du moins les trains de marchandises de la ligne Anvers - Cologne peuvent-ils maintenant rejoindre Cologne et d'autres destinations au-delà de Cologne sans effectuer le long demi-tour à Aix-la-Chapelle Ouest pour continuer via Aix-la-Chapelle et Düren.

On observera dans ce contexte que même à la Gare Centrale d'Aix-la-Chapelle ainsi que sur la ligne en direction de Düren, l'augmentation du trafic dû au transport international de voyageurs (Thalys) ou de marchandises peut créer un goulot d'étranglement. Toutefois, on préfère là encore résoudre le problème en réorganisant l'exploitation de la ligne plutôt qu'en construisant une troisième voie très coûteuse. A cet égard, il faut prendre en considération que la mise en service de la Ligne de la Betuwe pourrait être potentiellement suivie d'un transfert des trains de marchandises sur l'axe Rotterdam - Cologne - Europe du Sud-Est. En raison des goulots d'étranglement sur la ligne 490 (Venlo - Cologne), ces trains vont actuellement à Cologne via Venlo et Aix-la-Chapelle. Après la mise en service de la Ligne de la Betuwe, ces trains pourront rejoindre Cologne directement par Duisbourg, délestant ainsi la ligne Aix-la-Chapelle - Cologne.

Cet exposé montre que de nos jours, il n'est plus suffisant de considérer une voie ferrée comme élément isolé du réseau dans son ensemble. L'Europe toujours plus soudée crée des exigences internationales en matière d'infrastructures ferroviaires que l'on ne pourra satisfaire qu'en gardant un point de vue transfrontalier ainsi qu'en prenant un grand nombre de mesures particulières qui doivent être prises en compte dans leur interdépendance. Cela vaut tout particulièrement pour la Route de Montzen décrite dans le présent livre, que l'on peut considérer comme l'une des voies ferrées les plus importantes d'Europe.

D · Eisenbahn und Natur harmonieren viel besser miteinander als allgemein angenommen. Eine Reise ins Voerenland, dem Kernbereich der Montzenroute, lohnt deshalb nicht nur für den Eisenbahnfreund.

Ist es nicht ein beruhigendes Gefühl zu sehen, dass Güterverkehr mitten im dicht besiedelten Europa so unaufdringlich sein kann?

(Foto: Markolf Gudjons, 2006)

NL · Spoorwegen en landschappelijk schoon harmoniëren veel beter met elkaar dan gedacht. Een reis doorheen de Voerstreek, het hart van de Montzenroute, is om die redenen dubbel de moeite waard – niet alleen voor de spoorliefhebber.

Is het niet geruststellend dat goederenvervoer per spoor in het hart van het dichtbevolkte Europa zo onopdringerig kan zijn?

(Foto: Markolf Gudjons, 2006)

F · Chemin de fer et nature cohabitent beaucoup plus harmonieusement qu'on le suppose généralement. Une promenade dans le Pays de Fourons, au coeur de la Route de Montzen, ne présente pas un intérêt pour les seuls amateurs de trains.

N'est-il pas rassurant de voir que le trafic des marchandises puisse passer aussi inaperçu au cœur d'une Europe si peuplée ?

(Photo : Markolf Gudjons, 2006)

Auf Wiedersehen im Voerenland
Tot ziens in de Voerstreek
A bientôt dans le Pays de Fourons

Mit Dank an | Met dank an | Remerciements à:
- Thorsten Büker (Technische Informationen)
- Margarethe Dietzel (Stadtarchiv Aachen)
- Harald Finster (Informationen zum Bergbau)
- Wolfgang und Egbert Heinen (Druckerei Altgott)
- Susanne Kölling (Textkontrolle Deutsch und Französisch)
- Dr. Martin Krauss (Bilfinger Berger AG)
- Gabriele Pinnen (RWTH Aachen)
- Theo Schroers (Reportage)
- Gerlinde Simon und Gabriele Mierzwa (MAN AG)
- Hans Vancompernolle (Textkontrolle Niederländisch)
- Dr. Jürgen Weise (Rheinisch-Westfälisches Wirtschaftsarchiv)

Weiterführende Literatur | Verdere literatuur | Littérature secondaire:
- Bernhard Stier, Martin Krauß: Drei Wurzeln - ein Unternehmen, 125 Jahre Bilfinger Berger AG, ifu Institut für Unternehmensgeschichte, Heidelberg 2005
- Hugo De Bot: 150 jaar spoorwegen in de Kempen, Brepols, Turnhout, 2005
- Bernhard Poll: Rheinische Lebensbilder, Rheinland-Verlag, Düsseldorf, 1966
- Eisenbahnatlas Deutschland, Verlag Schweers + Wall, Aachen, 2005
- Hans Schweers, Henning Wall: Eisenbahnen rund um Aachen, Schweers + Wall, Aachen, 1993
- Wilhelm Groener: Das Testament des Grafen Schliefen, Mittler & Sohn, Berlin, 1927
- Andreas Knipping: Eisenbahnen im Ersten Weltkrieg, EK-Verlag , Freiburg, 2004
- Lutz-Henning Meyer: 150 Jahre Eisenbahnen im Rheinland, J. P. Bachem Verlag, Köln, 1989
- Michel Hanssens: La Ligne 24
- Armand Bovy: La Ligne 24, Armand Bovy, 1998
- E. Gaber: Ausführung und Kosten der Maasbrücken in Visé (Kriegsbahn Aachen - Tongeren). in: Der Bauingenieur 1 (1920), Heft 23 u. 24, 1920
- E. Gaber: Der Bau des Geertunnels im Maastal bei Visé 1915 bis 1916. in: die Bautechnik 3 (1925), Heft 12, 1925
- H. Kirchner: Der Bau der elf östlichen Öffnungen des Geultalviaduktes durch die Gutehoffnungshütte, A.-V. für Bergbau und Hüttenbetrieb, Abteilung Brückenbau. in: Der Bauingenieur 2 (1921), Heft 11 und 12, 1921
- H. Kirchner: Die Brücken der Linie Aachen - Tongeren über das Geul-Tal, die Maas und den Maas-Kanal, in: Deutsche Bauzeitung 54 (1920), No. 88, 91 bis 94, 1920
- Gerogy Lejeune, Didier Funken: Les chemins de fer du Pays de Herve, Battice, 1993
- Roland Marganne: Les chemins de fer oubliés des Trois Frontières. in: Groupement belge pour la promotion et l'exploitation touristique du transport ferroviaire a.s.b.l. (Hrsg.): Trans-Fer - Histoire et actualites ferroviaires belges, Liège, 1991
- Jaak Nijssen: De spoorlijn Tongeren - Aken in oorlogstijd aangelegd. Sint-Pieters-Voeren, 1985
- Paul van den Boorn: De spoorlijn Tongeren - Aken. in: Op de Rails, 75 (2004), Hefte 5 u. 6, S. 191-196 u. 216-221, Amsterdam, 2004

Archive | Archieven | Archives:
- Stadtarchiv Aachen
- Provinciearchief Antwerpen
- Stadsarchief Antwerpen
- Firmenarchiv Bilfinger Berger AG, Mannheim
- Firmenarchiv MAN Nürnberg
- Rheinisch-Westfälisches Wirtschaftsarchiv, Köln
- RWTH Aachen, Hochschulbibliothek

Für Informationen und Bildmaterial bedanken wir uns bei | Voor achtergrondinformatie en beeldmateriaal danken wij | Pour les informations et les photographies, remerciements à:
- Fernand Van der Avoort, Vosselaar (B)
- Dr. Günther Barths, Mönchengladbach (D)
- Lucas Böckmann, Aachen (D)
- Filip Caerels, Loppem (B)
- Werner Consten, Aachen (D)
- Hugo De Bot, Kessel (B)
- Guy Demeulder, Huy (B)
- Alfred Gottwaldt, Berlin (D)
- Markolf Gudjons, Moresnet (B)
- Carsten Gussmann, Aachen (D)
- Andreas Knipping, Eichenau (D)
- Günter Krall, Mönchengladbach (D)
- Robert Lucas, Brugge (B)
- Dr. Heribert Menzel, Kassel (D)
- Gerard Meven, Vaals (NL)
- Guido Rademacher, Köln (D)
- Stefan von der Ruhren, Aachen (D)
- Jan Schuermans, Sint-Huibrechts-Lille (B)
- Nico Spilt, Bilthoven (NL)
- Jef Van Olmen, Kontich (B)
- Ulrich Voß, Jülich (D)

Hilfreiche Internetseiten zu diesem Thema | Interessante internetsites met m.b.t. dit onderwerp | Pages internet utiles sur ce thème:
- http://bueker.net/trainspotting/index.php
- http://lgv.site.voila.fr/index.html
- http://nrwbahnarchiv.privat.t-online.de/
- http://portal.railaccess.be/
- http://users.pandora.be/brail/indexgb.htm
- http://users.pandora.be/planning/en/contents.htm
- http://users.pandora.be/pk/en/stations.htm
- http://users.skynet.be/fa058639/bas.html
- http://users.skynet.be/garesbelges/
- http://www.belrail.be/N/index.php
- http://www.bernd-boeckmann.de/ligne24/index.html
- http://www.dieselloconline.net
- http://www.hov-rn.nl/
- http://www.nicospilt.com/index2.html
- http://www.stationsweb.nl/
- http://www.railfaneurope.net/
- http://www.railpix.eu/
- http://www.treinfoto2000.be/
- http://www.viaducmoresnet.be/
- http://www.vonderruhren.de/
- http://www.wallorail.be/

D · Thomas Barthels (*1961) ist Verleger und Herausgeber dieses Buches. Seit seiner Jugend faszinieren ihn Eisenbahn und Fotografie. Er leitet heute als Geschäftsführer eine Druck- und Handelsagentur und berät und beliefert europaweit Banken- und Firmenkunden.

Armin Möller (*1977) ist gebürtiger Krefelder und gelernter Journalist. Einen Teil seiner Ausbildung absolvierte er in der Pressestelle des Fremdenverkehrsamtes der Stadt Brügge in Belgien und volontierte bei den Wirtschafts-Nachrichten in Krefeld, einem regionalen Wirtschaftsmagazin.

Klaus Barthels (*1957) ist seit frühester Kindheit am Themenkomplex Eisenbahn interessiert. Der frühe Wunsch, Lokomotivführer zu werden, wurde nach dem Abitur jedoch zugunsten eines Ingenieurstudienganges in der Fachrichtung Landschaftspflege ausgetauscht.

Dr.-Ing. John Schoonbrood (*1964) war bereits während seiner Jugend begeisterter Eisenbahnfreund. Dies führte mit dazu, dass er den Studiengang Bauingenieurwesen an der RWTH Aachen absolvierte und sich im Rahmen seiner heutigen Tätigkeit als Senior-Consultant bei einem Ingenieurbüro in Aachen maßgeblich mit dem grenzüberschreitenden europäischen Schienenverkehr zwischen Belgien, den Niederlanden und Deutschland befasst.

Hugo De Bot (*1944) ist Mitbegründer und Co-Autor verschiedener Eisenbahnpublikationen. Im Jahr 1998 war er Schlussredakteur eines Inventarisierungsprojektes zum Thema „Die Bahnhöfe in der Provinz Antwerpen". Im Jahr 2002 und 2003 veröffentlichte er ein Standardwerk über die belgische Bahnhofsarchitektur.

NL · Thomas Barthels (*1961) is uitgever van dit boek. Sinds zijn jeugd is hij gefascineerd door alles wat te maken heeft met spoorwegen en fotografie. Thans is hij zaakvoerder van zijn eigen drukkerij- en handelsbedrijf waarmee hij in heel Europa een stevige reputatie als leverancier van banken en bedrijven heeft opgebouwd.

Armin Möller (*1977) is geboren Krefeldenaar en journalist. Gedurende zijn opleiding liep hij stage bij de Dienst voor Toerisme in Brugge en was daarna werkzaam als redacteur voor de Wirtschafts-Nachrichten te Krefeld, een regionaal zakenmagazine.

Klaus Barthels (*1957) is van kindsbeen af geïnteresseerd in alles wat op en naast de sporen beweegt. Zijn wens om machinist/treinbestuurder te worden werd nooit verwezenlijkt omdat hij later landschapsarchitect zou worden.

Dr.-Ing. John Schoonbrood (*1964) was al tijdens zijn jeugd een echte spoorliefhebber. Logisch gevolg daarvan was dat hij later als bouwingenieur aan de universiteit van Aken (RWTH) afstudeerde. Tegenwoordig is hij werkzaam als senior-consultant voor een ingenieursbureau in Aken en houdt zich bezig met het grensoverschrijdende Europese goederenvervoer per spoor. Daarbij concentreert hij zich voornamelijk op Nederland, België en Duitsland.

Hugo De Bot (*1944) is medeoprichter en co-auteur van diverse spoorwegpublicaties. In 1998 was hij einredacteur van een inventarisatieproject over "De Stations in de provincie Antwerpen". In 2002 en 2003 publiceerde hij een standaardwerk over de Belgische stationsarchitectuur.

F · Thomas Barthels (né en 1961) dirige une maison d'édition et est l'éditeur de ce livre. Les chemins de fer et la photographie exercent sur lui une grande fascination depuis sa jeunesse. Aujourd'hui gestionnaire d'une agence d'impression et de commerce, il prodigue conseils et matériel à des clients de banques et d'entreprises à travers toute l'Europe.

Armin Möller (né en 1977) est natif de Krefeld et journaliste de métier. Il a effectué une partie de sa formation au service de presse de l'office du tourisme de la ville de Bruges en Belgique et a fait un stage aux Wirtschafts-Nachrichten de Krefeld, un magazine régional d'économie.

Klaus Barthels (né en 1957) s'intéresse depuis sa plus tendre enfance à tout ce qui a trait au domaine des chemins de fer. Après le baccalauréat, il abandonne son rêve de devenir conducteur de trains pour suivre des études d'ingénieur en aménagement des espaces naturels.

Dr Ing. John Schoonbrood (né en 1964) était déjà dans sa jeunesse un fervent amateur de trains. Cela explique qu'après des études d'ingénieur du génie civil effectuées à la RWTH d'Aix-la-Chapelle, il se soit orienté, dans le cadre de ses activités actuelles comme senior consultant pour un bureau d'ingénieur d'Aix-la-Chapelle, principalement vers le trafic ferroviaire marchand transfrontalier qui a lieu entre la Belgique, les Pays-Bas et l'Allemagne.

Hugo De Bot (né en 1944) est cofondateur et coauteur de diverses publications sur les chemins de fer. En 1998, il a été rédacteur final d'un projet d'inventaire sur le thème: ,les gares dans la province d'Anvers'. En 2002 et 2003, il a publié un ouvrage de référence sur le style architectural des gares en Belgique.

Am Bau der Eisenbahnverbindung Aachen - Tongeren zwischen 1915 und 1918 waren folgende Firmen beteiligt:

Für die Herstellung des Unterbaus:
Heinr. Stöcker, Köln-Mülheim
Carl Brandt, Düsseldorf
Philipp Holzmann & Cie., G.m.b.H., Frankfurt am Main
Sager & Woerner, München
Hüser & Cie., Oberkassel (Siegkreis)
Wayß & Freytag Akt.-Ges., Neustadt a. d. Haardt
Grün & Bilfinger Akt.-Ges., Mannheim
Dyckerhoff & Widmann A. G., Biebrich am Rhein
Lenz & Co. G.m.b.H., Berlin MW.
Franz Schlüter, Dortmund
Sächsische Tiefbaugesellschaft m.b.H, Niederlößnitz

Für die Herstellung der eisernen Brücken:
Maschinenfabrik Augsburg-Nürnberg A. G., Werk Gustavsburg, Gustavsburg bei Mainz
Gutehoffnungshütte, Aktienverein für Bergbau und Hüttenbetrieb, Oberhausen (Rheinland)
Hein, Lehmann & Co. Akt.-Ges., Düsseldorf-Oberbilk
Deutsch-Luxemburgische Bergwerks- und Hütten-Aktien-Gesellschaft, Abt. Dortmunder Union, Dortmund

Für das Verlegen des Oberbaus:
Hermann Gehlen, Kaiserslautern
Friedrich Rempke, Hagen in Westfalen

Für die Herstellung der Sicherungsanlagen:
Max Jüdel & Co. Akt.-Ges., Braunschweig